MW00737648

Inteligência Emocional, stress e o seu Impacto no Desempenho Profissional

Aishwarya Chandran

Inteligência Emocional,stress e o seu Impacto no Desempenho Profissional

Um Estudo entre Professores na Faculdade de Artes e Ciências

ScienciaScripts

Imprint

Any brand names and product names mentioned in this book are subject to trademark, brand or patent protection and are trademarks or registered trademarks of their respective holders. The use of brand names, product names, common names, trade names, product descriptions etc. even without a particular marking in this work is in no way to be construed to mean that such names may be regarded as unrestricted in respect of trademark and brand protection legislation and could thus be used by anyone.

Cover image: www.ingimage.com

This book is a translation from the original published under ISBN 978-620-2-05234-4.

Publisher:
Sciencia Scripts
is a trademark of
Dodo Books Indian Ocean Ltd. and OmniScriptum S.R.L publishing group

120 High Road, East Finchley, London, N2 9ED, United Kingdom
Str. Armeneasca 28/1, office 1, Chisinau MD-2012, Republic of Moldova, Europe

ISBN: 978-620-5-82081-0

Copyright © Aishwarya Chandran
Copyright © 2023 Dodo Books Indian Ocean Ltd. and OmniScriptum S.R.L publishing group

Conteúdos

CAPÍTULO I

INTRODUÇÃO

O ensino é uma profissão muito nobre que molda o carácter, o calibre e o futuro de um indivíduo. Se o povo se lembrar de mim como um bom professor, essa será a maior honra para mim.

- A.P. J. Abdul Kalam

INTRODUÇÃO

A educação é reconhecida como um grande e único activo no capital humano para o presente e o futuro. É universalmente considerado como um factor vital para o progresso e desenvolvimento de um país. Um dos principais objectivos da educação é o desenvolvimento intelectual de um indivíduo. No actual cenário educacional global, especialmente na Índia, a busca de conhecimento entre os jovens educadores tem uma maior importância. Para responder à procura acima referida, é necessária uma fraternidade de ensino qualificada e eficiente. Esta realização foi incorporada no Ministério do Desenvolvimento de Recursos Humanos da Índia através da alteração ou enquadramento de regras e regulamentos para identificar pessoas certas como professores. Por conseguinte, a maior preocupação tem de ser abordada para construir uma Nação mais forte.

A partir da estática educacional, verifica-se que as instituições de elite para Engenharia, Medicina, Artes & Ciência e Ciências de Gestão têm um papel significativo no melhoramento das competências dos nossos estudantes, em igualdade com os padrões internacionais. Estas instituições pioneiras contribuem com uma percentagem inadequada na resposta às necessidades educativas da sociedade. O Ministério de RHD da Índia esforça-se por reavivar a qualidade da educação e motivar a fraternidade de ensino a competir com as suas congéneres globais, reforçando assim o nosso ensino superior nos padrões internacionais.

A educação desempenha o seu papel significativo no sucesso de um humano em todas e cada uma das disciplinas. A educação fornece as aptidões aos estudantes para melhorar as suas competências, para os preparar fisicamente, e para os construir mentalmente. Para um ensino bem sucedido não é apenas necessário o conhecimento da disciplina, mas são também necessárias competências eficazes. Os professores são a espinha dorsal das instituições educacionais. Sem professores, estas instituições são consideradas o corpo sem alma. Pode esperar-se que os professores que receberam formação tenham uma elevada inteligência emocional. Definitivamente os professores com boa inteligência emocional, podem ensinar os estudantes de forma eficaz, mas é necessário medir este fenómeno.

O reforço da inteligência emocional dos professores ajudá-los-á a regular as suas emoções e permitir-lhes-á gerir eficazmente a sua própria agitação emocional, encorajar-se a si próprios de forma mais eficaz e estabelecer empatia e compaixão pelos seus alunos. Também isto ajudará a gestão a conceber programas para cultivar um elevado grau de inteligência emocional para uma gestão e desenvolvimento eficazes dos recursos humanos e para alcançar a excelência pedagógica, uma vez que se espera que a inteligência emocional desempenhe um papel importante na moderação de questões comportamentais e resultados relacionados, será desejável estudar a inteligência emocional entre professores que trabalham em diferentes faculdades.

O ensino superior indiano está a enfrentar vários desafios e a situação é desesperada. O ritmo de trabalho dentro das instituições de ensino aumentou rapidamente nos últimos anos. Este rápido aumento pode ser atribuído a muitos aspectos ou factores, que incluem o avanço tecnológico, a mudança contínua do currículo, a competitividade global, a sobrecarga de trabalho, o aumento das horas de trabalho, as pressões de tempo, os prazos, assim como as mudanças nas estruturas organizacionais. As exigências colocadas aos professores que trabalham nas faculdades também aumentaram. Como resultado, observa-se que os professores sofrem de elevados níveis de stress. O stress, tornou-se assim um fenómeno global que afecta todos os países, todos os profissionais e todas as categorias de trabalhadores e o sector da educação não é excepção. O stress é uma realidade inevitável da maioria dos ambientes de trabalho. Quando os professores são stressados devido a mais trabalho, as vantagens da liberdade académica são facilmente ultrapassadas pelo stress no trabalho.

O desempenho no trabalho é a capacidade dos empregados para cumprir os compromissos organizacionais e alcançar os seus objectivos de trabalho (Campbell, 1990). O desempenho no trabalho é a capacidade de um professor mudar o seu comportamento de acordo com o ambiente de trabalho dinâmico, a fim de realizar com sucesso a tarefa atribuída. O desempenho de um indivíduo é parcialmente dependente de factores psicológicos como stress mental, Emoções, etc., Em consonância com isto, o Impacto da Inteligência Emocional (EI) e Stress Ocupacional (OS) entre a comunidade docente atinge uma maior preocupação. Inteligência Emocional, Stress Ocupacional e o seu impacto no Desempenho Profissional (WP) refere-se ao nível de Inteligência Emocional do professor em auto-conhecimento, auto-gestão, consciência social, gestão de relacionamento e o seu stress na profissão pelo Intrínseco ao trabalho, desenvolvimento de carreira, relações interpessoais, stress no trabalho, stress no papel e stress do clima organizacional.

DECLARAÇÃO DO PROBLEMA

No sector educacional, o ensino superior desempenha um papel importante na vida futura de cada um. Isto, por sua vez, a qualidade do ensino superior está a tornar-se um factor determinante do destino de um indivíduo. Um bom professor pode educar um bom aluno e por detrás de cada personalidade bem sucedida deve haver um professor inspirador.

3

Definitivamente os professores com boa inteligência emocional, podem ensinar os estudantes de forma eficaz, mas é necessário medir este fenómeno, a que nível a inteligência emocional pode desempenhar o seu papel no processo de aprendizagem. Um professor tem de enfrentar inúmeros desafios e desempenhar diferentes papéis na instituição. Os professores não só planeiam aulas, mas também organizam actividades, mantêm os registos necessários, administram horários, materiais didácticos orais e auditivos, adoptam novas técnicas de comunicação e motivam os estudantes através de palavras e actos. Assim, espera-se que um professor possua uma personalidade multifacetada.

Devido a esta carga de trabalho, o nível de stress experimentado pelos professores tem aumentado em vários aspectos ao nível do ensino superior. O excesso de carga de trabalho e de horas de ensino, ambiguidade de papéis, más condições de trabalho, ambiente de trabalho desconcertante, relações entre pares conflituosas, alterações frequentes de currículo, estratégias de avaliação e avaliação, responsabilização, falta de segurança no emprego, falta de estima pública, falta de salário dos professores, desenvolvimento profissional, fadiga, frustração, estagnação, tédio e falta de motivação ou entusiasmo, etc. contribuem para o stress dos professores. Sob estas circunstâncias, é natural que os professores permaneçam sob stress que certamente afectará o seu desempenho no trabalho.

Embora o sector do ensino superior tenha um quantum de profissionais do ensino, os seus deveres e responsabilidades terão maior significado para a construção de uma nação futura. Muitos investigadores de recursos humanos têm prestado atenção a estes aspectos. A relação entre o stress ocupacional, o desempenho do trabalho e a Inteligência Emocional é complexa e multifacetada. É porque o efeito do stress sobre o indivíduo varia com a existência de outros factores. Estes outros factores ou agravam ou moderam os efeitos do stress. A este respeito, os estudos anteriores tentaram ligar estes três conceitos individualmente. Poucos estudos se concentraram sobre estes aspectos com empregados de vários sectores. Tendo considerado os resultados dos estudos anteriores, a investigação actual tentará encontrar o impacto da inteligência emocional e o nível de stress foi analisado. O elevado nível de inteligência emocional pode ajudar a superar o stress no local de trabalho e, em última análise, desempenhar um papel eficaz no desempenho do trabalho. Neste contexto, este estudo de investigação foi realizado para encontrar a Inteligência Emocional, o Stress Ocupacional e o Desempenho Profissional dos professores que trabalham em escolas de artes e de ciências. Os resultados desta investigação podem ajudar a melhorar o cenário do ensino superior, o que ajudará os professores a melhorar o seu desempenho.

OBJECTIVOS DO ESTUDO

1. Estudar a Inteligência Emocional dos professores que trabalham em Faculdades de Artes

e Ciências.

2. Conhecer o nível de Stress Ocupacional dos professores

3. Encontrar o desempenho do trabalho dos professores que trabalham em faculdades de Artes e Ciências

4. Analisar a relação entre Inteligência Emocional, Stress Ocupacional e Desempenho Profissional dos professores

METODOLOGIA DE INVESTIGAÇÃO

i. Período de estudo

O período considerado para o estudo foi 2017-2019.

ii. Amostragem

Para efeitos do estudo, foi adoptado um método sistemático de amostragem aleatória para a selecção dos inquiridos.

iii. Selecção de Respondentes

O presente estudo está confinado ao distrito de Coimbatore de Tamil Nadu. Este distrito é um importante centro educacional junto a Chennai em Tamil Nadu, devido à sua excelência no campo da educação. A maioria das instituições educacionais em Coimbatore foram criadas por industriais genuinamente interessados na educação e não têm motivos comerciais. As faculdades por elas criadas têm boas infra-estruturas e bom corpo docente.

Quadro 1.1 Natureza da Instituição e Selecção de Professores

S. Não.	Natureza da Instituição	N° de Instituições	N° de Professores	Selecção de Professores
1.	Faculdades Governamentais de Artes e Ciência	01	248	25
2.	Faculdades de Artes e Ciência	08	832	83
3.	Faculdades de Artes e Ciências autofinanciadas	44	3215	321
	Total	**53**	**4295**	**429**

Fonte: Director Conjunto do Ensino Superior, Coimbatore.

Há 4290 professores a trabalhar em várias escolas de Artes e Ciências da cidade de Coimbatore. Dos dados foram retirados 429 respondentes como amostra. Entre 429 professores, utilizando uma calculadora de tamanho de amostra, 10 por cento da amostra foi considerada para o estudo. Proporcionalmente a amostra foi distribuída a diferentes categorias de instituições de 429, 25 professores do Colégio Governamental, 83 professores universitários ajudados e 321 professores do Colégio de Autofinanciamento foram seleccionados utilizando a técnica de amostragem aleatória sistemática.

Instrumentação

Foram utilizadas três escalas diferentes com classificação de cinco pontos de likert (concordam fortemente em discordar fortemente)

5

> A escala desenvolvida pela Goleman's para a inteligência emocional (2001) tem sido usada para encontrar a inteligência emocional dos professores

> A escala auto administrada tem sido utilizada para estudar o stress ocupacional do corpo docente nas faculdades de artes e ciências.

> A escala auto-administrada tem sido utilizada para encontrar o desempenho do trabalho de professores em faculdades de artes e ciências

O instrumento foi testado quanto à sua fiabilidade e validade.

Dados e Fontes de Dados

O estudo é baseado tanto em dados primários como secundários. Ao utilizar o questionário, foram recolhidos dados dos inquiridos. Os dados secundários necessários foram também recolhidos de Coimbatore, várias revistas e revistas. O estudo piloto foi recolhido de 100 inquiridos e 121 perguntas que reflectem a opinião dos inquiridos relativamente à inteligência emocional, stress ocupacional e desempenho profissional. Consequentemente, foram feitas as devidas modificações no instrumento, tal como indicado pelo resultado do estudo-piloto.

Ferramentas estatísticas utilizadas

As seguintes ferramentas estatísticas foram utilizadas para a análise dos dados recolhidos utilizando o SPSS.

• Análise percentual

• Estatística descritiva

• ANOVA

• Teste de qui-quadrado

• Análise de Regressão

• Análise de Correlação

• O co-eficiente de concordância de Kendall

Modelo

• Modelação de Equações Estruturais.

HIPÓTESEAS

As seguintes hipóteses foram enquadradas e testadas.

1. A inteligência emocional não tem influência significativa no que diz respeito às características demográficas e relacionadas com o trabalho dos professores que trabalham nas faculdades de artes e ciências.

2. O factor demográfico e relacionado com o trabalho não influencia o stress ocupacional dos professores.

3. Existe uma relação significativa entre inteligência emocional, stress ocupacional e desempenho profissional dos professores.

ÂMBITO DO ESTUDO

O estudo pretende identificar a influência da Inteligência Emocional e do Stress Ocupacional no Desempenho Profissional dos professores que trabalham nas Faculdades de Artes e Ciências. O estudo fornecerá uma base para determinar a influência da EmotionalIntelligence no sucesso profissional e pessoal dos professores e que ajudará as instituições a fazer uso dela para atingir os seus objectivos. O presente estudo visa examinar empiricamente a relação entre os factores da Inteligência Emocional, o stress ocupacional e a sua relação com o desempenho profissional dos professores.

IMPORTÂNCIA DO ESTUDO

Este estudo centra-se na inteligência emocional, no stress ocupacional e no desempenho profissional dos professores que têm a grande importância durante o processo de ensino. Esta investigação mede estes fenómenos e irá proporcionar grandes implicações de gestão para o educador. Além disso, os resultados do estudo ajudarão as instituições a criar as melhores ideias e a desenhar planos adequados para aumentar o nível de inteligência emocional dos seus professores. O sucesso de qualquer reforma educacional depende da qualidade do ensino, depende, em grande medida, da qualidade dos professores. A inteligência emocional aumentará as competências individuais e isto poderá ajudar a reduzir o stress ocupacional, bem como a aumentar o conforto humano e o desempenho no trabalho. Assim, os resultados do estudo serão uma ajuda imensa para os decisores políticos e educadores enriquecerem a formação e as intervenções adequadas, o que leva a um melhor desempenho do trabalho dos professores.

LIMITAÇÕES DO ESTUDO

As limitações do estudo são as seguintes

• As limitações normais inerentes aos instrumentos estatísticos podem também estar presentes no estudo actual.

• A incapacidade da mente humana de se lembrar de certos factos também representa uma limitação.

CAPÍTULO ESQUEMA

Chapter I trata da introdução, declaração do problema, objectivos, metodologia, âmbito do estudo, importância e limitações do estudo.

Chapter II sumariza a literatura disponível na área relevante para o estudo.

Chapter III os conceitos relacionados com o estudo são discutidos neste capítulo.

Chapter IV analisa o perfil socio-económico e o nível de inteligência emocional dos professores.

Chapter V identifica o stress ocupacional dos professores e o seu nível de stress.

Chapter VI trata do desempenho profissional dos professores.

7

Chapter VII revela a relação entre Inteligência Emocional, Desempenho Profissional e Stress Ocupacional.

Chapter VIII resume os resultados e sugestões e traz a conclusão.

CAPÍTULO II
REVISÃO DE LITERATURA

Uma visão geral dos estudos de investigação relevantes na mesma área de investigação facilita a concepção de uma metodologia sólida para a investigação. A base de qualquer investigação reside também nos estudos realizados no passado, uma vez que se trata de um estudo empírico. Assim, o aretrospect dos estudos anteriores foi aqui apresentado com uma revisão detalhada da literatura.

Jaroslaw Grobelny et al. (2021)[1] no seu estudo sobre, *"Emotional Intelligence and Job Performance": A Meta-Analysis"* empregou o método meta-analítico Hunter e Schmidt para investigar a relação entre a inteligência emocional (EI) e o desempenho no trabalho. Contribui para a literatura existente em cinco aspectos: o investigador inclui mais do dobro dos estudos que têm mais do triplo do tamanho da amostra do que as meta-análises anteriores, empregaram uma metodologia mais adequada, os investigadores seguiram a estratégia orientada por critérios, impuseram critérios de inclusão rigorosos, e investigámos uma série de moderadores de EI e relações de desempenho profissional não estudadas anteriormente. Os resultados mostraram que o EI tinha uma validade preditiva operacional de 0,45 ($k = 99$, $N = 17.889$) e que as medidas de EI de capacidade de auto-notificação provaram ser as mais válidas. Além disso, verificaram que o contexto de trabalho e os tipos de medidas de desempenho de trabalho moderam esta correlação e a posição de trabalho dos operadores estabelecidos provou ser parcialmente moderada a validade do EI. Os resultados apoiam a validade global tanto da capacidade como dos modelos de características do EI.

Ishak, Nurhamizah (2021)[2] no seu estudo sobre, *"Emotional Intelligence, Self-Efficacy and Job Performance of University Lecturers" (Inteligência Emocional, Auto-Eficácia e Desempenho Profissional dos Docentes Universitários)* analisa a relação entre a inteligência emocional e a auto-eficácia em relação ao desempenho profissional entre os docentes de um centro de estudos de fundação de uma universidade pública em Selangor. Os dados foram recolhidos através de um questionário sobre a amostra de 86 docentes. Os resultados revelaram que havia uma relação significativa e positiva entre a inteligência emocional e a auto-eficácia em relação ao desempenho profissional. As quatro dimensões da inteligência emocional, nomeadamente: regulação da emoção, auto-avaliação emocional, uso da emoção e outras avaliações emocionais; bem como as três dimensões da auto-eficácia, nomeadamente: ensino, investigação e outras actividades académicas ou relacionadas com serviços, também estão positivamente correlacionadas com o desempenho do trabalho. Quanto às implicações deste estudo, ele contribui para o corpus de conhecimentos na área da inteligência emocional, auto-eficácia e desempenho profissional entre os docentes no contexto da Malásia.

Karabi Goswami e Monoshree Mahanta (2021)[3] no seu estudo sobre, *"Exploring the Role of Emotional Labor and Job Autonomy in the Relation Between Emotional Intelligence and Job Performance"* pretende estudar a relação entre a inteligência emocional e o desempenho profissional na presença de dois factores contextuais, a saber, trabalho emocional e autonomia profissional, e se a relação entre a inteligência emocional e o desempenho profissional é mais forte no caso de trabalhos de vendas. Os dados para o estudo foram obtidos através de um inquérito por questionário a 400 empregados que trabalham em três sectores de serviços (seguros, bancos e telecomunicações) em Guwahati, Assam. A inteligência emocional foi medida utilizando um teste padronizado que consiste em 22 itens. O desempenho dos empregados foi medido com base em classificações de supervisão numa escala de 1 a 5. Os resultados revelaram que a inteligência emocional é um forte preditor do desempenho no local de trabalho com competência emocional explicando a maior variação no desempenho (35%). A relação entre a inteligência emocional e o desempenho no trabalho foi considerada mais forte para indivíduos cujo trabalho envolve maiores quantidades de trabalho emocional e para trabalhos com elevada autonomia, e para trabalhos de vendas. Estas conclusões têm grandes implicações para os decisores políticos e gestores de recursos humanos, uma vez que podem agora compreender o papel significativo que a inteligência emocional pode desempenhar no desempenho dos funcionários em posições de gestão cujo trabalho envolve alta autonomia e no caso de pessoal de serviço de linha de frente cujo trabalho envolve trabalho emocional elevado. Assim, qualquer esforço por parte dos gestores de RH para formar pessoal de serviço em inteligência emocional ajudará este pessoal a lidar com o trabalho emocional e a lidar com o stress emocional de uma forma muito melhor, levando assim a uma menor rotatividade de empregados.

Fayez Hamed e Al Shdaifat et al. (2021)[4] no seu estudo sobre *"The Impact of Emotional Intelligence on Job performance in the Gulf Region"* visa descobrir o impacto da Inteligência Emocional (EI) no desempenho profissional entre os trabalhadores da região do Golfo. Os resultados de pesquisas recentes indicam que a EI está relacionada positivamente com as boas maneiras de trabalho. No entanto, os estudos sobre EI têm sido realizados em grande parte no campo empresarial e nos países ocidentais. Por conseguinte, há uma escassez de estudos sobre o EI no contexto do ambiente público na região do Golfo, particularmente no campo médico. Foi seleccionada uma amostra de 120 trabalhadores (médicos) para este estudo, do qual foram obtidos dados. A análise de regressão foi aplicada como um teste estatístico para analisar os dados. Os resultados revelaram uma relação significativa entre a inteligência emocional e o desempenho profissional entre médicos. Isto indica que o aumento da inteligência emocional irá aumentar o desempenho do trabalho. Como mencionado

10

anteriormente, este estudo pode ajudar os gestores e académicos a compreender melhor a relação entre as variáveis. Pode também ajudar os profissionais em organização a compreender melhor a relação entre estes factores.

Min Swe Hlaing, Maria Socorro C.L. Fernando (2021)[5] no seu estudo sobre *"Designing a Prototype Coaching Model Based on Emotional Intelligence and Job Performance": Um Estudo de Caso da Global Technology Group Company, Myanmar"* investiga a influência dos domínios da inteligência emocional no desempenho do trabalho. O questionário baseia-se nos quatro domínios da Inteligência Emocional como variáveis independentes, nomeadamente: auto-consciencialização, autogestão, consciência social, e gestão de relações, e a variável dependente é o desempenho no trabalho. Foram recolhidos dados quantitativos utilizando um questionário a partir de uma amostra de 70 empregados ao nível da gestão, quadros médios e supervisores que trabalham na Global Technology Group Company (GTG). Foram recolhidos dados qualitativos a partir de entrevistas de 12 empregados. Os resultados da entrevista mostraram que os empregados reconhecem e controlam o resultado positivo, a inteligência emocional ajuda a motivação e a melhoria da carreira, as emoções positivas mantêm a mente clara, compreendem bem, e gerem eficazmente, a auto-avaliação, ouvindo os comentários dos colegas de trabalho, e observando como tratá-los, a satisfação no trabalho no relacionamento e no desempenho do trabalho e a realização do trabalho alvo e a satisfação no trabalho nas respectivas tarefas. Além disso, os resultados quantitativos dos dados mostraram que os domínios da autogestão e da gestão da relação emocional influenciam o desempenho do trabalho. O estudo recomenda um modelo de coaching que pode ser utilizado para apoiar a auto-consciencialização e a gestão do relacionamento para o desempenho eficaz do trabalho.

Ahmad Fathi Alheet e Yacoub Hamdan (2021)[6] no seu estudo sobre *"Exploring the Relationship between Emotional Intelligence and Job Performance": A Study of Jordanian Retail Industry"* narra que a Inteligência Emocional é a capacidade de compreender e reconhecer as emoções em si próprio e nos outros. No local de trabalho, ela ajuda a preservar um ambiente de trabalho saudável através de uma melhor colaboração entre os trabalhadores. Este estudo de investigação examina a ligação entre a inteligência emocional e o desempenho profissional dos trabalhadores que trabalham na indústria jordana do comércio a retalho. Utilizando os dados de 120 empregados de diferentes idades, sexo e experiência de trabalho, o estudo descobre que existe uma relação tão significativa entre a inteligência emocional e o desempenho profissional dos empregados. Observa-se também que a inteligência emocional difere em relação à experiência dos empregados, mas não em relação ao sexo ou idade. O estudo recomenda às organizações jordanas que introduzam programas de desenvolvimento de inteligência emocional para o pessoal existente, a fim de melhorar o seu desempenho no

11

trabalho.

ZhongwuLi e YapengLin (2021)[7] no seu estudo sobre *"Impact of Emotional Intelligence on Job Performance-Examining Mediation and Moderation Mechanisms"* a investigação propõe e verifica um modelo para examinar o mecanismo interno e a condição limite da relação entre inteligência emocional, trabalho emocional percebido como apoio organizacional ao desempenho do trabalho. Especificamente, este estudo introduz o trabalho emocional como mediador na relação entre o trabalho emocional e o desempenho profissional do empregado e o apoio organizacional percebido como moderador na relação entre a inteligência emocional e o trabalho emocional. Em seguida, esta pesquisa realiza inquéritos por questionário aos empregados chineses para recolher os dados da amostra. No total, foram recolhidos 266 empregados de serviços. Os resultados sugerem que a inteligência emocional pode promover o desempenho profissional dos empregados. O trabalho emocional pode mediar parcialmente a influência da inteligência emocional no desempenho do trabalho do empregado. O apoio organizacional percebido pode moderar positivamente a influência da inteligência emocional no trabalho emocional. As conclusões das análises acima referidas não só verificam e desenvolvem alguns pontos anteriores sobre a inteligência emocional e o desempenho profissional do empregado, como também derivam certas implicações de gestão para promover o desempenho profissional do empregado na perspectiva do apoio organizacional.

Muhammad Asrar-ul-Haq (2017)[8] realizou um estudo sobre *"Impact of Emotional Intelligence on Teacher's Performance in Higher Education Institutions of Pakistan"* (*Impacto da Inteligência Emocional no Desempenho dos Professores em Instituições do Ensino Superior do Paquistão*) com o objectivo de investigar o impacto da inteligência emocional no desempenho profissional dos professores no sector da educação do Paquistão. A amostra consiste em 166 professores de universidades na área do Punjab central, Paquistão. As teorias de inteligência emocional propostas por Salovey e Mayer (1989-1990) foram utilizadas como quadro conceptual e a sua relação com o desempenho profissional dos professores foi examinada. A fiabilidade e validade das variáveis foi testada através do modelo de medição do PLS-SEM. O resultado indicou que a inteligência emocional tem um impacto significativo no desempenho do trabalho do professor. As principais conclusões da investigação revelaram que a auto-consciência emocional, a auto-confiança, a realização, o desenvolvimento de outros e a gestão de conflitos têm uma relação positiva e significativa com o desempenho do trabalho do professor. Os professores têm um papel significativo na sociedade à medida que interagem com os alunos para transferir os seus conhecimentos para eles. Para transferir conhecimentos de uma forma adequada, devem ser emocionalmente estáveis (Mehmood et al., 2013). Os professores devem ter competências eficazes tanto física como mentalmente, que são designadas como inteligência emocional (Goleman, 1995). A inteligência emocional é realmente útil para o desempenho do professor, uma vez que os guiaria a comunicar claramente, a conduzir os outros de uma forma adequada que cria uma interacção produtiva tanto no trabalho como na vida pessoal (Hassan et al., 2015). O presente estudo indicou que quando os professores desenvolveram competências e aptidões emocionais que fizeram com que um comportamento e atitude completamente inteligentes emocionais resultassem no enorme sucesso e satisfação (Hassan et al., 2015). Mehmood et al. (2013) sugeriram que os professores com boa inteligência emocional teriam melhorado o desempenho.

Dalia Desouky (2017)[9] realizou um estudo sobre o tema, *"Stress Ocupacional, Ansiedade e Depressão entre Professores Egípcios" com o* objectivo de avaliar a prevalência de SO, depressão e ansiedade entre os professores egípcios. Foi realizado um estudo transversal a 568 professores egípcios. Os respondentes preencheram um questionário sobre dados pessoais, e a versão árabe do Índice de Stress Ocupacional (OSI), as versões árabes validadas da escala de ansiedade manifesta de Taylor e o Beck Depression Inventory (BDI) foram utilizados para avaliar o SO, a ansiedade e a depressão respectivamente. A prevalência de SO, ansiedade e depressão entre os professores foi (100%, 67,5% e 23,2%, respectivamente). As notas de SO, ansiedade e depressão foram significativamente mais elevadas entre os professores com idade superior a 40 anos, as professoras, os professores do ensino primário, aqueles com salário inadequado, maior experiência de ensino, qualificações mais elevadas e maior carga de trabalho. Este estudo indicou a necessidade de pesquisas futuras para abordar os factores de risco de SO e perturbações mentais entre os professores egípcios, e a necessidade de avaliação médica periódica dos professores e de apoio médico e psicológico para os casos identificados. O objectivo do presente trabalho era avaliar a prevalência de SO, ansiedade e depressão entre os professores egípcios. Com base nos resultados, a nossa amostra mostrou uma elevada prevalência de SO (100%), ansiedade (67,5%) e depressão (23,2%). As notas de stress ocupacional, ansiedade e depressão foram significativamente mais elevadas entre professores com mais de 40 anos de idade, professoras, professoras do ensino primário, aquelas com salário inadequado, maior experiência de ensino, qualificações mais elevadas e maior carga de trabalho. Neste estudo, verificou-se que o ensino era um trabalho altamente stressante para professores egípcios com uma correlação positiva fraca significativa entre os resultados de SO e os resultados de ansiedade e depressão. Estas intervenções devem incluir avaliação médica periódica dos professores, e apoio médico e psicológico para os casos identificados. O estudo apela a futuros estudos centrados nos factores de risco de SO e outras perturbações mentais

13

entre os professores, uma vez que é vital que os professores tenham uma boa saúde mental.

Jeryl Shawn T. Tan (2017)[10] , concentrado no tema, "*Factores que afectam o stress entre os membros da Faculdade de Universidades Públicas nas Filipinas*": *A Multiple Regression Analysis*", centrada em factores específicos relacionados com a demografia e a educação que contribuem para os níveis de stress dos membros do corpo docente das universidades públicas nas Filipinas. Os participantes neste estudo eram membros do corpo docente a tempo parcial ou a tempo inteiro de universidades públicas filipinas e ensinavam pelo menos uma turma durante o Primeiro Semestre do Ano Académico 2016-2017. Os participantes foram encarregados de responder a um inquérito, em formato online ou em papel, constituído por 3 instrumentos e outras questões. As respostas de 100 participantes foram então analisadas com regressão múltipla como a principal análise estatística. Os resultados mostraram o estatuto de tempo parcial/tempo integral, idade, satisfação no trabalho e resposta religiosa negativa como preditores significativos do stress do corpo docente. Outras análises realizadas revelaram também correlações negativas significativas entre a satisfação no trabalho e os factores de stress relacionados com a recompensa e o reconhecimento e influência departamental. Além disso, embora os membros do corpo docente preferissem uma estratégia religiosa positiva em vez de uma estratégia religiosa negativa, foi observada uma correlação positiva significativa entre os 2 tipos. Foram feitas recomendações para futuros estudos relacionados com o stress entre os membros do corpo docente de universidades públicas nas Filipinas. Os níveis de stress entre os membros do corpo docente das universidades públicas nas Filipinas e

para identificar os preditores significativos do stress da faculdade. Além disso, este estudo explorou quaisquer associações significativas entre as escalas de FSI e a satisfação no trabalho e associações significativas entre os dois tipos de enfrentamento religioso e o stress da faculdade. Com base nas respostas de 100 participantes, os membros do corpo docente sentiram geralmente uma pressão ligeira a moderada quando lidavam com diferentes tipos de stress. A análise de regressão múltipla também revelou o estatuto de tempo parcial/tempo integral, idade, satisfação no trabalho e resposta religiosa negativa como preditores significativos do stress do corpo docente. Os factores de stress relacionados com recompensa e reconhecimento e influência departamental mostraram correlações negativas significativas com a satisfação no trabalho. Finalmente, embora os membros do corpo docente tenham preferido uma abordagem religiosa positiva em vez de uma abordagem religiosa negativa, os resultados sugerem que os membros do corpo docente podem utilizar simultaneamente uma abordagem religiosa positiva e negativa.

Pijus Kanti Bhuin (2016)[11] empreendeu um estudo sobre o tema, *"Is Teaching Stressful"* (*Ensinar é stressante*) que visa identificar a natureza do stress ocupacional prevalecente no sector do ensino superior na Índia e no estrangeiro. Vários estudos, excepto alguns, concluíram que um número significativo de professores é afectado pelo stress relacionado com o trabalho. O documento identifica os factores intrínsecos ao stress dos professores. As experiências indianas, juntamente com estudos internacionais relacionados com o stress no trabalho do ensino superior, são aqui apresentadas. Discussões são feitas sobre o impacto do stress dos professores e estratégias para lidar com o mesmo. Estudos revelam que a criação de uma organização de alto desempenho requer a compreensão da influência do stress no desempenho académico. São feitas observações críticas sobre as investigações revistas. O documento conclui da revisão dos estudos que o stress é um fenómeno global e que os professores não são excepção. Os especialistas em stress reconhecem a existência de stress ocupacional no ensino a nível mundial com as suas consequências negativas. Sem dúvida, os estudantes são a comunidade mais afectada devido ao stress dos professores. Este é o momento para os institutos de ensino superior aceitarem e considerarem o stress ocupacional antes que este derrube a sua sombra negra. Um professor feliz constrói uma nação feliz.

Veena, Pushpalatha e Mallaiah (2016)[12] tentam um estudo sobre o tema, *"Stress Profissional entre os Membros da Faculdade da Universidade de Mangalore": Um Estudo"*, afirma que o nível de stress profissional nos professores universitários e as formas de minimizar o stress entre os professores. O estudo utilizou um questionário estruturado para recolher os dados dos membros do corpo docente da Universidade de Mangalore. Os resultados do estudo mostram que a maioria 41(82,0%) dos respondentes satisfeitos com o seu actual emprego e apenas 9(18,0%) não estão satisfeitos com o seu actual emprego, 15(30,0%) dos respondentes gerem o stress profissional por yoga, seguidos de 14(28,0%) por exercícios, 6(12,0%) por orientação. O stress profissional no local de trabalho está a tornar-se uma ansiedade principal para todos os professores, devido à legislação sobre saúde e bem-estar profissional que envolve o dever de cuidado dos trabalhadores, oferecendo aos professores com situações de trabalho seguras, que também têm o bem estar psicológico dos seus trabalhadores. A diminuição do stress profissional encorajará os professores a oferecer um serviço engenhoso e eficiente à sociedade. Com base nos resultados, o estudo recomendou que a universidade proporcionasse um ambiente de trabalho mais útil aos membros do corpo docente para que estes possam desempenhar as suas funções de forma mais eficaz, o chefe do departamento tem constantemente em consideração uma repartição equivalente das tarefas entre os membros do corpo docente, a fim de reduzir a carga de trabalho. Sugere-se que os programadores de formação de curta duração sejam concebidos e programados com base nos conceitos de stress profissional para os membros do corpo docente, além disso, através de exercício regular, descansar adequadamente, fazer um intervalo para ler, ouvir uma música de relaxamento nos tempos livres, tirar tempo para rir contando uma piada a alguém, tirar tempo para fazer coisas que tragam prazer e prazer, tornando o bom ambiente de trabalho e ajudando a evitar o stress ocupacional.

Nomita Punia e Shanti Balda Julho (2016)[13] , tinham publicado um artigo de investigação sobre o tema *"Inteligência Emocional e Stress Ocupacional entre Professores Escolares em Haryana, Índia"*. O presente estudo visa explorar a relação entre inteligência emocional e stress ocupacional entre os professores escolares do estado de Haryana. O estudo foi conduzido em cinco zonas culturais do estado de Haryana - Khadar, Nardak, Bagar, Mewat e Ahirwal. De cada sede distrital; foram preparadas duas listas separadas de escolas, uma lista para escolas filiadas no Conselho Central do Ensino Secundário (CBSE) e a outra lista para escolas filiadas no Conselho de Educação Escolar, Haryana (BSEH). A partir destas escolas, foram preparadas separadamente listas de professores primários (PRT), Professores Graduados Formados (TGT) e Professores Pós-Graduados (PGT) para escolas filiadas no CBSE e BSEH. Para representar a amostra de professores das escolas afiliadas ao CBSE, de uma zona cultural, foram seleccionados aleatoriamente 15 PRT, 15 TGT e 15 PGT. Foi adoptado procedimento semelhante para a selecção de professores de escolas filiadas no CBSEH da mesma zona. Assim, de uma zona cultural foram seleccionados um total de 90 professores, 45 professores de escolas filiadas ao CBSE e 45 professores de escolas filiadas ao BSEH. Foi adoptado procedimento semelhante para seleccionar professores de outras quatro zonas culturais. Amostra total constituída por 450 professores, 225 professores das escolas filiadas no Conselho Central do Ensino Secundário (CBSE) e 225 professores das escolas filiadas no Conselho de Educação Escolar Haryana (BSEH). A Inteligência Emocional dos professores escolares foi avaliada com a ajuda da Escala de Inteligência Emocional de Hyde et al. e o Stress Ocupacional dos professores escolares foi avaliado com a ajuda do Índice de Stress Ocupacional desenvolvido por Srivastava e Singh. Os resultados revelaram que os professores com níveis mais elevados de Inteligência Emocional experimentam níveis mais baixos de Stress Ocupacional. Os resultados também indicaram que as variáveis pessoais - sexo, idade, níveis educacionais, anos de experiência de ensino e tipos de escola, desempenham um papel significativo na percepção de várias fontes de stress relacionadas com a profissão docente.

Aina Sabherwal, Deeya Ahuja, Mohit George e Arjun Handa (2015)[14] fez um estudo intitulado *"Occupational Stress among Faculty Members in Higher Educational Institutions"* narra que o fenómeno do stress entre os docentes e para descobrir como eles combatem operativa e estrategicamente o stress nas instituições de ensino superior. Foi utilizado um questionário para recolher dados de 200 membros do corpo docente de diferentes instituições de ensino superior em Pune. A amostra foi recolhida pela amostragem aleatória estratificada entre as instituições de gestão, engenharia, direito, ciência e outras faculdades. A amostra incluiu todos os postos de ensino: assistentes, professores assistentes, professores associados, e professores. Setenta e seis por cento dos inquiridos eram mulheres. As respostas dos inquiridos foram medidas pelos seguintes estressores: carga de trabalho, condições de trabalho, e relações com colegas de trabalho, trabalho com estudantes, organização do trabalho, e reconhecimento e estatuto social. Os resultados mostraram que os factores determinantes do stress entre os administradores são numerosos e variados, com compilação de resultados, pressões de tempo, falta de infra-estruturas, indisciplina dos estudantes e fracas perspectivas salariais como factores de stress muito elevados. Os resultados revelaram também que os administradores experimentaram, em média, um nível de stress baixo a moderado, o que não afectou negativamente o seu desempenho.

Singh (2015)[15] na sua investigação sobre "*A Study of Emotional Intelligence of Teacher Educators in Relation to Certain Demographical Variables*" afirma que se espera que uma boa educação forneça formas e meios para alcançar o desenvolvimento do corpo, mente e espírito. Emoção é a experiência subjectiva associada à personalidade, temperamento, humor e disposição. Todos nós temos diferentes desejos e necessidades, e diferentes formas de mostrar as nossas emoções. O desenvolvimento do carácter é a base de uma sociedade onde o egoísmo, a violência e as emoções fora de controlo destroem a bondade da vida quotidiana das pessoas. Um indivíduo que tem controlo sobre o impulso das emoções será capaz de tomar a perspectiva de outra pessoa, o que leva à tolerância e aceitação das diferenças. Trabalhar as emoções para obter ganhos positivos, e encorajar o crescimento emocional das crianças na sala de aula tornou-se agora mais crucial do que nunca. Espera-se que as pessoas academicamente bem sucedidas tenham tido níveis mais elevados de competências emocionais. A Inteligência Emocional prevê o sucesso em todas as esferas da vida e, por conseguinte, ganhou uma importância primordial em todos os campos. Uma capacidade baseada no coração (inteligência emocional) permite-nos uma nova relação com as nossas emoções. Os professores precisam de ser treinados em inteligência emocional, para gerir as suas próprias emoções e as dos outros para ajudar os alunos. A inteligência emocional é tão relevante para os professores educadores como para os professores e alunos. Este artigo de investigação explora o nível de inteligência emocional dos educadores de professores em relação a certas variáveis demográficas. Os resultados mostram que o grupo em estudo possuía inteligência emocional média. O género e a experiência dos educadores de professores não tiveram qualquer influência diferencial na sua inteligência emocional. Mas foi encontrada uma diferença significativa na inteligência emocional dos educadores de

17

professores em relação à área e estado civil.

Hafsa Ahmed (2015)[16] , no seu estudo sobre, *"Emotional Intelligence and Job Satisfaction among University Teachers"* (*Inteligência Emocional e Satisfação no Trabalho entre Professores Universitários*), teve como objectivo explorar a relação da inteligência emocional sobre a satisfação no trabalho entre professores universitários. Esta investigação era de natureza descritiva. Os objectivos da investigação incluíam o estudo da relação entre a inteligência emocional e a satisfação no trabalho entre professores universitários e a exploração do papel das variações demográficas, tais como idade, sexo, experiência, qualificação dos professores universitários na determinação do seu nível de inteligência emocional e a sua percepção sobre a satisfação no trabalho. A população deste estudo era constituída pelos professores universitários das universidades públicas e privadas de Islamabad. Uma amostra aleatória estratificada composta por 50 professores universitários masculinos e 50 femininos foi recolhida em duas universidades públicas e duas privadas de Islamabad. Dois questionários foram utilizados para a recolha de dados em que um para medir a satisfação no trabalho, enquanto outro para medir a inteligência emocional (autoconsciência, competências sociais, auto-regulação, motivação, consciência social) dos futuros professores. Os dados foram analisados com a ajuda do SPSS 16.A principal descoberta do estudo conclui que existe uma correlação significativa positiva entre a inteligência emocional e a satisfação no emprego entre as universidades públicas e privadas ($r=0,78$). Os resultados mostraram que as professoras universitárias são mais inteligentes emocionalmente do que os professores universitários masculinos, enquanto que os professores universitários masculinos sentem uma maior satisfação no trabalho. No entanto, os professores universitários mais velhos são mais inteligentes emocionalmente e sentem uma maior satisfação no trabalho. O resultado concluiu que os professores são mais inteligentes emocionalmente enquanto que os professores sentem uma maior satisfação no trabalho. O resultado retrata que os professores universitários qualificados com doutoramento demonstram mais inteligência emocional enquanto que os professores qualificados com doutoramento percebem uma maior satisfação no trabalho. Os resultados concluem que os professores universitários menos experientes são mais inteligentes emocionalmente, enquanto que os professores universitários experientes percebem uma maior satisfação no trabalho. Revela ainda que um professor universitário do sector privado experimenta maior inteligência emocional enquanto que um professor universitário do sector público reconhece maior satisfação no trabalho. O estudo foi benéfico para professores, investigadores, criadores de currículos, formadores, psicólogos e planeadores educacionais. A satisfação profissional dos professores pode ser melhorada através de formação, satisfação das necessidades, disponibilização de instalações e melhoria da sua inteligência emocional.

Vijaya Shanthi (2015)[17], fez uma pesquisa sobre o tema, *"Stress Ocupacional - Um Estudo sobre Professores que Trabalham em Faculdades de Autofinanciamento em Chennai"*, narra que a profissão docente é geralmente considerada como uma profissão nobre com muitas expectativas de vários sectores da sociedade. Muitos assumem que a profissão docente é a menos stressante das carreiras. Embora não sejam altamente remunerados em comparação com os profissionais do sector comercial, os académicos têm sido invejados pela sua permanência, cargas de trabalho leves, flexibilidade e a liberdade de prosseguir os seus próprios interesses de investigação. No entanto, durante as últimas duas décadas, muitas destas vantagens têm sido corroídas. Como muitas outras organizações com mudanças de tendência e expectativas, a carreira docente também carrega uma enorme quantidade de stress. Grande parte do stress está associado ao ritmo acelerado das mudanças na educação na última década. 600 professores que trabalham em autofinanciamento Artes e Ciência

Os colégios foram seleccionados através de um método de amostragem aleatória simples e os questionários foram distribuídos. Foram devolvidos 550 questionários, dos quais 40 eram inutilizáveis. Por conseguinte, o tamanho da amostra foi de 510. O problema do stress é inevitável e inevitável nas instituições de ensino. Este sector, que em tempos foi considerado como o sector sem stress, é agora um sector propenso. Tanto o indivíduo como a organização podem adoptar estratégias de sobrevivência adequadas. A gestão do stress deve ser também uma responsabilidade dos indivíduos. O mais importante para que os indivíduos se lembrem é que o stress é criado pelas reacções das pessoas às situações, e não pela situação. Implica o reconhecimento dos factores de stress ou dos factores que causam o stress e que afectam a saúde. Os indivíduos têm de identificar certos sintomas de stress e relacioná-lo com a situação de stress que se está a passar. Depois adoptam técnicas de gestão do stress e procuram ajuda médica quando esta se torna necessária. A direcção deve tomar várias iniciativas para ajudar os seus empregados a ultrapassar o seu efeito desastroso, pois de outra forma isso acabaria por afectar o seu desempenho e presença num mercado competitivo. Devem ser envidados esforços para proporcionar uma plataforma comum aos professores, onde estes tenham a oportunidade de os desenvolver e projectar o seu potencial talento.

Laxmi Narayan Sharma (2014)[18] no estudo *"Role of Emotional Intelligence in Fostering Work Life Balance among the Working and Non Working Professionals Teacher, Business Man, Scientist, Social Worker and Politician"* (*Papel da Inteligência Emocional no Fomento do Equilíbrio entre a* Inteligência Emocional (EI) e o Equilíbrio entre a Vida Profissional *e a* Vida Profissional (WLB) numa instituição académica. Este documento de investigação reflecte que no mundo económico global liberalizado a EI aparece como factor chave para a estabilidade do trabalhador, retenção de talentos e desenvolvimento sustentável.

19

Todos os jovens mais maduros e com pós-graduações e qualificações superiores em TI, BIO-tecnologia, Comércio, Gestão e trabalho social, etc. Como parece que a elevada WLB é directamente proporcional à elevada inteligência emocional dos empregados. Significa que os empregados com um EI extremamente elevado estão a ter WLB completo nos seus respectivos departamentos e escritórios. Para concluir o tópico, parece que a liberalização da economia global é uma oportunidade para que países como a Índia e os seus estudantes profissionais, pessoas colectivas, professores, investigadores e assistentes sociais beneficiem de trabalhar em qualquer canto do mundo com diferentes configurações culturais, sociais, religiosas e demográficas. Sem dúvida que esta oportunidade irá certamente

abrir as portas ao grupo de talentos altamente competente emocionalmente para trabalhar eficazmente na diversidade cultural e, lado a lado, ter a oportunidade de adoptar a integridade cultural cruzada para a prosperidade da paz global e da fraternidade.

Muthukumar (2014)[19] realizou um estudo sobre o tema '*A Comparative Study on the Level of Stress among Government, Government-Aided and Self-Financing Arts and Science College Teachers (With Special Reference to Chennai)*' realizado por investigação comparativa de professores em várias faculdades. Foram recolhidos 360 respondentes de várias faculdades em Chennai, como amostra. Do seu estudo concluiu-se que as causas mais importantes do stress entre os professores são a sobrecarga de horas de trabalho, o papel no desempenho do trabalho, a disciplina dos estudantes, as inovações no campo do ensino superior, o desenvolvimento de carreiras, as políticas de financiamento, os problemas decorrentes do lado da administração, o sentimento de raiva, o espancamento por excesso de roupa e a incapacidade de se concentrarem no trabalho são considerados como os resultados fulcrais do stress entre os professores das faculdades de Artes e Ciências. As estratégias de sobrevivência de alto nível que são praticadas pelos professores da faculdade são a preparação, o estabelecimento de prioridades, a prontidão física, as mudanças na dieta, as estratégias de evasão e as estratégias de paredes exteriores. Os principais factores da prática de estratégias de resposta ao stress são o desvio da atenção para a eficiência individual, o pensamento positivo leva ao desempenho organizacional, evitando lembretes dolorosos, adiando certas tarefas, a fuga legítima de tarefas não apreciadas e a delegação de trabalho leva a mudanças na cultura de trabalho no seio dos professores da Faculdade de Artes e Ciências. A comparação entre os três diferentes segmentos de professores universitários concluiu que não existe uma diferença significativa entre o Governo, os professores universitários ajudados e auto-financiados pelo Governo na experiência de factores causadores de stress. Também não há diferença significativa entre o governo, os professores universitários ajudados e auto-financiados pelo governo na vivência dos resultados do stress. Comparativamente, existem

20

diferenças significativas entre as estratégias adoptadas pelo Governo, os professores universitários ajudados e auto-financiados pelo Governo no que diz respeito à definição de prioridades, preparação, mudanças na dieta alimentar e evitar o stress.

Senthil Kumar, Mohan e Velmurugan (2013)[20] fez uma pesquisa sobre o tema, "*Causas do Stress dos Professores na Educação em Engenharia*", com o objectivo de preencher as lacunas organizacionais e geográficas, examinando as fontes de stress do trabalho. Assim, o estudo pretende investigar várias causas do stress no trabalho entre 478 professores de engenharia membros de 58 faculdades de engenharia e tecnologia auto-financiadas e quatro universidades consideradas no distrito de Coimbatore, Tamil Nadu. Os objectivos do estudo são de descobrir a diferença significativa e a associação entre as variáveis demográficas e de perfil profissional dos professores de engenharia sobre as causas do stress. ANOVA, teste 't' e teste de Chisquare foram utilizados para analisar os dados. Os resultados mostraram uma associação significativa entre género, tipo de instituição, localização da faculdade, situação laboral actual e número médio de horas de trabalho com causas de stress. O estudo identifica os professores que trabalham nas instituições de engenharia como um dos grupos profissionais que funcionam em condições de elevado stress. As variáveis tais como género, tipo de instituição, localização da faculdade e situação laboral actual têm um elevado nível de associação significativa com o nível de concordância sobre as causas do stress e o número médio de docentes está significativamente associado a um nível de cinco por cento. Além disso, o resultado revela que existe a necessidade de assegurar um ambiente sem stress nas instituições de ensino de engenharia.

Ramana (2013)[21] no seu estudo sobre "*Emotional Intelligence and Teacher Effectiveness - An Analysis*" analisa o conceito de inteligência emocional e a eficácia dos professores na sala de aula das escolas e universidades. São também discutidos o papel e as qualidades dos professores, programas para melhorar a inteligência emocional e os seus resultados, a inteligência emocional, o apoio pró-activo, o burnout e o apoio do supervisor e ideias para melhorar a situação dos professores, etc. A inteligência emocional do professor significa que as pessoas devem ter uma autoconsciência que permita reconhecer os sentimentos e gerir as emoções das pessoas. O papel do professor na reestruturação da sociedade é invencível. a competência emocional dos professores é necessária, tanto para o seu próprio bem-estar como para a eficácia e qualidade na realização de processos de aprendizagem pedagógica na sala de aula, e em particular para o desenvolvimento sócio-emocional dos alunos. Estes podem ser melhorados com a inteligência eficaz dos professores. Assim, é necessário criar vários projectos, a fim de dar aos professores mais informação sobre o burnout e como podem superá-lo e compreender como podem lidar com os problemas.

Annierah Maulana Usop (2013)[22] no seu artigo sobre, *"Desempenho do trabalho e satisfação no trabalho entre professores"* tentou descobrir a relação entre o desempenho do trabalho e a satisfação no trabalho entre professores da Divisão da Cidade de Cotabato. Os resultados indicam que a maioria dos professores tem entre 31 e 40 anos de idade. A maioria deles são do sexo feminino, casados, licenciados e mais uma unidade de mestrado. Sessenta e quatro por cento delas tinham 11 a 15 anos de serviço. Portanto, os resultados concluíram que os professores da Divisão da Cidade de Cotabato apresentam um elevado nível de desempenho. Estavam contentes com as suas facetas de satisfação profissional, tais como políticas escolares, supervisão e remuneração, relações interpessoais, oportunidades de promoção e crescimento, condições de trabalho, trabalho em si, realização, reconhecimento e responsabilidade. Isto implica que um professor satisfeito com o seu trabalho é também um trabalho produtivo. Além disso, se os professores estiverem satisfeitos com o seu trabalho, desenvolverão e manterão um elevado nível de desempenho. O processo de aprendizagem do ensino torna-o mais eficiente e eficaz, podendo produzir alunos altamente competitivos. Os participantes do estudo eram 200 professores do ensino básico de doze escolas públicas seleccionadas na Divisão da Cidade de Cotabato. Os respondentes eram professores a tempo inteiro com pelo menos dois anos de experiência de ensino na organização. Com base nos resultados do estudo, conclui-se que os professores da Divisão da Cidade de Cotabato apresentam um elevado nível de competências, capacidades, iniciativas e produtividade relacionadas com o desempenho, excedendo os requisitos em muitas das áreas de desempenho no trabalho. Os professores da Divisão da Cidade de Cotabato estavam satisfeitos com as suas facetas de satisfação profissional, tais como políticas escolares, supervisão, remuneração, relações interpessoais, oportunidades de promoção e crescimento, condições de trabalho, trabalho em si, realização, reconhecimento e responsabilidade. Isto implica que um professor satisfeito com o seu trabalho é também um trabalho produtivo. Além disso, se os professores estiverem satisfeitos com o seu trabalho, desenvolverão e manterão um elevado nível de desempenho. O processo de aprendizagem do ensino torna-o mais eficiente e eficaz, podendo produzir alunos altamente competitivos.

Lokanadha Reddy e Poornima (2012)[23] , fizeram um estudo sobre o tema *"Stress Ocupacional e Queimadura Profissional de Professores Universitários no Sul da Índia"* para investigar o stress ocupacional e a queima profissional de professores universitários. O local do estudo é Tamil Nadu e Andhra Pradesh, Estados do Sul da Índia. A amostra do estudo é proveniente de 9 universidades estatais seleccionadas através de uma técnica de amostragem aleatória mais simples. Foi utilizada uma escala de classificação de cinco pontos para avaliar o stress ocupacional e o esgotamento profissional dos professores universitários

22

desenvolvidos pelos investigadores. Os dados obtidos através das escalas de classificação foram analisados utilizando técnicas estatísticas como a estatística descritiva, a correlação de Spearman e regressões múltiplas. Os resultados revelaram que a maioria (74%) dos professores universitários está a experimentar níveis moderados e elevados de stress ocupacional e que 86% dos professores têm esgotamento profissional. Além disso, a análise mostrou um forte apoio à hipótese de que existe uma relação positiva entre o stress ocupacional e o esgotamento profissional dos professores universitários. A prevenção e gestão do stress no local de trabalho requer intervenções a nível organizacional, porque é a organização que cria o stress. Além disso, várias técnicas de gestão do stress, tais como treino de inteligência emocional, técnicas de gestão cognitivo-comportamental, sistemas de apoio social, serviços de aconselhamento, yoga e actividades desportivas, devem ser introduzidas. O sucesso na gestão e prevenção do stress dependerá da cultura da organização. A nível universitário, a cultura de abertura e compreensão, mais do que de crítica, é essencial.

Alyas (2011)[24] na sua análise intitulada *"Effectiveness of Teaching Stress on Academic Performance of College Teachers in Pakistan"* (*Eficácia do Ensino do Stress no Desempenho Académico dos Professores Universitários no Paquistão*) descobriu os vários stress no trabalho de ensino e como este afecta o desempenho dos quadros de professores universitários nos sectores público e privado no Paquistão. Análise de regressão, teste t, ANOVA unidireccional e ANOVA bidireccional foram aplicados para testar os dados recolhidos de 106 professores universitários através de questionários. As fontes comuns de stress dos professores universitários foram identificadas durante o inquérito preliminar, servindo como variáveis independentes em duas cabeças, nomeadamente

i) Factores intrínsecos (escala ou pacote salarial, situação laboral, problemas domésticos, problemas económicos e de segurança no emprego), e ii) Factores extrínsecos (recursos físicos, condições de trabalho, comportamento dos estudantes, pressão administrativa, relação com os colegas). A análise de correlação foi feita para testar o efeito de cada variável independente com a variável dependente; o desempenho académico dos professores. Verificou-se que os factores intrínsecos tiveram maior influência no desempenho académico em comparação com os factores extrínsecos. Os resultados do teste mostraram que não existem diferenças estatisticamente significativas entre o desempenho académico dos professores de faculdades mistas, o desempenho académico dos professores universitários com experiências de ensino diferentes, ao passo que, houve diferenças estatisticamente significativas observadas entre o nível de desempenho académico das faculdades públicas e privadas.

Aqsa e Waheed (2011)[25] tentaram estudar *"Faculty Stress at Higher Education"*: *Um* *estudo sobre as Escolas de Negócios do Paquistão"* identificou as causas do stress no corpo docente. Foram seleccionados 300 respondentes de escolas de negócios públicas e privadas do Punjab. Foi aplicada uma análise de regressão múltipla para determinar os predadores significativos do stress no corpo docente. Além disso, foram aplicados testes t independentes e ANOVA unidireccional para verificar se existe alguma diferença significativa entre os resultados de stress dos membros do corpo docente de diferentes variáveis como o sexo, idade, salário, qualificação e designação. A análise de regressão mostrou que a carga de trabalho, as questões relacionadas com os estudantes e os conflitos de papéis foram as principais fontes que contribuíram significativamente para a criação de stress. Os membros do corpo docente do sector privado experimentaram mais stress em comparação com o corpo docente das Escolas Comerciais do sector público. As mulheres, as idades mais jovens, a designação mais baixa, os membros do corpo docente com baixos salários e baixa qualificação sofreram mais stress em comparação com os homens, as idades mais velhas, a designação mais alta, e os membros do corpo docente com altos salários e alta qualificação.

Suryanarayana et al. (2010)[26] investigou um estudo intitulado *"Stress and Professional Pleasure among Engineering College Teachers"* (O *Stress e o Prazer Profissional entre Professores da Faculdade de Engenharia*) com o objectivo de estudar o stress e o prazer profissional entre os professores de engenharia do distrito de Vizianagaram, Índia. Utilizando uma amostra de 116 docentes com o objectivo de testar se as correlações obtidas para a amostra comparável diferem significativamente. O estudo concluiu que ambos os aspectos eram estatisticamente significativos. No que diz respeito ao stress dos professores, variáveis tais como qualificação, experiência e tipo de gestão foram consideradas estatisticamente significativas. No que diz respeito ao prazer profissional do professor, todas as variáveis tais como sexo, localidade, qualificação, idade, estado civil, experiência e tipo de gestão foram estatisticamente corroboradas. Teoricamente, o stress e o prazer profissional dos professores eram independentes, mas, na prática, eram interdependentes. Neste estudo, os meios de stress dos professores na ordem do mérito foram os aborrecimentos extrínsecos, o comportamento dos estudantes, a intensidade do trabalho e os aspectos de crescimento profissional, os valores médios no que diz respeito ao prazer professor-profissional na ordem do mérito foram aspectos profissionais, pessoais, intelectuais e sociais. A investigação mostrou que havia uma relação significativa entre as dimensões do stress do professor e o prazer profissional.

Archibong et al. (2010)[27] conduziram uma investigação intitulada *"Fontes de Stress Ocupacional entre o Pessoal Académico Universitário"* investigaram fontes ocupacionais de Stress entre o pessoal universitário. O Questionário de Fontes (SSQ) foi desenvolvido para avaliar a extensão do stress experimentado por 279 professores assistentes de duas

Universidades na Nigéria. Este estudo descobriu que a fonte estudantil experimentou mais stress em

relação interpessoal, o pessoal académico experimentou um grande stress no azedar para a bolsa de investigação no que diz respeito à investigação, recolha de resultados no que diz respeito ao ensino, e obtenção de fundos para o desenvolvimento da carreira no que diz respeito ao desenvolvimento da carreira. A análise independente do teste t utilizado neste estudo indicou que o pessoal académico masculino e feminino não eram significativamente diferentes na sua percepção destes factores como fontes de stress no trabalho. Este estudo revelou que o desenvolvimento da carreira tinha a pontuação média mais alta e foi classificado como a maior fonte de stress para o pessoal académico, seguido pelo stress das actividades relacionadas com a investigação, relações interpessoais e ensino.

Catano et al. (2010)[28] explorado no seu artigo *"Occupational stress in Canadian universities: Um inquérito nacional"* investigou os factores de stress ocupacional e os resultados do stress nas universidades canadianas. Pessoal seleccionado aleatoriamente (n = 1440) de 56 universidades completou um questionário baseado na Web. A taxa de resposta de 27% foi semelhante à dos estudos no Reino Unido e na Austrália, tal como a maioria dos resultados. No que diz respeito à tensão, 13% dos inquiridos relataram um elevado sofrimento psicológico e 22% deles relataram sintomas de saúde física elevados. O estatuto de emprego menos seguro e o desequilíbrio entre a vida profissional e a vida familiar previam fortemente a insatisfação com o emprego; o desequilíbrio entre a vida profissional e a vida familiar previam fortemente o aumento da angústia psicológica. Em geral, os participantes no estudo estavam satisfeitos com os seus empregos e emocionalmente empenhados nas suas instituições. Estes resultados justificam a consideração do trabalho académico contemporâneo tanto pelas associações de pessoal académico como pelas administrações universitárias no que diz respeito à implementação de mudanças nas políticas e procedimentos que possam levar a reduções no stress e tensão relacionados com o trabalho.

Ishwara (2010)[29] identificou no seu artigo sobre, *"Determinants of Job Involvement and Job Satisfaction among Teaching Professionals"* (*Determinantes do Envolvimento e Satisfação Profissional entre os Professores Docentes*) para medir e avaliar o nível percepcionado de envolvimento e satisfação profissional entre os professores universitários que trabalham em departamentos de pós-graduação no Estado de Karnataka. A amostra é composta por 304 professores (120 Professores Assistentes, 94 Professores Associados e 90 Professores) cuja idade média variou entre 36 e 49 anos. Para medir e avaliar o envolvimento dos professores no trabalho, foi administrado o inventário de Lodahal e Kejner. A análise dos dados indicou que cerca de 60% dos professores universitários perceberam e relataram ter estado moderadamente envolvidos no trabalho (Média 75,06 e S.D 6,05). Não há diferença significativa entre os quadros e os níveis de envolvimento no trabalho entre a universidade professores, ou seja, independentemente dos quadros, todos os professores perceberam mais ou menos o mesmo nível de envolvimento no trabalho (a diferença é estatisticamente insignificante). No que diz respeito à satisfação profissional global (Brayfield e Modelo Roth) dos professores universitários, 2/3 dos inquiridos perceberam e relataram ter níveis moderados e acima dos moderados de satisfação profissional global. A medição da satisfação específica no trabalho explica o sentimento de um respondente por um aspecto particular associado ao seu trabalho e ao seu ambiente. Os professores da universidade perceberam e reportaram aspectos menos satisfeitos do trabalho como mentoria, instalações da biblioteca, assistência administrativa, trabalho de equipa (valores médios inferiores a 3,00). Por outro lado, os factores de maior realização são o próprio trabalho, remuneração, reconhecimento pelo bom trabalho, realização, trabalho de investigação, estatuto, criatividade, responsabilidade, crescimento profissional, condições de trabalho e segurança no emprego. Existe uma associação positiva entre a satisfação profissional global e a satisfação profissional específica, bem como a satisfação profissional e o envolvimento no trabalho dos professores universitários.

Sreekala Edannur (2010)[30] no seu artigo sobre *"Inteligência Emocional dos Professores Educadores"* narra o trabalho sobre as emoções para um ganho positivo, e encorajar o crescimento emocional das crianças na sala de aula tornou-se agora mais crucial do que nunca. As pesquisas mostram que as pessoas academicamente bem sucedidas tinham níveis mais elevados de competências emocionais. Para ajudar os estudantes a adquirir as competências de competências emocionais, em primeiro lugar, os professores precisam de ser formados em Inteligência Emocional, para gerir as suas próprias emoções e as dos outros. A Inteligência Emocional é tão relevante para os professores educadores como para os professores e alunos. O presente estudo avalia o nível de Inteligência Emocional dos educadores de professores da região de Barak Valley, no estado indiano de Assam. Os resultados mostram que o grupo em estudo possuía uma média de EmotionalIntelligence. O género e a localidade dos educadores de professores não tiveram qualquer influência diferencial na sua Inteligência Emocional.

Sarbjit e Dinesh (2008)[31] realizou um estudo intitulado *"Comparative Study of Government and Non-Government College Teacher in Relation to Job Satisfaction and Job Stress"* com a amostra de 200 professores universitários do Distrito de Bathinda, Índia. Neste estudo foram utilizados a média, o desvio padrão e o teste t. A Escala de Stress de Trabalho de Professores Indoor (ITJSS) foi utilizada para examinar o stress no trabalho. Este estudo constatou que havia uma diferença significativa entre professores universitários governamentais e não governamentais em relação ao stress no trabalho e uma diferença significativa entre professores universitários governamentais e não governamentais em relação ao stress no trabalho. Além disso, os resultados indicaram que havia mais stress no trabalho e menos satisfação no trabalho entre os professores universitários não governamentais.

Syed e Nazir (2008)[32] conduziram uma pesquisa intitulada "*A Study of Job Burnout among University Teachers*" com o objectivo de investigar os níveis de exaustão de postos de trabalho entre 300 professores universitários em Moscate, incluindo professores, leitores e professores. Os resultados indicaram que os professores tinham um elevado nível de exaustão emocional e que eram significativamente diferentes em relação à exaustão emocional por parte de professores e leitores. Os leitores mostraram um menor esgotamento emocional em comparação com os professores, mas um elevado esgotamento emocional em comparação com os professores. Não se verificou que os leitores fossem significativamente diferentes dos professores. Os três grupos não foram considerados significativamente diferentes no que diz respeito à despersonalização e realização pessoal.

Ravichandran e Rajendran (2007)[33] tentaram um estudo intitulado "*Perceived Sources of Stress among the Teachers*", a partir de 200 amostras em Chennai, Índia. Uma análise dos factores na escala revelou oito factores independentes, tais como i) stress pessoal ii) tarefas de ensino iii) expectativa pessoal iv) avaliação do ensino v) falta de apoio dos pais e outros vi) instalações disponíveis na escola vii) política organizacional e viii) expectativa dos pais. Os resultados indicaram que as variáveis pessoais tais como sexo, idade, níveis educacionais, anos de experiência de ensino e tipos de escola, desempenharam um papel significativo na percepção de várias fontes de stress relacionadas com a profissão docente. Este estudo também indicou que havia uma diferença de género na percepção do stress pessoal e do factor de actividade docente. As professoras tinham mais stress do que os seus colegas do sexo masculino. No que diz respeito à variável idade, os professores diferiam significativamente em stress pessoal, avaliação pedagógica, instalações disponíveis na escola e na política organizacional. A qualificação do professor como fonte de stress foi considerada significativa no stress pessoal e na missão de ensino. A experiência contribuiu directamente para fontes de stress entre os professores em stress pessoal, falta de apoio dos pais, política organizacional, e nas expectativas dos pais. O estado civil como fonte de stress estava a contribuir significativamente para as expectativas pessoais, avaliação pedagógica e instalações na escola.

Li-fang Zhang (2007)[34] no seu artigo sobre, "*Teaching Styles and Occupational Stress among Chinese University Faculty Members*" conduziu um inquérito para investigar o poder

27

preditivo do stress ocupacional para o estilo de ensino entre os membros da faculdade universitária. Uma amostra de 144 docentes de uma grande universidade da República Popular da China classificaram-se em três escalas de capacidade e responderam ao Thinking Styles in Teaching Inventory e a quatro escalas do Occupational Stress Inventory- Revised (sobrecarga de papéis, insuficiência de papéis, tensão psicológica, e capacidade de resposta racional/cognitiva). Foram obtidos dados de fiabilidade e validade satisfatórios para a versão chinesa das quatro escalas de stress ocupacional. Depois de terem sido tidas em conta as capacidades auto-avaliadas, o stress ocupacional continuou a ser um preditor significativo do estilo de ensino. Um sentimento mais forte de sobrecarga de papéis e uma utilização mais frequente de uma estratégia racional/cognitiva de sobrevivência foram conducentes ao emprego de estilos de ensino geradores de criatividade e conservadores; um sentimento mais forte de insuficiência de papéis e tensão psicológica teve um impacto negativo na utilização de estilos de ensino geradores de criatividade.

Felicia e Mon (2006)[35] tentaram estudar o tema *"Nível de Stress Percebido entre Palestras nas Universidades Nigerianas"*. Foram recolhidos dados primários de 228 docentes de oito universidades nigerianas de acordo com as variáveis de idade, sexo, estado civil, experiência, domicílio, áreas de especialização, e responsabilidades administrativas, utilizando o Questionário de Avaliação do Stress desenvolvido para o trabalho de investigação. Os resultados foram obtidos utilizando os valores 't', 'z' e 'F'. Este estudo revelou que o nível de stress entre os Conferencistas era significativamente elevado. O nível de stress foi contudo estatisticamente diferente entre docentes experientes e inexperientes e entre docentes jovens e experientes. Este estudo identificou que os docentes nigerianos estavam altamente stressados, independentemente do seu sexo e estado civil, e do local de domicílio. Além disso, este estudo identificou que o nível de stress dos professores universitários foi significativamente influenciado por acções de greve e calendário escolar instável, falta de instalações de instrução e pagamento irregular de salário, militância no campus, violência e cultismo, entre outros.

Sharma (2005)[36] no seu artigo sobre *"Emotional Intelligence as a Detriment of Organizational Commitment"* (Inteligência Emocional como Deterioração do Compromisso Organizacional): Um Estudo Empírico" realizou um estudo sobre a compreensão da relação entre a Inteligência Emocional e o compromisso organizacional dos executivos que trabalham nos sectores da manufactura e dos serviços com pelo menos 10 anos de serviço.

As conclusões afirmam que os funcionários emocionalmente inteligentes são capazes de se verem mais concomitantes com a organização à medida que as suas emoções se pacificam com o ambiente de trabalho, o que os torna mais empenhados. Empregados emocionalmente inteligentes demonstram a sua preocupação com as organizações, desempenhando as suas funções com responsabilidade e mantendo o seu espírito elevado, mesmo nos momentos críticos.

Aziz (2003)[37] no seu estudo sobre, *"Organisation Role Stress among Indian Information Technology Professionals"* investigou o stress do papel dos profissionais de TI. Foram estudados 257 profissionais de TI (138 homens e 119 mulheres). A inadequação de recursos, estagnação de papéis, distância entre papéis, inadequação pessoal, isolamento de papéis, sobrecarga de papéis, erosão de papéis, conflito de expectativas de papéis, distância entre papéis e ambiguidade de papéis foram encontrados como os mais Potentes factores de stress por ordem da sua intensidade. Avanços na tecnologia, sobrecarga de trabalho, pressão de trabalho, incapacidade de equilibrar a casa e o ambiente de trabalho foram também as fontes de stress.

Judy Hogan (2002)[38] fez um estudo sobre, *"Stressors and Stress Reactions among University Personnel"* (Estressores e reacções ao stress entre o pessoal universitário) com o objectivo de estudar os estressores e as reacções ao stress do pessoal universitário. Um total de 831 participantes responderam aos questionários. Os principais resultados mostraram que o stress profissional e não profissional correlacionavam positivamente com as reacções comportamentais, cognitivas e fisiológicas ao stress, bem como com a emocionalidade negativa. O stress profissional e não profissional correlacionou-se significativamente com sintomas médicos; o stress não profissional correlacionou-se também a um nível útil com a utilização médica relatada. O apoio social não modulava geralmente os relatos de stress ou reacções ao stress. Verificou-se também que o pessoal de apoio relatou níveis mais elevados de stress não laboral e níveis mais baixos de stress no trabalho, mas essa medida de stress no trabalho não diferenciava o pessoal administrativo e instrucional. O pessoal mais jovem relatou níveis mais elevados de stress no trabalho e não-trabalho, e as mulheres relataram níveis mais elevados de stress não-trabalho, independentemente da categoria de trabalho. Os resultados foram discutidos em termos da sua importância para a compreensão da natureza do stress entre o pessoal no campus universitário e em relação à investigação anterior.

Carolyn McCracken (2001)[39] publicou um artigo intitulado *"The Relationship between Stress Levels and Job Satisfaction among Community College Faculty"* (A Relação entre os Níveis de Stress e a Satisfação no Emprego entre os Docentes do Community College) identificado no seu estudo que o stress entre os docentes do Community College no leste do Tennessee estava determinado a estar inversamente relacionado com os níveis de satisfação no emprego. Os professores que participaram no estudo indicaram níveis elevados de

29

satisfação no trabalho no Emprego Presente, Supervisão, Pessoas no seu Emprego Presente, e no Emprego em Geral subescalas do Índice de Descrição de Trabalho, mas as atitudes negativas reflectiram-se na subescala de Oportunidades de Promoção, e a insatisfação foi indicada na subescala de Remuneração. Apesar do facto do subescalão de Remuneração do JDI ter produzido resultados indicativos de insatisfação entre os docentes, e os resultados no subescalão de Oportunidades de Promoção indicaram negativismo, foram reportados baixos níveis de stress na dimensão de Recompensa e Reconhecimento do Índice de Stress da Faculdade. Embora os docentes não estivessem satisfeitos com as oportunidades de promoção e não estivessem satisfeitos com os salários, reportaram altos níveis de satisfação no subescalão de Emprego em Geral do JDI. De acordo com Herzberg (1966), a satisfação entre o corpo docente inquirido era mais provável de resultar de factores intrínsecos relacionados com a natureza do trabalho, a liberdade profissional, e o gozo do ensino e do ambiente académico, do que dos valores extrínsecos associados às recompensas. Como o stress inversamente relacionado com a satisfação no trabalho neste estudo, os níveis de stress entre os professores universitários da comunidade de Tennesse oriental foram considerados moderados a baixos, enquanto que a satisfação geral com o trabalho era baixa.

Pandey e Tripathi (2001)[40] intitulado *"Occupational Stress and Burnout in Engineering College Teachers"*, examinou o nível de percepção de stress ocupacional e burnout nos professores da faculdade de engenharia masculina com amostra de 56, bem como a importância relativa de vários factores de stress ocupacional na previsão de burnout. A análise dos dados revelou um nível moderado de stress ocupacional e de burnout na amostra em questão. Vários factores de stress no trabalho correlacionaram positivamente com a componente de esgotamento emocional e despersonalização do burnout e negativamente com a componente de realização pessoal. Verificou-se que a ambiguidade do papel e a pressão política e de grupo pouco razoável eram os dois melhores preditores de vários componentes do esgotamento. A condição de trabalho e o empobrecimento intrínseco emergiram como o terceiro melhor preditor do esgotamento emocional e da realização pessoal, respectivamente.

Pestonjee e Azeem (2001)[41] realizaram um estudo intitulado *"A Study of Organisational Role Stress in Relation to Job Burnout among University Teachers"*. O seu estudo consistiu em (N=300) professores universitários, que foram classificados em três grupos de 100 cada. Os resultados do estudo indicam que o stress do papel organizacional está altamente correlacionado com o esgotamento de postos de trabalho entre os três grupos de professores (Docentes, Leitores e Professores). Os professores têm um nível mais elevado de stress de papel em comparação com outros dois grupos de professores. Verifica-se que os professores têm o menor nível de stress e esgotamento em comparação com os Leitores e Professores.

Assim, uma análise profunda ajudou os investigadores que concluíram que diferentes conjuntos de professores têm diferentes preditores de esgotamento do trabalho e os níveis de stress variam com a experiência e demografia.

Anthony e Richard (2001)[42] , realizaram uma investigação intitulada *"Stress Ocupacional no Pessoal Universitário"* e observaram níveis elevados de stress psicológico a partir de uma amostra de N=2040, apesar do facto de a ansiedade e a satisfação profissional serem normais. Não houve diferenças significativas sobre o stress psicológico entre os homens e as mulheres ou entre as diferentes categorias etárias. O elevado nível de stress psicológico observado neste estudo pode ser atribuído a factores internos e não ambientais. A angústia psicológica foi mais elevada entre o pessoal académico envolvido tanto no ensino como na investigação. Este estudo também constatou que os níveis de stress eram mais elevados entre o pessoal académico mais jovem. O pessoal universitário relatou altos níveis de autonomia e apoio social por parte dos colegas. Contudo, aqueles que se dedicavam tanto ao ensino como à investigação relataram um aumento da pressão resultante de cortes no financiamento das universidades, resultando em cargas de ensino mais pesadas e maior dificuldade em assegurar o financiamento da investigação, bem como um declínio nas instalações e no apoio tanto ao ensino como à investigação.

Spector e Goh (2001)[a] no seu trabalho sobre, *"The Role of Emotions in the Occupational Process"* examinaram o papel das emoções no Stress Ocupacional. Os autores sugeriram que as emoções influenciam a forma como o ambiente de trabalho é visto, isto é, se uma determinada condição é ou não avaliada como um factor de stress no trabalho. Sugeriram ainda que estas emoções de avaliação podem levar a tensões psicológicas e físicas. A tensão psicológica pode resultar de experiências emocionais negativas contínuas e pode induzir a uma diminuição da satisfação no trabalho e do compromisso organizacional. As tensões físicas (por exemplo, supressão do sistema imunitário, doenças cardíacas) podem resultar dos componentes fisiológicos das emoções experimentadas que podem afectar negativamente a saúde. Concluiu-se que a capacidade de um indivíduo para gerir e controlar as suas emoções (particularmente emoções negativas) no local de trabalho influenciará o resultado do stress.

Laura et al. (1998)[44] no estudo intitulado *"Effects of Job-Related Stress on Faculty Intention to Leave Academia"* investigaram os efeitos da disciplina académica, do estatuto de permanência, e do género nestas relações, com base em dados de um inquérito nacional de 3.070 docentes a tempo inteiro. Os resultados indicaram que os dois principais correlatos da intenção de deixar o meio académico eram o compromisso de tempo e o sentido de comunidade; contudo, o compromisso de tempo não moderou a relação stressor-intent. Embora mostrando correlações significativas de ordem zero com a intenção, quando o género e o estatuto de permanência foram adicionados à análise de regressão hierárquica contendo os factores de stress e os moderadores, nenhuma das variáveis contribuiu de forma significativa para a previsão da intenção. Um modelo de previsão que continha todos os factores de tensão, tanto os moderadores, como as variáveis de fundo do género e da disciplina académica, representou 25% da variância na intenção de sair da academia.

Arnold et al. (1996)[45] realizou um estudo intitulado *"Faculty Stress: The Influence of Institutional Characteristics"* investigou o stress na faculdade e a sua influência nas características institucionais. Foram utilizados dados de 29.064 docentes a tempo inteiro em quase 300 instituições de ensino superior nos Estados Unidos da América. A variável dependente foi o nível geral de stress do corpo docente inquirido. Os respondentes indicaram o nível de stress que experimentaram nos últimos dois anos. Foi utilizada uma análise de regressão para determinar o impacto do tamanho da instituição, controlo, selectividade e tipo no nível de stress do corpo docente reportado. Vários factores foram encontrados como significativos na previsão do stress global. Após o controlo das características pessoais e do stress atribuído às condições de trabalho, selectividade institucional, tamanho, controlo e nível de programa - as variáveis institucionais de interesse para este estudo não pareciam ser preditoras significativas do stress na faculdade. Entre as variáveis de estatuto profissional, apenas a classificação académica foi identificada como um preditor significativo de stress geral com uma classificação mais elevada prevendo stress mais elevado. Os factores de stress no local de trabalho, tais como ensino, investigação e tarefas administrativas, explicaram em conjunto a maior proporção da variação do stress geral.

Blackburn and Bently (1993)[46] examinou a relação entre o nível de stress da faculdade e a produtividade da investigação no estudo intitulado *"Faculty Research Productivity": Alguns Moderadores de Estressores Associados"*. Amostra de inquiridos de 3.972 membros do corpo docente nos EUA constituiu a fonte de dados. Um ponto de interesse neste estudo dizia respeito à forma como o ambiente institucional poderia baixar os níveis de stress e assim aumentar a produtividade da investigação. Os resultados mostraram que níveis moderados de stress podem ser apreciável e significativamente mitigados por algumas variáveis pessoais seleccionadas. As variáveis ambientais foram geralmente ineficazes em moderar as correlações entre o stress e a produtividade. Existem diferenças de sexo. A auto-competência da investigação é um forte modificador para ambos os sexos e é excepcionalmente potente para as mulheres. Este estudo concluiu que os níveis de stress tendem a ser mais elevados para os membros do corpo docente que trabalham em instituições de investigação. Os autores também escreveram que "pode esperar-se que aqueles que escolhem trabalhar nas universidades de investigação tenham níveis mais elevados de stress auto-imposto do que os docentes de outros tipos institucionais".

Michael J. Fimian (1987)[47] investigou um estudo intitulado *"Teachers Stress" (O stress dos professores): An Expert Appraisal"* analisou Peritos em stress dos professores (n=226) e burnout para determinar a relevância de 49 itens de stress dos professores para os seus conceitos gerais de stress dos professores. Quando a amostra foi examinada em termos de variáveis profissionais de base, ficou evidente que anos de experiências de ensino, níveis educativos dos respondentes, e se os respondentes tinham ou não realizado seminários sobre stress não atingiram níveis de significância. As variáveis idade, actividade de investigação, tipo de investigação e autoria resultaram em diferenças multivariadas significativas. Os itens mais relevantes tratavam da sensação de incapacidade de lidar e de esgotamento físico; os menos relacionados com problemas de motivação dos estudantes. Em geral, os peritos foram congruentes até um grau significativo na forma como classificaram os itens.

Lacuna na Investigação

A partir das conclusões acima mencionadas, a inteligência na gestão das emoções no local de trabalho levaria o indivíduo a ser mais competitivo no campo. Tal como em estudos internacionais, os factores tais como as competências interpessoais para gerir as suas próprias e outras emoções desempenham um papel predominante. A maioria dos estudos observou que o desempenho no trabalho depende fortemente do stress ocupacional e da Inteligência Emocional e também reitera que estes factores necessitam de atenção especial. Vários estudos concentraram-se individualmente na inteligência emocional, no stress ocupacional e no desempenho no trabalho. A lacuna de investigação identificada no presente estudo consiste em investigar todos estes três factores e como a inteligência emocional e o stress ocupacional influenciaram o desempenho profissional dos professores na sua carreira educativa.

REFERÊNCIAS

1. Jaroslaw Grobelny; Patrycja Radke; Daria Paniotova-Maczka (2021) "Emotional intelligence and job performance: a meta-analysis" *International Journal of Work Organisation and Emotion (IJWOE),* Vol. 12, No. 1, pp 6-12.

2. Ishak, Nurhamizah (2021) *Inteligência emocional, auto-eficácia e desempenho profissional dos professores universitários / Nurhamizah Ishak.* Social and Management Research Journal (SMRJ), 18 (1). pp. 31-51. ISSN 0128-1089.

3. Karabi Goswami e Monoshree Mahanta (2021) "Exploring the Role of Emotional Labor and Job Autonomy in the Relation Between Emotional Intelligence and Job Performance" International Management Review, Vol. 17, No. 1.

4. Fayez Hamed Al Shdaifat e Adel Ali Yassin Al Zyoud (2021) "The Impact of Emotional Intelligence on Job performance in the Gulf Region" International Journal of Emerging

Trends in Social Science, Vol 10, No 1.

5. Min Swe Hlaing, Maria Socorro C.L. Fernando (2021) "Designing a prototype coaching model based on emotional intelligence and job performance: a case study of global technology group company, myanmar" Abac Odi Journal Vision. Acção. Resultado ésn: 2351-0617, 8(2) pp. 1 -16.

6. Ahmad Fathi Alheet e Yacoub Hamdan (2021) "Exploring The Relationship Between Emotional Intelligence And Job Performance": A Study Of Jordanian Retail Industry" International Journal of Entrepreneurship, 25(3).

7. ZhongwuLi e YapengLin (2021). "Impact of Emotional Intelligence on Job Performance -Examining Mediationand Moderation Mechanisms" Turkish Journal of Computer and Mathematics Education Vol.12, No.6, pp 3511-3524.

8. Muhammad Asrar-ul-Haq (2017) "Impact of emotional intelligence on teacher's performance in higher education institutions of Pakistan" *Journal of Business & Economics* Vol. 9, No. 2 2017, pp, 1-19.

9. Dalia Desouky (2017) "Stress ocupacional, ansiedade e depressão entre professores egípcios", pp. 94-100.

10. Jeryl Shawn T. Tan (2017), "*Factores que afectam o stress entre os membros da Faculdade de Universidades Públicas nas Filipinas": A Multiple Regression Analysis",* pp. 50-56.

11. Pijus Kanti Bhuin (2016) *"É Ensinar Estressante"*, pp. 45-51.

12. Veena, Pushpalatha e Mallaiah (2016) tentam um estudo sobre o tema Stress Profissional entre os Membros da Faculdade da Universidade de Mangalore: Um Estudo, pp. 2-9.

13. Nomita Punia e Shanti Balda Julho (2016), tinham publicado um artigo de investigação sobre o tema "Inteligência Emocional e Stress Ocupacional entre Professores Escolares em Haryana, Índia", pp. 121-126.

14. Aina Sabherwal, Deeya Ahuja, Mohit George e Arjun Handa (2015)[14] fizeram um estudo intitulado *"Occupational Stress among Facultyty members in Higher Educational Institutions"* pp. 101-105.

15. Singh (2015) "A study of emotional intelligence of teacher educators in relation to certain demographical variables" pp. 172-178.

16. Hafsa Ahmed (2015), "Emotional Intelligence and Job satisfaction among University teachers", International Journal of Educational Studies, Vol. 02 pp. 95- 100.

17. Vijaya Shanthi (2015), fez uma pesquisa sobre o tema ,Stress Ocupacional - Estudo sobre Professores que Trabalham em Faculdades de Autofinanciamento em Chennai, pp. 1-7

18. Laxmi Narayan Sharma (2014), "The role of emotional intelligence in fostering work life

balance among the working and non working professionals Teacher", Global Journal of Finance and Management". ISSN 0975-6477 Volume 6, Número 6 (2014), pp. 551-556.

19. Muthukumar K. (2014), A Comparative Study on the Level of Stress among Government, Government Aided and Self Financing Arts And Science College Teachers (With Special Reference to Chennai), Tese de Doutoramento, 2014, Dr. M. G. R. Educational and Research Institute University, Chennai.

20. Senthil Kumar, Mohan e Velmurugan (2013) Made a research in the topic" Causes of work stress of teachers in engineering education" pp. 131-136.

21. Ramana (2013) "Emotional Intelligence and Teacher Effectiveness -An Analysis" voz da investigação, Vol.2, Issue 2, sept 2013, ISSN no 2277-7733.

22. Annierah Maulana Usop (2013), *"Desempenho do Trabalho e Satisfação no Trabalho entre Professores"* pp. 45-50.

23. Lokanadha Reddy e Poornima (2012), Make a study in the topic Occupational Stress and Professional Burnout of University Teachers in South India, pp.12-16.

24. Alyas Qadeer Tahir, (2011), "Effectiveness of Teaching Stress on Academic Performance of College Teachers in Pakistan", International Journal of Humanities and Social Science, Vol.1. (3), pp 123-129.

25. Aqsa Akbar, Waheed Akhter (2011), "Faculty Stress at Higher Education": A Study on the Business Schools of Pakistan", World Academy of Science, Engineering and Technology, Vol.73, pp. 1089-1093.

26. Suryanarayana, N. V. S., Goteti Himabindu, Bramaramba, N. V. S. e Sarma, G. M. S.S., (2010), "Stress and Professional Pleasure among Engineering College Teachers", The FedUni Journal of Higher Education, Vol.5, No.1, No.2, pp. 91-100.

27. Archibong, Ijeoma Aniedi, Bassey, Akpo Offiong e Effiom, David Otu (2010), "Occupational Stress Sources among University Academic Staff", European Journal of Educational Studies, Vol.2, No.3, ISSN 1946-6331.

28. Catano, Vic; Francis, Lori; Haines, Ted, Kirpalani, Haresh; Shannon, Harry, Stringer, Bernadette, Lozanzki e Laura, stress ocupacional nas universidades canadianas: Um inquérito nacional. International Journal of Stress Management, Vol.17 (3), pp.232-258, 2010.

29. Ishwara. P. Determinantes do Envolvimento no Trabalho e Satisfação no Trabalho entre Profissionais Docentes. Revista global de gestão e investigação empresarial. Vol. 10(5), 2010.

30. Sreekala Edannur (2010) "Emotional Intelligence of Teacher Educators" International Journal of Educational Sciences, Dezembro de 2010, pp. 115-121.

31. Sarbjit Kaur e Dinesh Kumar (2008), "Comparative Study of Government and Non Government College Teacher in Relation to Job Satisfaction and Job Stress", Online

32. Syed Mohammad Azeem, Nazir A. Nazir, (2008), "A Study of Job Burnout among University Teachers", Journal of Psychology Developing Societies, Vol.20, No.1, pp. 51-64.

33. Ravichandran, R. e Rajendran, R., (2007), "Perceived Sources of Stress among the Teachers", Journal of the Indian Academy of Applied Psychology, Vol.33, No.1, pp 133-136.

34. Li-fang Zhang, Teaching Styles and Occupational Stress among Chinese University Faculty Members (2007). Psicologia da Educação: An International Journal of Experimental Educational Psychology, Vol.27 (6), pp.823-841.

35. Felicia Ofoegbu, Mon Nwadiani, (2006), "Level of Perceived Stress among Lecturers in Nigerian Universities", Journal of Instructional Psychology, Vol. 33, No.1.

36. Sharma e Jyoti (2005), "Emotional Intelligence as a Detriment of Organizational Commitment" (Inteligência Emocional como Deterioração do Compromisso Organizacional): An Empirical Study", *International Journal of Management Sciences*, Vol. 1 (2). pp. 56-69.

37. Aziz, M (2003). "Organisation Role Stress among Indian Information Technology Professionals", Asian Pacific News Letter on Occupation Health and Safety, Vol. 6, Pg. 31 - 33.

38. Judy M. Hogan, John G. Carlson e Jagdish Dua, Stressors and Stress Reactions among University Personnel. International Journal of Stress Management, Vol.9 (4), pp.289-310, 2002.

39. Carolyn G. McCracken. The Relationship between Stress Levels and Job Satisfaction among Community College Faculty in East Tennessee, Dezembro de 2001.

40. Pandey R; Tripathi S., (2001), "Occupational Stress and Burnout in Engineering College Teachers", Journal of the Indian Academy of Applied Psychology. Vol.27, No.1-2, pp. 67-73

41. Pestonjee DM e Azeem SM (2001). "A Study of Organisational Role Stress in relation to Job Burnout among University Teachers" citado em RePEc, Instituto Indiano de Gestão Ahmedabad, Departamento de Investigação e Publicação, IIMA

42. Anthony H. Winefield e Richard Jarrett (2001), "Occupational Stress in University Staff", International Journal of Stress Management, Vol. 8, No.4, pp. 285-298

43. Spector P.E e Goh, A. (2001), "The Role of Emotions in the Occupational Process", Exploring Theoretical Mechanisms and Perspectives, JAI, New York.

44. Laura L. B. Barnes, Menna O. Agago e William T. Coombs (1998), "Effects of Job-Related Stress on Faculty Intention to Leave Academia", Research in Higher Education, Vol. 39, No. 4, 457-469.

45. Arnold Gertrude L., Rosevear Scott G., Trice Andrea G., e Mckinnon Stanley A., (1996), "Faculty Stress: The influence of Institutional Characteristics", Documento apresentado na

reunião anual da Associação para o Estudo do Ensino Superior (ASHE), Memphis, TN, EUA, ED 405752.

46. Blackburn Robert T. e Bently Richard J. (1993), "Faculty Research Productivity": Some Moderators of Associated Stressors", Research in Higher Education, Vol.34, No.6, pp. 725-745.

47. Michael J. Fimian (1987), "Teachers Stress": An Expert Appraisal", Psychology in the Schools, Vol.24, pp. 5-14.

CAPÍTULO III

QUADRO TEÓRICO

3.1 INTRODUÇÃO

A educação é a alma de todas as civilizações. É um espelho que reproduz os valores da sociedade. Ilustra a luz à humanidade para seguir o caminho certo. O papel e a função da educação tem progredido ao longo dos tempos em resposta às exigências em mudança da sociedade. Foi o tempo em que a educação era toda sobre religião, guerra e arte até à era actual de super-especialização. Deparou-se com vários procedimentos para tomar a sua forma actual. A lógica da educação não é apenas a de alfabetizar os estudantes, mas também a de aumentar a sua capacidade de raciocínio, auto-suficiência e conhecimento. O seu objectivo é o desenvolvimento integral do indivíduo. A educação é um dos factores significativos que permitem o progresso humano. Não só ajuda os indivíduos a alcançar a prosperidade económica, mas também a adquirir mais satisfação e felicidade da sua vida. Ensina a todos a gerar humanidade e a avançar moral e materialisticamente. Tornou-se uma parte essencial do crescimento e desenvolvimento das sociedades em todo o mundo. Além disso, a educação tem sido sempre um marco social imperativo e instrumental no desenvolvimento económico e social de países de todo o mundo.

O crescimento de uma nação depende em grande parte do seu sistema educativo. A realização de qualquer sistema educativo depende da qualidade dos seus professores que, por sua vez, depende de um processo eficiente de ensino-aprendizagem. O professor está no centro do processo educativo. O funcionamento eficaz e eficiente de uma organização depende principalmente da qualidade e do empenho dos seus recursos humanos. Na pirâmide da educação, os professores estão no ápice e controlam os objectivos da educação e os seus alunos ao mesmo tempo. Portanto, a dinâmica do professor está sempre na origem do sucesso de qualquer plano de educação proposto ou da política de educação confirmada pelo governo.

3.2 EMOÇÕES E INTELIGÊNCIA EMOCIONAL

As emoções no local de trabalho não são tão antigas que o progresso histórico do conceito de Inteligência Emocional não é tão extenso e remonta ao início do século 20th . Foi Thorndike durante 1921, que se tornou o primeiro psicólogo a explorar a ideia da Inteligência Social (Thorndike and stein, 1937). Durante os anos 40, Wechsler começou a trabalhar em factores não intelectuais e intelectuais, que ele considerava vitais para a obtenção de sucesso na vida (Wechsler, 2012). Na década de 1970, os investigadores começaram a investigar os efeitos das Emoções nas Cognições Humanas. O conceito de Inteligência Emocional tornou-se mais atractivo quando um investigador como Gardner descreveu a Inteligência Emocional em termos de Inteligência Pessoal e durante os anos 90 este tópico tornou-se muito popular quando Salovey e Mayer introduziram a Teoria da Inteligência Emocional Baseada na Capacidade (Gottman, Goleman e Declaire, 2011: Shapiro, 2010).

Inteligência Emocional

A Inteligência Emocional é um novo desenvolvimento na área da inteligência, bem como na ciência afectiva. Envolve que os seres humanos são racionais e emocionais. As capacidades de coping na vida dependem do funcionamento integrador tanto das capacidades racionais como emocionais. Nos últimos anos, a Inteligência Emocional (EI) encontrou uma aceitação crescente como um factor potencialmente útil na compreensão de si próprio e dos outros e um quadro influente em psicologia, porque campos tão variados como o desenvolvimento, educação, clínica e aconselhamento, psicologia social e industrial, e psicologia organizacional estão a ser enriquecidos por ela. Além disso, um grande impulso da EI está ligado às suas potenciais aplicações no mundo real, incluindo o local de trabalho, a ética, a gerontologia e a educação. O conceito de Inteligência Emocional tem um apelo tão intuitivo e tem tanta validade que, num curto espaço de tempo, captou a atenção de cientistas sociais, pensadores educacionais e profissionais da organização em todo o mundo.

Em 1990, dois professores universitários americanos, John D. Mayer e Peter Salovey, descobriram que algumas pessoas eram melhoradas do que outras em coisas como identificar os seus próprios sentimentos, identificar os sentimentos dos outros, e resolver problemas envolvendo questões emocionais. Depois tentaram alargar uma forma de medir cientificamente a diferença entre a capacidade das pessoas na área das emoções. Assim, o termo Inteligência Emocional foi concebido e cunhado por Peter, Salovey e John Mayer em 1990. Utilizaram-no como um indicador da capacidade humana de compreender e de se envolver numa interacção social significativa. Mais tarde, o termo "Inteligência Emocional" foi popularizado e enriquecido por Daniel Goleman (1995). Mais tarde, foram identificadas por Daniel Goleman cinco competências emocionais cruciais básicas para a aprendizagem social e emocional, tendo as mesmas sido aceites e mantidas para investigação posterior.

1. **Auto e Outra Consciência**: Compreender e identificar os sentimentos; saber quando os sentimentos mudam; compreender a diferença entre pensar, sentir e agir; e compreender que as nossas acções têm consequências em termos dos sentimentos dos outros.

2. **Gestão do humor**: Manipular e gerir sentimentos difíceis; controlar impulsos; e gerir a raiva de forma construtiva

3. **Auto-motivação**: Ser capaz de estabelecer objectivos e perseverar na sua direcção com optimismo e esperança, mesmo face a contratempos

4. **Empatia**: ser capaz de se colocar "no lugar de outra pessoa", tanto cognitiva como afectivamente; ser capaz de ter a perspectiva de alguém; ser capaz de mostrar que se preocupa

5. Gestão de Relações: Fazer amigos, lidar com amizades; resolver conflitos; cooperar; aprendizagem colaborativa e outras competências sociais.

A Inteligência Emocional, pode ser atribuída a um pacote abrangente de competências e disposições individuais, geralmente referidas como soft skills ou competências inter e intra-pessoais (Gardner, 1983), que formulam o perfil de competência de uma pessoa. Tais competências estão para além das áreas tradicionais de conhecimentos específicos, inteligência geral, e competência técnica ou profissional. A Inteligência Emocional per se é uma consequência da própria percepção de que existe uma tão grande variação nas capacidades profissionais, competências e eficácia das pessoas, com o mesmo nível de Quociente de Inteligência e 12 credenciais académicas. A forte ênfase dada aos aspectos cognitivos, como a memória e a resolução de problemas, para explicar a eficiência do trabalho, provavelmente ignorou a dinâmica do local de trabalho e muitos outros factores não cognitivos que ficaram por identificar mas que desempenharam um papel importante na determinação do resultado. A Inteligência Emocional é o repertório único de competências emocionais que uma pessoa utiliza para navegar nos desafios diários da vida. Aprender a reconhecer e gerir, e aproveitar os próprios sentimentos; empatizar; e lidar com os sentimentos que surgem nas próprias relações é o básico da Inteligência Emocional.

Inteligência Emocional e Professor

A profissão docente é a profissão mais nobre. Nesta profissão, o professor tem de agir em conjunto e passar grande parte do seu tempo com os seus colegas professores e alunos. É irrealista para o professor pôr de lado as suas emoções e sentimentos no seu ambiente de trabalho. Um professor profissionalmente competente com pouca Inteligência Emocional pode experimentar devido à sua incapacidade de lidar com o seu Eu ou de se dar bem com as crianças, colegas e o patrão. Como professor, lidar com relações mútuas é bastante essencial e significativo na sua vida para alcançar o sucesso desejado. Goleman (1998) destacou mais sobre estes aspectos no seu livro, "Trabalhando com Inteligência Emocional". Revelou as competências importantes que distinguem os artistas de estrelas em todos os campos, e a importância da Autoconhecimento, 15 Autoconfiança, e Autocontrolo, entre outros. Também discutiu longamente sobre a contribuição significativa da Inteligência Emocional para o sucesso em casa, na escola e no trabalho. Enfatizou mais sobre como as pessoas com elevada Inteligência Emocional serão mais eficazes e bem sucedidas socialmente do que outras. No actual cenário escolar, o papel da Inteligência Emocional é inimaginável.

A Inteligência Emocional ajuda a criar um ambiente de trabalho entusiasta, melhora a forma como os professores se sentem sobre si próprios e como se relacionam com as crianças, colegas e outro pessoal preocupado com a sua profissão docente, reduz o stress e os níveis de burnout, e resolve questões emocionais, melhora a saúde e o bem-estar, aumenta o sucesso e permite que os professores experimentem uma maior realização. Assim, diz Marcus (1994), a empatia emocional influencia directamente a relação professor-estudante e controla o desempenho profissional. A Inteligência Emocional ajuda os professores a resolver conflitos externos e internos, permitindo-lhes alcançar os seus objectivos a todos os níveis - físico, mental, emocional e espiritual - e melhorar as suas capacidades mentais, tais como memória, clareza de pensamento e coordenação do trabalho dos seus colegas e alunos. Devem ser capazes de se ajudar a si próprios e aos seus colegas e estudantes a desenvolver a inteligência emocional e a relação interpessoal positiva (Wall, 2007). Tudo isto faria dele finalmente um professor eficaz. Um professor emocionalmente inteligente é susceptível de ter sucesso em tudo o que empreende na sua vida. Ele pode tornar a sua vida pessoal e profissional mais saudável, agradável e bem sucedida.

O professor deve procurar saber sobre a sua inteligência emocional. O conhecimento da sua inteligência emocional em termos de um quociente emocional tem amplas implicações educativas e sociais para o seu próprio bem-estar e para a sociedade. A inteligência emocional do professor facilita-lhe muito em todas as esferas da sua vida através dos seus vários constituintes, nomeadamente o conhecimento das suas emoções, a gestão das emoções, a motivação, o reconhecimento das emoções nas crianças, colegas e outros à sua volta, e também o ajuda a lidar com as suas relações. Cooper e Sawaf (1997) e Goleman (1995) destacaram o significado da inteligência emocional que distingue os artistas em todos os campos. Assim, pode dizer-se que a inteligência emocional capta a essência do que um professor precisa de saber para ser produtivo. Ajuda-o mais do que as aptidões e competências profissionais. Ajuda o professor a aumentar a sua Eficácia de Ensino, a recuperar do esgotamento profissional, a desenvolver a Auto-estima e a fazer melhor ajuste na vida.

Papel das Emoções no Local de Trabalho

A experiência do trabalho está saturada de emoções, desde momentos de medo, alegria, frustração, orgia de frustração até um sentimento duradouro de compromisso ou insatisfação (Ashforth e Humphrey, 1995). Uma análise sobre as emoções no local de trabalho Ashforth e Humphrey (1995) destacou como a investigação passada fomentou a crença de que "a emoção é a antítese da racionalidade". O recente trabalho empírico que examina a relação entre as emoções e os aspectos do trabalho e a tensão refere-se ao trabalho de Hochschild (1983) que introduziu o conceito de trabalho se emocional (Abraham, 1998: Morris e Feldman, 1997). Um trabalho Emocional refere-se à qualidade das interacções entre empregados e a pessoa que está a interagir com eles (denominado "cliente"). Durante as interacções com 'clientes', o

41

papel de muitos empregados é o de expressar emoções apropriadas, como o seu trabalho exige. Por exemplo, Hochschild (1983) investigou e publicou no seu livro seminal sobre "The Work of flight attendants". Ela demonstrou que o seu trabalho não podia ser totalmente descrito pela aceitação física do seu trabalho, pelas exigências motoras e cognitivas dos sensores, mas que parte substancial do seu trabalho era lidar com os passageiros e as suas emoções. Para além de terem de trabalhar nas tarefas que lhes são atribuídas, alargando o esforço físico e ou mental, os empregados são também obrigados a gerir as suas emoções que aspiram ao seu trabalho. Baseado em

principalmente no seu trabalho de Hochschild, Zapf sugere que o trabalho emocional (Emotion Labour) possui três características: ocorre nas interacções com o seu cliente: as emoções são exibidas para influenciar as emoções, atitudes e comportamentos dos outros: e qualquer exibição emocional tem de seguir certas regras (adequadas aos requisitos do trabalho) (Zapf, 2002)

Desde o trabalho de Hochschlild (1983) e Ashforth e Humphrey (1995), as investigações começaram a integrar duas áreas de investigação no local de trabalho (satisfação profissional e Stress Ocupacional) com a investigação das emoções. Embora esta investigação seja limitada, foram publicados vários artigos que relacionam as emoções com a satisfação no trabalho e o Stress Ocupacional.

Fig. 3.1. O Papel das Emoções no Local de Trabalho

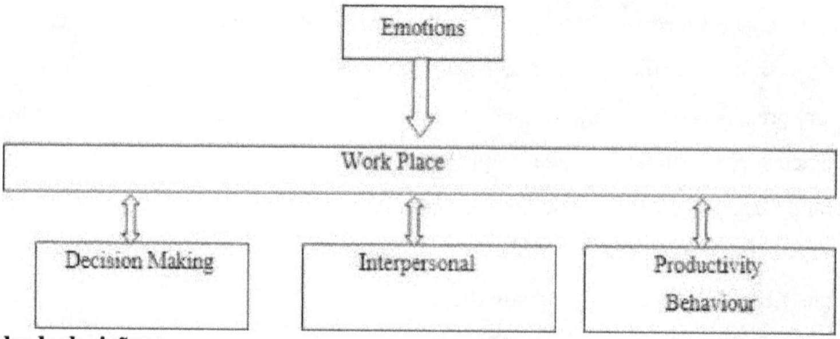

Tomada de decisões

Peters et al. (2006) indicam dois canais independentes para o processamento de tarefas de decisão: um canal "frio", lógico, que tende a ser baseado em factos e relativamente lento, e um canal "quente", baseado em efeitos, que está disponível relativamente depressa, e que tendemos a pensar que conduz a decisões irracionais. No entanto, há provas de que este segundo canal pode não ser inteiramente irracional. Contudo, há provas de que este segundo canal pode não ser inteiramente irracional: o efeito pode ser resultado de aprendizagem passada de circunstâncias ou produtos semelhantes, e, portanto, ser informativo. Da mesma forma, os dois canais 'quentes' e 'frios' interagem. Levamos em conta tanto a informação racional como a informação afectada.

Comportamento Interpessoal

O "Afecto" influencia a forma como comunicamos uns com os outros. As evidências sugerem que o efeito pode ter um efeito positivo ou negativo nas interacções interpessoais, dependendo de factores específicos da situação específica (Forgas, 1995). Forgas (2002) sugere que o efeito desempenha um papel crucial e instrumental no comportamento da relação, comportamento de grupo e comportamento organizacional.

Produtividade

Os efeitos indirectos como os da motivação, do compromisso organizacional, e os efeitos da cultura organizacional estão presentes na literatura. O mau efeito no local de trabalho - quer isso seja raiva, frustração, distracção, ou outras emoções que diminuam a tarefa em mãos - são dispendiosos para a organização. O motivo mais comum citado para as pessoas abandonarem o seu trabalho está relacionado com o comportamento do seu chefe. Do mesmo modo, os locais de trabalho positivos têm menos volume de negócios, níveis mais elevados de compromisso organizacional (Podsakoff et al., 2009)

Modelos de Inteligência Emocional

Modelo 1: Mayer e Salovey

A Inteligência Emocional tal como originalmente concebida por Salovey e Mayer (1990) envolve a capacidade de perceber com precisão, avaliar e expressar Emoção; a capacidade de aceder e/ou gerar sentimentos quando facilitam o pensamento; a capacidade de compreender Emoção e Conhecimento Emocional; e a capacidade de compreender Emoções para promover o crescimento Emocional e Intelectual. Mayer e Salovey (1993) sugeriram que existem diferenças individuais na Inteligência Emocional relacionadas com diferenças na nossa capacidade de avaliar as nossas próprias emoções e as dos outros. Sugeriram ainda que os indivíduos mais elevados em Inteligência Emocional poderiam estar mais abertos à experiência interna.

Salovey e Mayer (1990) colocaram inicialmente que os processos mentais envolvendo informação emocional incluíam a avaliação e expressão da emoção, a regulação da emoção e o uso adaptativo das emoções. Contudo, este quadro também incluía traços de personalidade; por exemplo, a Inteligência Emocional foi colocada como hipótese para se poder distinguir entre indivíduos que eram "genuínos e calorosos" em comparação com aqueles que eram "alheios e grosseiros". Porque o conceito de Inteligência Emocional seria mais útil se fosse separado dos traços de personalidade e confinado a uma capacidade mental, o modelo foi revisto por Mayer e Salvoes (1997) para dar maior ênfase aos componentes cognitivos da Inteligência Emocional e para destacar o potencial de crescimento emocional e intelectual. O modelo revisto de Inteligência Emocional está ordenado hierarquicamente desde processos psicológicos básicos até processos mais integrados psicologicamente e inclui quatro ramos. Este modelo é apresentado no Quadro 3.1 abaixo :

Quadro 3.1 Mayer e Salovey's (1997) Modelo de Inteligência Emocional

S. Não.	Dimensão da Inteligência Emocional	Habilidades Emocionais
1	Percepção, avaliação e expressão da Emoção.	A precisão com que os indivíduos podem identificar Emoções e Conteúdo Emocional.
2	Facilitação emocional do pensamento	Descreve eventos emocionais que ajudam o processamento intelectual
3	Compreender e analisar as Emoções e empregar o conhecimento Emocional.	A capacidade de reconhecer, rotular e interpretar as emoções.
4	Regulação reflexiva das Emoções para promover o Crescimento intelectual	Regulação consciente e reflexiva das Emoções para aumentar o crescimento.

Cada uma das fases do modelo (apresentadas no Quadro 3.1) inclui níveis de capacidades que se supõe que um indivíduo completa em sequência antes da progressão para a fase ou ramo seguinte. Acredita-se que aqueles que têm níveis mais elevados de Inteligência Emocional progridem através destas capacidades mais rapidamente do que aqueles com níveis mais baixos de Inteligência Emocional.

Modelo 2: Goleman

Goleman (1995, 1998) popularizou o conceito de Inteligência Emocional com a publicação de dois livros. No seu primeiro livro, Goleman descreve a Inteligência Emocional para incluir "Autocontrolo, zelo e persistência e a capacidade de se motivar" (1995a); e como sendo capaz de "controlar o impulso e retardar a gratificação", para "evitar que a angústia inunde a capacidade de pensar; de empatizar e de ter esperança" (1995a). Mais tarde, definiu Inteligência Emocional no seu segundo livro como "a capacidade de reconhecer os nossos próprios sentimentos e os dos outros, de nos motivarmos, e de gerir bem as emoções em nós próprios e nas nossas relações" (1998).

Goleman (1998) expandiu a definição de Inteligência Emocional de Mayer e Salovey (1997), incorporando o que ele designa por competências pessoais e sociais. O seu modelo consiste em cinco dimensões da Inteligência Emocional e vinte e cinco competências emocionais e é apresentado em detalhe no Quadro 1.2 abaixo. Curiosamente, a conceptualização da Inteligência Emocional por Goleman é muito parecida com as ideias anteriores da inteligência social (Thorndike, 1920) e da inteligência pessoal (Gardner, 1993); contudo, afasta-se significativamente do modelo de capacidade de Salovey e Mayer (ver Quadro 3.2 e Quadro 3.3).

Quadro 3.2 Modelo de Inteligência Emocional de Goleman (1998)

S. Não.	Dimensão da Inteligência Emocional	Competências Emocionais
		Competências pessoais

44

1.	Auto-consciencialização	Consciência emocional, auto-avaliação precisa e auto-confiança.
2.	Auto-regulação	Auto-controlo, fiabilidade, consciência, adaptabilidade e inovação.
3.	Motivação	Realização, empenho, iniciativa e optimismo.
Competências sociais		
4.	Empatia	Compreender os outros, desenvolver os outros, orientação de serviço, alavancar a diversidade e a consciência política.
5.	Aptidões sociais	Influência, comunicação, gestão de conflitos, liderança, catalisador de mudança, criação de laços, colaboração e cooperação e capacidades de equipa.

Goleman (2001) continuou a desenvolver o seu modelo de Inteligência Emocional. A análise estatística fez cair as vinte e cinco competências originais em vinte, e os cinco domínios em quatro. Este modelo revisto de Inteligência Emocional é apresentado em detalhe no Quadro 3.3.

Quadro 3.3 Modelo de Inteligência Emocional de Goleman (2001)

S.No.	Dimensão da Inteligência Emocional	Competências Emocionais
Competências pessoais		
1.	Auto-consciencialização	Consciência emocional, auto-avaliação precisa e autoconfiança.
2.	Autogestão	Auto-controlo, fiabilidade, adaptabilidade à iniciativa, consciencialização e vontade de realização.
Competências sociais		
3.	Sensibilização social	Empatia, orientação de serviço e consciência organizacional.
4.	Gestão das relações	Desenvolvimento de outros, comunicação, gestão de conflitos, liderança, catalisador de mudança, criação de laços e trabalho de equipa e colaboração

O Quadro 3.2 e o Quadro 3.3 descrevem o desenvolvimento do modelo Goleman (1998, 2001) de Inteligência Emocional. O seu modelo original é apresentado na Tabela 3.2 incorporando um grande número de competências; todas as que Goleman acreditava pertencerem à construção da Inteligência Emocional. O trabalho adicional com o seu modelo delineado em Goleman (2001) fez cair o modelo num quadro mais conciso apresentado na Tabela 1.3. No entanto, devido ao grande âmbito de atributos cobertos no quadro de Inteligência Emocional de Goleman, os investigadores questionaram quais os atributos adaptativos que Goleman não consideraria parte da Inteligência Emocional (Mayer, Salovey e Caruso, 2000a). A definição de Goleman de Inteligência Emocional, ao contrário do modelo de capacidades apresentado no Quadro 3.1, incorpora uma combinação de traços de personalidade, capacidades e traços emocionais (por exemplo, como mostrado no Quadro 3.3, o seu modelo inclui atributos tais como consciência, valor de confiança e liderança).

Apesar das limitações dos modelos de Inteligência Emocional de Goleman (1998, 2001), nos seus livros ele delineia teoricamente ligações entre a Inteligência Emocional e as variáveis do local de trabalho que não foram previamente exploradas em nenhum detalhe. Hipotecou que a Inteligência Emocional é responsável por indivíduos que se destacam em qualquer trabalho, que seriam um líder notável, e que uma organização emocionalmente inteligente está melhor

45

equipada para sobreviver àquela que não o está. Embora o próprio Goleman não teste empiricamente estas alegações, elas existem como uma base importante para futuras direcções de investigação sobre Inteligência Emocional. Goleman faz a hipótese de que a dimensão da autoconsciência (ver Quadro 3.3) é essencial para se ser capaz de reconhecer os pontos fortes e fracos de cada um e que uma auto-avaliação precisa leva a um desempenho superior no local de trabalho. Curiosamente, Goleman acredita que cada uma das vinte competências Emocionais do seu modelo revisto, apresentadas no Quadro 3.3, são competências profissionais que podem ser aprendidas, uma hipótese ainda por confirmar empiricamente.

Modelo 3: Bar-On

Um terceiro modelo de Inteligência Emocional foi proposto por Bar-On (1997), que define a Inteligência Emocional como "um conjunto de capacidades não cognitivas, competências e aptidões que influenciam a capacidade de se conseguir lidar com as exigências e pressões ambientais". O modelo Bar-On (Bar-On, Brown, Kircaldy e Thome (2000); Bar-On (1997) de Inteligência Emocional é apresentado em detalhe no Quadro 3.4. Como delineado em

O quadro 3.4 abaixo, o modelo Bar-On (1997) de Inteligência Emocional incorpora cinco dimensões de Inteligência Emocional, que é semelhante em tamanho ao modelo apresentado por Mayer e Salovey (1997), no entanto, difere marcadamente em conteúdo do seu modelo delineado neste capítulo (consultar o quadro 3.1). O modelo de Bar-On está mais alinhado com o modelo de Inteligência Emocional de Goleman (2001) do que com o modelo de Mayer e Salovey, com ambos os modelos sugerindo que a Inteligência Emocional inclui auto-conhecimento, mantendo relações com os outros e auto-controlo (ver Quadro 3.3 e Quadro 3.4).

Quadro 3.4 Bar-On's (1997) Modelo de Inteligência Emocional

S.No.	Dimensão da Inteligência Emocional	Competências Emocionais
Competências pessoais		
1.	Intra - competências pessoais	Ter consciência e compreensão de si próprio e das suas emoções, exprimir os seus sentimentos e ideias.
2.	Inter - competências pessoais	Estar consciente, compreender e apreciar os sentimentos dos outros, estabelecer e manter relações satisfatórias com os outros.
3.	Adaptabilidade	Verificar os sentimentos com sugestões externas, dimensionar situações imediatas, ser flexível na alteração de sentimentos e pensamentos com a mudança de situações e resolução de problemas.
4.	Gestão do stress	Lidar com o stress e controlar os impulsos.
5.	Humor geral	Ser optimista e ser capaz de sentir e expressar emoções positivas.

Uma dificuldade com as competências do modelo Bar-On (1997) de Inteligência Emocional é que, teoricamente, eles mapeiam para medidas de personalidade. Por exemplo, o Inventário Psicológico da Califórnia (CPI) inclui dimensões de auto-confiança, eficácia interpessoal, auto-aceitação, auto-controlo, flexibilidade e empatia (Cohen, Swerdlik e Smith, 1992). As competências no quadro da Inteligência Emocional da Bar-On incluem auto-estima, assertividade, eficácia interpessoal, responsabilidade social, controlo de impulsos, flexibilidade e empatia (Bar-On, 2000; Mayer et al., 1999; Mayer etc.).

3.3 STRESS OCUPACIONAL

O stress é um fenómeno humano geral. Pessoa quer seja uma criança, adulto, empregado ou desempregado que enfrenta o stress de uma forma ou de outra. Na rotina, deparamo-nos com muitas circunstâncias, algumas delas funcionam como uma inspiração para nós enquanto algumas situações são desafiantes. É a natureza de uma pessoa olhar para a situação. Os desafios que excedem as capacidades de lidar com o stress de uma pessoa tornam-se stress. Selye (1936), introduziu pela primeira vez este conceito, definiu o stress como - a força, pressão ou tensão exercida sobre um material, objecto ou pessoa que resiste a estas forças e tenta manter o seu estado originall. O stress é ubíquo na nossa sociedade. Tornou-se uma parte integrante da vida quotidiana. De acordo com Selye, é necessário um nível médio de stress para se conseguir um funcionamento criativo e eficaz, denominado de desespero, mas a pressão extrema pode conduzir à angústia e aos sentimentos de opressão e assédio que a acompanham.

O stress ocupacional depende principalmente da natureza e da complexidade do trabalho, que difere de uma posição ocupacional para outra. Estas são características do trabalho inerentes à ocupação que cria muito stress nos empregados. Um indivíduo em situação de stress profissional é susceptível de ter maior insatisfação no emprego, aumento do absentismo, aumento dos sintomas psicológicos negativos e diminuição das aspirações e auto-estima. Ambiente de trabalho, pressões de tempo, conflitos interpessoais com colegas de trabalho e supervisores, elevada carga de trabalho, más condições de trabalho, salário, etc. são alguns dos factores responsáveis pelo stress nos trabalhadores. Em resumo, o stress ocupacional é um estado de discrepância entre as exigências do trabalho e a capacidade da pessoa para fazer face a essas exigências. Além disso, muitos teóricos têm explicado os estados que levam uma pessoa ao stress. É a natureza da resposta emocional de uma pessoa que irá desempenhar um papel importante na probabilidade de o stress conduzir à doença. As pessoas que não estão psicologicamente conscientes da existência de um evento potencialmente stressante têm menos probabilidades de experimentar uma resposta ao stress. Na sua teoria, Mason explicou que não é necessário que os eventos stressantes sejam sempre propensos a doenças. É apenas o estado emocional de uma pessoa que a leva ao stress e depois a doenças. O stress no trabalho é um estado de desequilíbrio entre a pessoa e o seu ambiente. O modelo de stress de Edwards e Cooper descreve a relação entre a pessoa e o ambiente em que trabalha que o leva ao stress.

No ensino superior, existem numerosos factores ou condições indirectos de campo que poderiam certamente produzir grande stress, tais como mudanças rápidas causadas pelas novas tecnologias, internacionalização, aumento da concorrência entre fornecedores tradicionais e a entrada de novos fornecedores poderosos, intensificação das exigências de responsabilização e produtividade, grandes mudanças demográficas na população estudantil e uma mudança de nomeações permanentes e de permanência para nomeações temporárias, a tempo inteiro e a tempo parcial. Estudos de investigação de Dey (1994), Gmelch e Wilke (1991), Olsen e Near (1994) e Sorcinelli e

Quase (1989) indicou que menos tempo para ter um bom desempenho em todos os aspectos do trabalho, feedback limitado, expectativas irrealistas e dificuldade em equilibrar o trabalho e as responsabilidades domésticas são alguns dos factores responsáveis pelo stress entre os professores. Na educação, o stress ocupacional pode ser o motivo de stress da vida académica, características institucionais, características do corpo docente e resultados associados à percepção do stress. Como ilustrado na figura 1.2, pensa-se que os factores de stress ocupacional são influenciados pelo contexto institucional. A relação entre os factores de stress e a satisfação no trabalho é mediada pela percepção da gravidade e significado do factor de stress, que por sua vez é uma função das diferenças individuais entre as faculdades.

Causas de stress no local de trabalho

Há muitas formas diferentes de categorizar o stress

a) Intrínseco ao trabalho

b) Desenvolvimento de Carreira

c) Relações interpessoais

d) Estressores de trabalho

e) Estressores de papel

f) Agentes de stress climático organizacional

A. Intrínseco ao Trabalho

Nem todos os professores sofrem de stress, mas há provas concretas de que o ensino é um dos trabalhos mais stressantes possíveis. Alguns dos factores intrínsecos ao trabalho podem causar stress, incluindo mau ambiente de trabalho, pressão excessiva de trabalho, horas de trabalho, sobrecarga de trabalho e carga de trabalho devido à diminuição do tamanho, insegurança no trabalho, etc. É também importante reconhecer que a forma como o trabalho é concebido pode ter um impacto significativo sobre os níveis de stress. Por exemplo: "Deixar o trabalho no trabalho" tornou-se virtualmente impossível. Os empregados são agora contactados por telemóveis e e-mails, em qualquer altura, independentemente do horário de trabalho. Os computadores portáteis e a Internet em casa tornaram tudo demasiado fácil para os empregados para trabalharem em casa. Esta capacidade pode ser benéfica para os empregados que optam por se telecomunicarem; alarga o local de trabalho em casa. Esta tecnologia torna as questões de condições de trabalho, horários de trabalho longos e sobrecarga de trabalho ainda mais prementes e complexas.

b) Desenvolvimento de Carreira
O factor de desenvolvimento pessoal está intimamente associado ao nível de stress experimentado pelos empregados da organização. Está directamente relacionado com a progressão ou não de uma carreira dentro da organização. Pode ser criado por

> Falta de segurança no emprego devido a contínuas mudanças na estrutura da organização;

> Sobre a promoção devido, talvez, a uma selecção incorrecta ou por não haver mais ninguém disponível para preencher eficazmente o posto.

> Em promoção, criando um sentimento de "ter sido negligenciado".

> Não sendo pagos, bem como outros que fazem trabalhos semelhantes.

e) Estressores de Relacionamento Interpessoal
O factor da relação interpessoal está intimamente associado ao nível de stress dos empregados da organização. Constitui a interacção do dia-a-dia entre colegas de trabalho ou com subordenados ou com estudantes ou com pessoal técnico, etc. Estas relações são uma parte natural do ambiente de trabalho e são geralmente agradáveis e criativas, mas por vezes são fonte de tensão e frustração. As relações interpessoais no trabalho podem ser descritas de um ponto de vista individualista ou organizacional. A perspectiva individual refere-se à forma como cada indivíduo avalia as relações. Estas avaliações são então medidas utilizando um questionário. Os resultados são então agregados para apresentar e avaliar as relações em média.

Fig. 3.2 Estressores de Relacionamento Interpessoal

A trabalhar	IInterpersonalStress
ConditionRelationship [1]	

Bhattacharya e Guha (2006) conduziram um estudo intitulado "stress and coping; A study on lady criminal lawyers of Kolkata city". Um grupo de 34 mulheres advogadas criminosas foi seleccionado para o estudo. Os factores significativos que estão a gerar stress são a agenda de trabalho sobrecarregada, o horário de trabalho estranho, a má interacção, a tendência de liderança dos superiores, e o mau relacionamento interpessoal entre os colegas no ambiente de trabalho.

d) Estressores de trabalho
O stress relacionado com o trabalho ocorre quando existe um desajuste entre as exigências do

trabalho e os recursos e capacidades do trabalhador individual para satisfazer essas exigências. O factor trabalho está intimamente associado ao nível de stress experimentado pelos trabalhadores da organização. Há muitas fontes de stress dos professores. Algumas das causas são apresentadas abaixo:

❖ Pressão sobre as competências profissionais (por exemplo, introdução de novos métodos de ensino, alterações no currículo e nos cursos);

❖ Estudantes (por exemplo, aumento do tamanho da turma por professor, falta de motivação, atenção e interesse dos alunos, ter de cumprir novos objectivos de ensino ou nível de aproveitamento dos alunos);

❖ Relações difíceis entre pais e professores (talvez devido a novas exigências em relação aos papéis do professor ou à diminuição da participação dos pais);

❖ Planeamento e programação deficientes (por exemplo, reestruturação constante, reformas frequentes no sistema educativo profissional, trabalho isolado e transição para o trabalho em equipa, falta de pessoal e má afectação, hierarquia administrativa forte com falta de apoio, recursos financeiros insuficientes);

❖ Pressões sociais e pessoais (tais como preocupações sobre a qualidade da educação, falta de coerência entre objectivos pessoais e obrigações profissionais, nenhum reconhecimento ou reconhecimento, falta de estima pública);

❖ A Instituição de Ensino como local de trabalho stressante (de sobrecarga de trabalho e casa de trabalho, falta de tempo, falta de controlo e autonomia, ruído ambiental, má ventilação, falta de solidariedade e moral, excesso de papelada e deveres administrativos); e

❖ Pressões económicas (salário inadequado, insegurança no emprego)

e) Estressores de Papel

O stress é sentido pelas pessoas devido ao seu papel (trabalho) na organização. Assumem um papel baseado nas expectativas do eu e dos outros no local de trabalho. O factor papel está intimamente associado ao nível de stress experimentado pelos empregados na organização. Alguns dos factores de stress nas organizações são :

Distância entre papéis (desempenhando mais do que um papel);
• Estagnação do papel (Falta de crescimento no próprio papel);
• Inadequação de recursos (Recursos não disponíveis para desempenhar funções);
Inadequação pessoal (falta de competências para desempenhar) e
Isolamento do papel (Falta de coordenação com os colegas e o chefe).
Fig. 3.3 Estressores de Papel

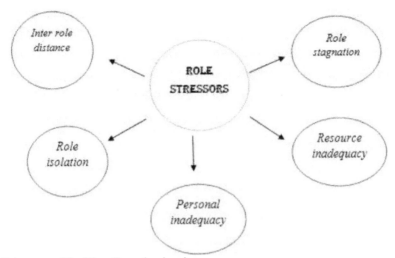

(f) Estressores Climáticos Organizacionais

O stress relacionado com o trabalho é muito influenciado pelo clima organizacional. É algo que pode ser percebido pelos empregados e não algo que pode ser reconhecido cognitivamente. Por outras palavras, é um conjunto de atributos ou características da organização que é percebido pelos empregados. O clima organizacional é uma qualidade relativamente duradoura do ambiente interno que é experimentada pelos seus membros, influencia o seu comportamento e pode ser descrito em termos do valor de um conjunto particular de características da organização (Jain Mathew, 2008). O clima organizacional é percebido ou positivo ou negativo pelos empregados. Se for positivo, então reduz o stress. Os factores de clima organizacional estão intimamente associados ao nível de stress experimentado pelos empregados da organização.

Factores indutores do stress no trabalho

Os oito factores de risco seguintes foram identificados como estando associados ao stress relacionado com o trabalho.

1. Exigências de trabalho

Todos têm uma dada capacidade de trabalho e se a capacidade de uma pessoa for excedida, a pessoa pode sofrer de stress relacionado com o trabalho.

Algumas exigências comuns de trabalho incluem:

> Trabalhar demasiado duro ou demasiado rápido com alvos difíceis.

> Tarefas mentais elevadas exigem, tais como trabalho que exige uma tomada de decisão de alto nível ou períodos prolongados de concentração.

> Trabalho monótono e monótono ou que não utiliza a gama de competências ou formação prévia de um trabalhador.

51

> Trabalhar longas horas ou horas extraordinárias, fazer pausas ou levar o trabalho para casa.

> Deslocar as listas que são imprevisíveis e/ou afectam a quantidade e qualidade do sono, ou dificultam o equilíbrio entre o trabalho e a vida familiar.

Fig. 3.4 Factores de stress no trabalho

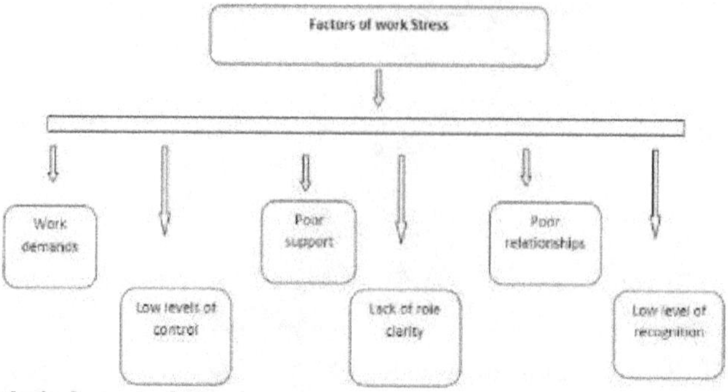

2. Baixos níveis de controlo

O factor de risco de "controlo" refere-se a quanta influência uma pessoa tem no cumprimento das suas exigências de tarefas e na forma como executa o seu trabalho em geral. Níveis desnecessários de supervisão e vigilância, responsabilidade excessiva mas pouca autoridade ou tomada de decisão levarão ao stress.

3. Apoio deficiente dos Supervisores e/ou Co-trabalhadores

Este importante factor de risco abrange aspectos tais como se os trabalhadores sentem que lhes é dado feedback construtivo, se podem falar com o seu supervisor e colegas sobre problemas de trabalho, se o seu supervisor ajuda a resolver problemas de trabalho, se os colegas ajudam quando as coisas são difíceis e se é possível falar e formar relações com os colegas de trabalho. A forma como os trabalhadores são apoiados é uma chave para reduzir ou moderar o stress relacionado com o trabalho.

4. Falta de Clareza de Papel

A confusão de papéis surge quando os trabalhadores não têm clareza quanto ao seu objectivo de trabalho e às suas principais responsabilidades. Uma vasta gama de situações pode criar confusão, por exemplo, iniciar um novo trabalho ou começar numa nova organização, uma transferência, um novo supervisor ou gestor ou uma mudança na estrutura de uma unidade de trabalho. O conflito de papéis ocorre quando um trabalhador é obrigado a desempenhar um papel que entra em conflito com os seus valores ou quando está dividido entre exigências incompatíveis do trabalho. Quanto maior for o conflito de papéis, maior é a probabilidade de um trabalhador sofrer stress relacionado com o trabalho.

5. Relações mal geridas

Os colegas podem ser importantes fontes de apoio, mas também podem ser potenciais fontes de stress. As relações com chefes, pares e subordinados podem afectar positiva ou negativamente a forma como um trabalhador se sente e é provável que, onde quer que grupos de pessoas trabalhem em conjunto, algum conflito surja de tempos a tempos. O conflito torna-se, no entanto, um factor de risco, onde permanece por resolver ou se torna particularmente intenso. Isto pode incluir fricção prolongada e raiva entre colegas, relações tensas ou assédio e intimidação. É importante que sejam tomadas medidas proactivas pelos indivíduos e/ou pela gerência para resolver o conflito antecipadamente.

6. Baixos níveis de Reconhecimento e Recompensa

Recompensar os esforços dos trabalhadores e reconhecer as contribuições e realizações individuais e de equipa dentro da organização é importante quando se tenta minimizar o risco de stress relacionado com o trabalho. A avaliação e o reconhecimento podem ser alcançados através de recompensas tangíveis ou através de feedback sobre o desempenho das tarefas e proporcionando oportunidades para o desenvolvimento de competências. O reconhecimento dos trabalhadores é uma ferramenta de comunicação que reforça e recompensa as acções e os comportamentos" que mais se deseja que as pessoas repitam. Proporcionar o reconhecimento dos trabalhadores dizendo "obrigado" encoraja mais das mesmas acções e pensamentos. Os trabalhadores que se sentem apreciados são mais positivos sobre si próprios e sobre a sua capacidade de contribuir.

3.4 DESEMPENHO DO TRABALHO

O desempenho do trabalho é uma produção individual em termos de qualidade e quantidade previsível de cada empregado de um determinado trabalho. O desempenho individual é a maior parte do empate determinado pela motivação e vontade e a capacidade de fazer trabalho. O desempenho é algo que uma única pessoa faz. O desempenho dos professores nas escolas é muito afectado pelo stress. O stress tem um efeito directo e negativo no desempenho do trabalho quando contabilizamos devidamente o esforço. O esforço tem um efeito positivo sobre o desempenho no trabalho. Os professores, quando motivados, atingem automaticamente o seu desempenho em direcção a um nível elevado. Nas escolas, o desempenho dos professores pode ser bem mapeado através da organização de programas de formação para os professores, eles ficarão motivados, e as suas confidências aumentarão. A ideia de que os funcionários motivados são mais produtivos, mantém-se durante a década de 1970. Contudo, era difícil obter apoio para a ideia de que a motivação tem um efeito significativo no desempenho do trabalho.

O desempenho refere-se a um acto de alcançar ou executar uma determinada tarefa. A este respeito, o desempenho do professor poderia ser considerado através de uma classificação das suas actividades em termos de desempenho no ensino, preparação da aula, apresentação da aula, ensino efectivo e empenho do professor no trabalho, actividades extra-curriculares, supervisão, liderança efectiva, motivação e moral, entre outros. Enquanto que o desempenho do professor significa o comportamento de um professor que muda de forma diferente com a mudança no ambiente circundante, de tal forma que quando uma determinada tarefa é dispensada ao professor, ele é capaz de tomar as medidas necessárias para levar a cabo essa tarefa. De facto, o processo de dispensar a educação aos alunos depende do bom desempenho do professor. Por conseguinte, muitos factores contribuem para isso.

Uma boa professora não tem apenas de ensinar de forma a poder satisfazer a turma com o seu conhecido estilo de ensino. Tem de gerir o tempo e outras tarefas que lhe são atribuídas para além do ensino, como gerir a ética e a disciplina na aula, motivar os alunos, assegurar a interacção dos alunos, e manter uma ligação adequada com os pais dos alunos e a administração da instituição de ensino. Há muitos factores, que contribuem para o desempenho de um professor. Um bom professor tem de ensinar eficazmente na aula e satisfazer com o seu estilo e qualidade de ensino; além disso, tem de gerir o tempo de ensino e outras funções atribuídas pelos directores das escolas e do departamento. Ela também tem de gerir a disciplina da turma, os alunos perturbadores, a motivação dos alunos e os níveis de realização. Ela tem de ser regular e pontual. Tem de ser uma boa interacção com os seus alunos, os seus pais e os seus colegas, porque as suas capacidades interpessoais também determinam o seu desempenho profissional, directa ou indirectamente. A sua atitude deve ser a mesma para os estudantes de grau elevado e para os estudantes de grau baixo. Podemos dizer que os factores que contribuem para o bom desempenho profissional dos professores da escola são muitos e diversos. Embora ainda não tenha sido alcançada uma definição universalmente aceite de desempenho no ensino, a preocupação pela sua formulação é fortemente sentida por educadores e decisores políticos. Dentro deste contexto, as opiniões dos estudantes estão a ser reconhecidas como as mais importantes. Os professores são essenciais para o funcionamento eficaz do sistema educativo e para a melhoria da qualidade dos processos de aprendizagem. Os professores desempenham um papel importante na construção da personalidade dos seus alunos. Os professores são muito importantes e valiosos para a nossa sociedade.

Factores que Influenciam a Qualidade do Desempenho do Trabalho

Muitas pessoas sublinham a importância de bons professores, e muitas políticas locais, estatais e federais são concebidas para promover a qualidade dos professores. A investigação que utiliza a pontuação dos estudantes em testes padronizados confirma a percepção comum de que alguns professores são mais eficazes do que outros e também revela que ser ensinado por um professor eficaz tem consequências importantes para a realização dos estudantes. Existem certos factores que influenciarão a qualidade de um professor. São eles:

a) Pontualidade
b) Metodologia do ensino
c) Consciência do trabalho
d) Perseverança
e) Atitude de trabalho
f) Interacção social

a) Pontualidade

O papel do professor numa sala de aula é muito significativo; por conseguinte, deve ser executado com excelência. Se um professor entrar cedo na sala de aula, isto evitará que os alunos problemáticos levem a cabo os seus distúrbios. Isto é bom porque o professor avançará imediatamente com a aula do dia sem a necessidade de se concentrar na manutenção da ordem e disciplina. O programa que deve ser concluído antes do final do semestre e para permitir a revisão e exames; tudo isto requer tempo suficiente. Se o professor não for suficientemente inteligente para ser organizado e pontual, será desperdiçado tempo valioso. Assim, a pontualidade e a boa gestão do tempo produzirá uma aula bem focada e organizada e, desta forma, o objectivo do semestre ou do ano será alcançado.

b) Metodologia de Ensino

Um método de ensino compreende os princípios e métodos utilizados para a instrução. Os métodos de ensino comumente utilizados podem incluir a participação em aulas, demonstração, recitação, memorização, ou combinações destes. A escolha do método ou métodos de ensino a utilizar depende em grande parte da informação ou habilidade que está a ser ensinada, e pode também ser influenciada pela aptidão e entusiasmo dos alunos.

c) Consciência do Trabalho

A consciência nos indivíduos acontece através da reflectividade, do uso de estruturas sistémicas e outras práticas. Os indivíduos, que são aprendizes auto-motivados, particularmente se tiverem superado as dificuldades, podem desenvolver-se a si próprios. Níveis mais elevados de consciência permitem-nos mobilizar mais inteligência, responsabilidade e energia. Quando há uma consciência em acção, então, haverá um forte sentido de responsabilidade se lhes for atribuída uma tarefa. Assim, um professor pode servir com competência entre todas as faculdades departamentais no cumprimento das responsabilidades da faculdade / universidade e também dedicar mostof o seu tempo à comunidade estudantil, evitando todo o tipo de favoritismo e nepotismo.

d) Perseverança

A perseverança é um traço de carácter muito importante para um professor ser bem sucedido na sua carreira. Significa trabalhar arduamente, independentemente de quaisquer probabilidades ou obstáculos que possam enfrentar/existir. É insistir e ser firme em conseguir fazer algo e não desistir. Uma pessoa com perseverança é estratégica, criativa, optimista, resiliente e determinada. Os professores sabem instintivamente a importância do "stick-to-intuitiveness" na sala de aula. Os professores de educação especial, em particular, apoiam os estudantes cujas deficiências podem deixá-los frustrados e desencorajados com a leitura e a escrita. Mas sabem que estes jovens têm um enorme potencial, e estão constantemente à procura e a empregar estratégias para encorajar os seus estudantes a não desistirem.

e) Atitude de trabalho

A atitude de trabalho é mais importante do que os factos. É mais importante do que o passado, do que a educação, do que o dinheiro, do que as circunstâncias, do que os fracassos, do que os sucessos, do que o que as outras pessoas pensam, dizem ou fazem. É mais importante do que a aparência, o dom, ou a habilidade, fará ou quebrará uma instituição. As atitudes e acções eficazes empregues pelos professores podem, em última análise, fazer uma diferença positiva na vida dos seus alunos.

Fig. 3.5 Atitude de trabalho

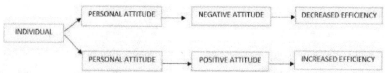

Ao examinar experiências educacionais anteriores, os professores de pré-serviço podem discutir o que devem ou não fazer com uma turma de alunos. As cinco atitudes e acções frequentemente discutidas incluem: um genuíno cuidado e bondade de um professor, uma vontade de partilhar a responsabilidade envolvida numa sala de aula, uma sincera sensibilidade à diversidade dos estudantes, uma motivação para proporcionar experiências de aprendizagem significativas a todos os estudantes e um entusiasmo para estimular a criatividade dos estudantes.

f) Interacção social

A oportunidade de interacções sociais com os outros é muito importante para o desenvolvimento dos estudantes. Através das interacções sociais, os estudantes começam a estabelecer um sentido de "eu" e a aprender o que os outros, excepto eles. As escolas e salas de aula são lugares dinâmicos, interactivos e sociais, onde professores e alunos comunicam, partilham informações e desafiam as ideias uns dos outros. Os professores guiam a aprendizagem dos alunos colocando problemas, encorajando as questões dos alunos e oferecendo oportunidades para os alunos encontrarem soluções. Os recursos e a interacção numa sala de aula dependem do currículo em que a turma está a trabalhar e das crenças do professor e da instituição.

3.5 RELAÇÃO ENTRE INTELIGÊNCIA EMOCIONAL, STRESS OCUPACIONAL E DESEMPENHO PROFISSIONAL

Uma teoria recente de base emocional que é a teoria da Inteligência Emocional explica geralmente que os indivíduos que têm suficientes competências interpessoais e intrapessoais podem gerir adequadamente as suas emoções (isto é, auto-consciência, auto-regulação e motivação) e outras emoções dos empregados (isto é, empatia e capacidades sociais) para lidar com os desafios emocionais (Bar-On, 1997; Goleman, 1998, 2003; Salovey e Mayer, 1990, 1997). Especificamente, o modelo Bar-On (1997) de inteligência emocional-social postula que o nível de Inteligência Emocional aumentará as competências dos indivíduos, e isto pode ajudar a diminuir as exigências e pressões externas, bem como a aumentar o bem-estar humano.

A Inteligência Emocional de Goleman (1998, 2003) sublinha que o nível de Inteligência Emocional aumentará as competências dos indivíduos e isto poderá ajudá-los a diminuir as pressões ambientais e a aumentar a eficácia da liderança nas organizações. A aplicação das teorias da Inteligência Emocional no local de trabalho mostra que a capacidade dos empregados para gerir adequadamente as suas capacidades interpessoais e intrapessoais aumentará as suas capacidades para lidar com o stress fisiológico e psicológico na implementação do trabalho. Como resultado, pode levar a resultados pessoais mais positivos, tal satisfação no local de trabalho.

Vários estudos utilizaram um modelo de efeitos indirectos para examinar o stress no local de trabalho com base em diferentes amostras, tais como 146 amostras de mistura de adultos (Thiebaut et al., 2005), 187 empregados de serviços alimentares de 9 locais diferentes da mesma franquia de restaurantes (Sy et al., 2006), 267 enfermeiros que trabalham em diferentes departamentos dos Serviços de Enfermagem

Administração (Guleryuz, 2008), 523 educadores que completaram a escala de Inteligência Emocional da Lei Wong (Kafetsios e Zampetakis, 2008) e 23 equipas de enfermagem (Quoidah e Hansenne, 2009). Estes estudos constataram que o nível de stress fisiológico e psicológico não diminuiu o desempenho e a satisfação no trabalho se, os funcionários pudessem gerir adequadamente as suas emoções e outras emoções dos funcionários na organização.

A Inteligência Emocional pode ser especialmente importante nas instituições de serviço a fim de gerir as emoções e o stress e também para um melhor desempenho. Se um líder com um alto nível de Inteligência Emocional seria melhor para ajudar os seus empregados e manter um humor positivo enquanto interage com os seus estudantes e os seus pares. A importância do trabalho emocional para o desempenho profissional é maior agora que o sector dos serviços da economia cresceu enquanto o sector da manufactura diminuiu (Bono e Vey, 2007). Embora o trabalho emocional tenha sido conceptualizado principalmente em termos de trabalho de serviço, os líderes podem realizar trabalho emocional a fim de influenciar os humores, motivações e desempenho dos membros da sua equipa (Humphrey et al., 2008).

A este respeito, o investigador tinha seleccionado alguns dos factores que irão influenciar a Inteligência Emocional, o Stress Ocupacional e o Desempenho Profissional. Os factores da Inteligência Emocional escolhidos para efeitos de análise são: Autoconhecimento, Autogestão, Sensibilização Social e Gestão de Relacionamentos.

Os factores de Stress Ocupacional escolhidos para efeitos de análise são: Stress Intrínseco ao trabalho, Desenvolvimento de Carreira, Relacionamentos Interpessoais, Stressantes do Trabalho, Stressantes do Papel e Stressantes do Clima Organizacional. Os factores de Desempenho no Trabalho escolhidos são Pontualidade, Metodologia de Ensino, Consciência e perseverança no trabalho.

A relação entre Inteligência Emocional, Stress Ocupacional e Desempenho no Trabalho é simples por natureza, mas com dominância da complexidade no local de trabalho, estes conceitos também se tornam complexos e multidimensionais. Tendo em conta toda esta complexidade, verificou-se que o stress no trabalho é um perigo reconhecido globalmente no local de trabalho, enquanto que tem uma relação negativa com o desempenho profissional e a inteligência emocional dos trabalhadores. A este respeito, os trabalhadores podem receber formação regular para desenvolverem fortes competências emocionais que os ajudarão, em última análise, a impulsionar o desempenho no trabalho e a combater o stress de forma proactiva.

Fig. 3.6 Factores que influenciam a Inteligência Emocional, o Stress Ocupacional e o Desempenho no Trabalho e o seu próprio impacto no Desempenho no Trabalho

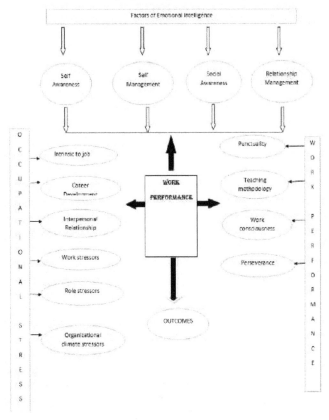

Em consonância com as pesquisas anteriores de Inteligência Emocional e Stress Ocupacional e o seu impacto no desempenho profissional, o presente estudo também expressou a relação entre inteligência emocional, stress ocupacional e desempenho profissional. Nesta investigação, foram utilizadas as quatro categorias conceptuais do modelo de Inteligência Emocional de Daniel Goleman (2001). Presume-se que a Inteligência Emocional tem um impacto positivo sobre o desempenho no trabalho com um co-eficiente negativo do stress ocupacional.

CAPÍTULO IV
PERFIL DEMOGRÁFICO E INTELIGÊNCIA EMOCIONAL - UM ANÁLISE

Este capítulo consiste na análise e interpretação dos resultados obtidos a partir do estudo. Os dados recolhidos através de questionário foram analisados com a ajuda de ferramentas estatísticas apropriadas. Os resultados foram elaborados de acordo com os objectivos e hipóteses do estudo. Este capítulo apresenta uma análise detalhada sobre a inteligência emocional dos professores que trabalham em faculdades de artes e ciências. Esta parte do estudo analisa o perfil demográfico, o perfil socio-económico e a inteligência emocional dos professores.

Análise Percentual

A Análise Percentual é utilizada para calcular a distribuição da frequência dos dados recolhidos e conceber uma tabela de contingência para se ter uma melhor ideia sobre os detalhes descritivos relacionados com o estudo.

Perfil pessoal

A frequência relativa à Idade do Professor, Estado Civil do Sexo e ao seu rendimento mensal foi registada após a utilização do método de análise percentual acima mencionado.

Quadro 4.1 Perfil pessoal

Factores		Frequência	Percentagem
Idade	<25	24	5.6
	25-35	210	49
	35-45	167	38.9
	45-55	28	6.5
	Total	429	100
Género	Sexo masculino	151	35.2
	Feminino	278	64.8
	Total	429	100
Factores		**Frequência**	**Percentagem**
Estado Civil	Casado	342	79.7
	Não casado	87	20.3
	Total	429	100
Rendimento mensal	Até Rs. 20,000	165	38.5
	Rs. 20,001 - Rs. 30,000	132	30.8
	Rs.30,001 - Rs. 40,000	57	13.3
	Acima de Rs. 40,000	75	17.5
	Total	429	100

Fonte: Dados primários

Do quadro 1 acima deduz-se que 49 por cento dos inquiridos são jovens na faixa etária dos 25 aos 35 anos, enquanto 38,9 por cento são de meia-idade na faixa etária dos 35-45 anos. Uma fusão 6,5 e 5,6 por cento dos inquiridos estão dentro do grupo etário inferior a 25 e superior a 45 anos. A maioria dos inquiridos (49%) encontra-se no grupo etário dos 25-35 anos. O quadro acima indica que 64,8% dos inquiridos são do sexo feminino, enquanto 35,2% são do sexo masculino. 79,7% dos inquiridos são casados e os restantes 20,3% são solteiros.30,8%

dos inquiridos ganham até Rs.20000, ganhando entre si,17,5 dos inquiridos ganhando acima de Rs 40000 e 13,3% dos inquiridos ganhando entre Rs 30001-40000

Perfil da família

A frequência relativa ao rendimento familiar total dos professores, tipo de família, tamanho da família e Área Residencial foi apresentada na tabela seguinte.

Quadro 4.2 Perfil da família

Factores		Frequência	Percentagem
Nº de Membros Ganhadores	1	54	12.6
	2	273	63.6
	3	70	16.3
	4	32	7.5
	Total	429	100
Factores		**Frequência**	**Percentagem**
Tipo de família	Família Conjunta	197	45.9
	Família Nuclear	232	54.1
	Total	429	100
Tamanho da Família	2	16	3.7
	3	111	25.9
	4	159	37.1
	5	92	21.4
	6 e Acima	51	11.9
	Total	429	100
Rendimento familiar total	Até Rs.40,000	141	32.9
	Rs.40, 000-Rs.60,000	112	26.1
	Rs.60, 000-Rs.80,000	82	19.1
	Acima de 80,001	94	21.9
	Total	429	100
Área Residencial	Rural	121	28.2
	Urbano	224	52.2
	Semi-Urban	84	19.6
	Total	429	100

Fonte: Dados primários

O quadro acima indica que a maioria 63,6% dos inquiridos tem dois membros remunerados, enquanto 16,3% são três membros remunerados. Uma fusão 12,6% dos inquiridos têm um membro que aufere rendimentos e 7,5% têm quatro membros que auferem rendimentos na família.

Dos 429 respondentes, 54,1% dos professores vivem numa família Nuclear estabelecida, enquanto os restantes 45,9% vivem numa família conjunta. 37,1% dos professores têm quatro membros na sua família, 25,9% têm três membros da família e 21,4% dos professores têm cinco membros na sua família.

O quadro acima indica que a maioria 32,9% dos professores têm um rendimento familiar até 40.000 Rs., enquanto 26,1% ganham entre 40.000 e 60.000 Rs. 21,9% dos professores têm um rendimento familiar total como acima de Rs. 80.001 e 19,1% dos professores têm um rendimento familiar total entre Rs. 60.000 - Rs. 80.000.

52,2 por cento dos professores residem na zona urbana, enquanto 28,2 por cento residem na zona rural e 19,6 por cento dos professores residem na zona semi-urbana.

Perfil profissional

A frequência relativa à qualificação educacional do Professor, qualificação adicional, natureza do emprego e designação foi retratada nos quadros seguintes.

Quadro 4.3 Perfil profissional

Factores		Frequência	Percentagem
Educação Qualificação	Pós-Graduação	21	4.9
	M.Phil	207	48.3
	Doutoramento	201	46.9
	Total	429	100
Qualificação adicional	NET	76	17.7
	SLET	58	13.5
	Outros(PGDCA & PGDBM)	240	55.9
	NET & SLET	36	8.4
	MBA	10	2.3
	MCA	9	2.1
	Total	429	100
Natureza de Emprego	Colégio do Governo	25	5.8
	Colégio assistido	83	19.3
	Colégio de Autofinanciamento	321	74.8
	Total	429	100
Designação	Professor Assistente	356	83
	Professor Associado	55	12.8
	Professor	18	4.2
	Total	429	100

Fonte: Dados primários

Observa-se do quadro acima que, 48,3 por cento dos professores concluíram o seu M.Phil, enquanto 46,9 por cento dos professores concluíram o seu Ph.D e os restantes 4,9 por cento dos professores concluíram o Pós-Graduação. 55,9% dos professores têm outras qualificações adicionais, tais como PGDCA & PGDBM, enquanto 17,7% dos professores são qualificados NET, 13,5% dos professores são qualificados SLET e 8,4% são ambos qualificados NET & SLET. 2,3 por cento dos professores são qualificados MBA e 2,1 por cento dos professores são qualificados com o grau MCA.

Dos 429 professores, 74,8% dos professores estão empregados em Faculdades de Autofinanciamento, enquanto 19,3% dos professores estão empregados em Faculdades Ajudadas e 5,8% dos professores estão empregados em Faculdades Governamentais. Verifica-se que, 83% dos professores são Professores Assistentes, enquanto 12,8% dos professores são Professores Associados e 4,2% dos professores são Professores.

Perfil académico

A frequência relativa às aulas ministradas pelos professores, Outras Actividades Académicas, Departamento, N.º de Membros do Departamento, Estatuto Autónomo, Estatuto de Acreditação, Instituição Certificadora ISO e Anos de Experiência foram interpretadas na tabela seguinte.

Quadro 4.4 Perfil académico

Factor		Frequência	Percentagem
Aulas ministradas	Menos de 12	53	12.2
Horas	13-16	70	16.4
	17-20	277	64.6
	Mais de 20	29	6.8
	Total	429	100
Outras Actividades	Menos de 5	148	34.4
Académicas	6 a 10	119	27.8
	11 a 15	85	19.7
	16 a 20	52	12.2
	Mais de 20	25	5.9
	Total	429	100
Factor		Frequência	Percentagem
Departamento	Ciência básica	25	5.8
	Artes	81	18.9
	Informática	38	8.9
	Comércio e Gestão	246	57.3
	Humanidades	39	9.1
	Total	429	100
Nº de Membros do	Abaixo de 5	126	29.4
Departamento	6 a 10	167	39
	11 a 15	106	24.6
	16 a 20	18	4.2
	acima de 21	12	2.8
	Total	429	100
Estatuto de Autonomia	Sim	337	78.6
	Não	92	21.4
	Total	429	100
Estado de Acreditação	Sim	371	86.5
	Não	58	13.5
	Total	429	100
Instituição Certificadora	Sim	370	86.2
ISO	Não	59	13.8
	Total	429	100
	Abaixo de 5	116	27.0
	6 a 10	150	35.0
Anos de experiência	11 a 15	83	19.3
	16 a 20	54	12.6
	acima de 21	26	6.1
	Total	429	100

Fonte: Dados primários

É evidente a partir do quadro acima que, 64,6% dos professores têm aulas entre 17-20 horas por semana, enquanto 16,4% dos professores têm aulas entre 13-16 horas por semana, 12,2% dos professores têm aulas com menos de 12 horas por semana e 6,8% dos professores têm aulas com mais de 20 horas por semana.

Em relação a outras actividades académicas, 34,4% dos professores passaram menos de 5 horas por semana, enquanto 27,8% dos professores passaram entre 6 a 10 horas por semana, 19,7% dos professores passaram entre 11 a 15 horas por semana e 5,9% dos professores passaram mais de 20 horas.

Relativamente ao departamento 57,3 por cento dos professores pertencem ao Comércio e Gestão, enquanto 18,9 por cento dos professores pertencem ao Artes, 9,1 por cento dos professores pertencem ao Humanidades.8.9 dos professores que trabalham em Informática e os restantes 5,8 dos professores pertencem ao departamento de Ciências Básicas.

Dos 429 professores, 39 por cento dos professores têm entre 6 a 10 membros no departamento, 29,4 por cento dos professores têm menos de 5 membros no departamento, enquanto 24,6 por cento dos professores têm entre 11 a 15 membros no departamento. 4,2 dos professores têm entre 16 a 20 membros no departamento e os restantes 2,8 dos professores têm mais de 21 membros no departamento.

Relativamente ao estatuto de Autonomia 78,6% dos professores trabalham em colégios autónomos e 21,4% dos professores trabalham em colégios não autónomos.

Com respeito ao estatuto de Acreditação 86,5% dos professores declararam sim e 13,5% dos professores declararam não Acreditação para as suas faculdades.

Enquanto que os professores que receberam a Certificação ISO 86,2 por cento declararam que sim e 13,8 por cento declararam que não para a Certificação ISO.

35 por cento dos professores têm entre 6 a 10 anos de experiência, enquanto que 27 por cento dos professores têm menos de 5 anos de experiência, 19,3 por cento dos professores têm entre 11 a 15 anos de experiência. 12,6 por cento dos professores têm entre 16 a 20 anos e 6,1 por cento têm mais de 21 anos de experiência.

Estatística descritiva

A estatística descritiva tem sido aplicada para encontrar a classificação média do factor de inteligência emocional. Foram identificados quatro factores diferentes no âmbito da inteligência emocional. Os factores incluem auto-conhecimento, auto-gestão, consciência social e gestão de relações. Os factores são medidos pelas classificações dadas pelos inquiridos na técnica de escala de cinco pontos. As classificações são atribuídas como um para "discordar fortemente", dois para discordar, três para neutro, quatro para concordar e cinco para concordar fortemente. A pontuação elevada indica um elevado nível de autoconhecimento em relação à inteligência emocional.

Factor de Inteligência Emocional - Auto-conhecimento

A auto-conhecimento é um factor considerado sob inteligência emocional que inclui a forma como as pessoas estão conscientes das suas emoções, imaginação da sua tarefa e resultados, auto-confiança, reacções aos problemas, julgamento sobre o carácter e confiança sobre as suas próprias capacidades e talentos. A estatística descritiva foi apresentada no quadro seguinte.

Quadro 4.5 Factor de Inteligência Emocional - Auto-conhecimento

	N	Mínimo	Máximo	Média	Std. Desvio
Estou consciente das minhas emoções à medida que as experimentei	429	3	5	4.39	.660
Motivo-me imaginando um bom resultado de tarefas que eu assumiria	429	2	5	4.34	.690
Quando estou chateado, normalmente consigo perceber porque estou angustiado	429	1	5	4.00	.843
Quando cometo erros, grito e critico-me frequentemente pelas minhas capacidades	429	1	5	3.54	1.153
Conheço os meus valores e crenças	429	1	5	4.35	.703
Tenho autoconfiança em todas as situações	429	1	5	4.28	.801
Tenho tendência a reagir demasiado aos problemas	429	1	5	3.49	1.060
Eu sei o que me motiva	429	2	5	4.24	.765
Descrever-me-ia como um bom juiz de carácter	429	2	5	4.22	.700
Sinto-me confiante sobre as minhas próprias capacidades, talentos e aptidões	429	2	5	4.34	.702

Fonte: Dados primários

A tabela acima mostra as classificações médias de auto-conhecimento. A classificação mais elevada foi atribuída à afirmação "Estou consciente das minhas emoções à medida que as experimentei" (4,39), seguida de "Conheço os meus valores e crenças" (4,35), "Sinto-me confiante quanto às minhas próprias capacidades, talentos e habilidades" e "Motivo-me imaginando um bom resultado de tarefas que assumiria" indica (4.34), a pontuação mínima foi encontrada para a afirmação, "quando cometo erros, grito e critico-me frequentemente pelas minhas capacidades"(3.54), "tendo a reagir demasiado aos problemas" (3.49). Os resultados indicam que, a pontuação de auto-consciencialização cai entre 3 a 5, o que explica que os inquiridos estão de acordo quanto aos seus aspectos de auto-consciencialização.

ANOVA

ANOVA foi aplicada para encontrar a diferença significativa entre factores de inteligência emocional, tais como, auto-conhecimento, auto-gestão, consciência social e factores de gestão de relações.

O factor pessoal inclui idade, sexo, estado civil, tipo de família, tamanho da família, rendimento mensal, número de membros remunerados, rendimento familiar total e área residencial.

Os factores relacionados com o trabalho incluem qualificação educacional, natureza do emprego, designação, anos de experiência, departamento e número de membros no departamento.

t -Teste

Foi aplicado um teste t pareado para testar a diferença, se houver, no que diz respeito a i)

Género ii) Estado Civil iii) Tipo de família e auto-conhecimento, auto-gestão, consciência social e factores de gestão de relações.

Os factores de inteligência emocional foram considerados como variáveis dependentes e os factores pessoais e de trabalho foram considerados como variáveis independentes para efeitos de análise.

ANOVA - Factores Pessoais Vs Autoconhecimento dos Professores

ANOVA & t-Test foi aplicado para examinar se existe alguma diferença significativa entre os factores que induzem o auto-conhecimento dos professores e os factores pessoais seleccionados.

O quadro retrata a influência do Auto-conhecimento dos professores e de vários factores pessoais seleccionados.

Ho: A pontuação média de auto-conhecimento não varia significativamente entre os membros para os factores pessoais seleccionados.

Tabela 4.6 ANOVA - Factor Pessoal e Pontuação de Autoconhecimento

Factores pessoais		N	Média	Desvio padrão	F Valor	t - Valor	P- Valor	S/NS
Idade	<25	24	42.042	5.361	2.208		0.087	NS
	25-35	210	40.648	4.008				
	35-45	167	41.629	4.871				
	45-55	28	42.071	4.634				
Género	Sexo masculino	151	41.616	3.943		1.990	0.159	NS
	Feminino	278	40.975	4.769				
Estado Civil	Casado	342	40.977	4.507		4.203	0.041	S
	Não casado	87	42.081	4.394				
Tipo de Família	Família Conjunta	197	40.756	4.031	3.568		0.060	NS
	Família Nuclear	232	41.578	4.841				
Tamanho da Família	2	16	44.188	3.351	4.825		0.001	S
	3	111	40.072	4.295				
	4	159	41.547	4.644				
	5	92	41.880	4.865				
	6 e Acima	51	40.412	3.269				
Rendimento mensal	Até Rs.20,000	165	41.200	4.509	5.527		0.001	S
	Rs.20,001 - Rs.30,000	132	40.447	4.426				
	Rs.30,001 - Rs.40,000	4057	40.632	4.443				
	Acima de Rs.40,000	75	42.960	4.254				
Número de Membros Ganhadores	1	54	42.259	4.743	2.290		0.078	NS
	2	273	40.810	4.360				
	3	70	41.914	4.064				
	4	32	41.188	5.767				
Factores pessoais		**N**	**Média**	**Desvio padrão**	**F Valor**	**t - Valor**	**P- Valor**	**S/NS**
Rendimento familiar total	Até Rs.40,000	141	41.121	4.420	2.918		0.034	S
	Rs.40,000 -	112	40.295	4.431				

	Rs.60,000							
	Rs.60,000 - Rs.80,000	82	41.585	3.836				
	Acima de Rs.80,001	94	42.064	5.069				
Residencial Área	Rural	121	41.826	4.652	3.057		0.048	S
	Urbano	224	40.692	4.292				
	Semi-Urban	84	41.655	4.712				

Fonte: Dados primários

A pontuação média de Autoconhecimento foi considerada elevada (42,071) para professores entre os 45 e 55 anos de idade. A pontuação média elevada foi encontrada para professores do sexo masculino (41,616) e para os membros que não são casados (42,621). Observou-se que as pontuações médias são elevadas (41,578) entre os professores familiares nucleares. A média elevada foi encontrada para os professores com um tamanho de família de 2 membros (44.188) e um rendimento mensal superior a Rs.40,000 (42.960). As pontuações são elevadas para os professores com 1 membro a ganhar na família (42.259). Observou-se que as pontuações médias são elevadas (42.064) entre pessoas com rendimentos acima de Rs.80, 001 por mês e membros residentes na zona rural (41.826).

Os resultados da ANOVA acima indicados indicam que existe uma diferença significativa na pontuação média de Autoconhecimento entre os professores no que diz respeito a diferentes factores pessoais, nomeadamente, tamanho da família, rendimento mensal total da família e área de residência. Por conseguinte, as hipóteses nulas são rejeitadas. A pontuação média não varia significativamente no caso do grupo etário e do número de membros que auferem rendimentos. Por conseguinte, as hipóteses nulas são aceites.

O resultado do teste t mostra que não foi encontrada uma diferença significativa na pontuação média de Autoconhecimento entre o género e o tipo de família. Por conseguinte, as hipóteses nulas são aceites. Mas em caso de estado civil, a hipótese é rejeitada.

Os factores pessoais, nomeadamente, o estado civil, o tamanho da família, o rendimento mensal total da família e a área de residência desempenharam um papel vital na auto-consciencialização dos professores. Os professores que auferem mais rendimentos e que têm mais rendimentos familiares totais têm grande influência na auto-consciencialização dos professores.

Factores de trabalho Vs Auto-consciencialização

A ANOVA foi aplicada para descobrir se existe alguma diferença significativa nas notas médias entre os membros do grupo no que diz respeito a factores relacionados com o trabalho, nomeadamente, Qualificação Educativa, Natureza do Emprego, Designação, Anos de Experiência, Departamento e Número de Membros do Departamento, no que diz respeito às Pontuações de Autoconhecimento dos profissionais do ensino.

Ho: As notas médias de auto-conhecimento não variam significativamente entre os membros para os factores de trabalho seleccionados.

Tabela 4.7 ANOVA - Factores de Trabalho Vs Autoconhecimento

Factores de trabalho		N	Média	Desvio padrão	F Valor	P- Valor	S/NS
Qualificação educacional	Pós-Graduação	21	39.333	2.576	2.776	0.063	NS
	M.Phil	207	41.010	4.949			
	Doutoramento	201	41.592	4.111			
	Total	429	41.201	4.501			
Natureza do emprego	Colégio do Governo	25	42.4000	4.80451	2.568	.078	NS
	Colégio assistido	83	41.9157	4.88203			
	Colégio de Autofinanciamento	321	40.9221	4.35138			
	Total	429	41.2005	4.50098			
Designação	Professor Assistente	356	40.933	4.663	3.802	0.023	S
	Professor Associado	55	42.600	3.473			
	Professor	18	42.222	2.942			
	Total	429	41.201	4.501			
Factores de trabalho		N	Média	Desvio padrão	F Valor	P- Valor	S/NS
Anos de experiência	Abaixo de 5 Anos	116	41.043	4.182	6.974	0.000	S
	6 - 10 Anos	150	40.707	4.954			
	11 -15 Anos	83	40.301	4.024			
	16 -20 Anos	54	42.593	3.647			
	Acima de 20 Anos	26	44.731	4.172			
	Total	429	41.201	4.501			
Departamento	Ciência básica	25	42.960	4.632	1.243	0.292	NS
	Artes	81	41.370	4.614			
	Informática	38	41.474	4.825			
	Comércio e Gestão	246	40.931	4.201			
	Humanidades	39	41.154	5.542			
	Total	429	41.201	4.501			
Número de Membros do Departamento	Abaixo de 5	126	41.222	4.336	3.608	0.007	S
	6 - 10	167	41.581	4.872			
	11 -15	106	40.453	4.209			
	16 -20	18	43.722	3.250			
	Acima de 20	12	38.500	2.236			
	Total	429	41.201	4.501			

Fonte: Dados primários

Verificou-se que a média de auto-conhecimento é elevada (41,592) para titulares de Ph.D. no que diz respeito à qualificação educacional. A média elevada foi encontrada para professores universitários do governo (42.400) e, embora se considere a designação, é considerada elevada para professores associados (42.600). Observou-se que a média das notas é elevada para os professores (44.731) com mais de 20 anos de experiência. A média elevada foi encontrada para os professores do departamento de ciências básicas (42.960) e o número de membros do departamento situa-se entre 16 -20 membros (43.722).

Os resultados da ANOVA acima indicados indicam que existe uma diferença significativa na pontuação média de auto-conhecimento entre os professores no que respeita aos diferentes factores relacionados com o trabalho, nomeadamente, designação, anos de experiência e número de membros no departamento. Por conseguinte, as hipóteses nulas são rejeitadas. A pontuação média não varia significativamente em caso de qualificação educacional, natureza do emprego e departamento. Por conseguinte, as hipóteses nulas são aceites.

Os factores relacionados com o trabalho, nomeadamente, designação, anos de experiência e número de membros do departamento desempenharam um papel vital na pontuação de auto-conhecimento da inteligência emocional. As pontuações são significativamente diferentes para os professores associados e para os professores que têm mais experiência.

Estatística Descritiva - Autogestão

O segundo factor considerado na inteligência emocional é a autogestão, que descreve, compreendendo as técnicas de auto-coaching; tomando acções para os objectivos, pensamento positivo, superar os seus desafios e como controlam a sua raiva/frustração. O resultado da estatística descritiva é apresentado na tabela seguinte.

Quadro 4.8 Estatísticas descritivas - Autogestão

	N	Mínimo	Máximo	Média	Std. Desvio
Compreendo a utilização das técnicas de auto-coaching	429	2	5	4.21	.770
Compreendo a diferença entre auto estima e auto respeito	429	2	5	4.25	.695
Posso tornar-me um modelo eficaz	429	2	5	4.26	.730
Posso gerir eficazmente as minhas mudanças pessoais	429	2	5	4.21	.660
Estabeleço os meus objectivos pessoais e tomo medidas para os atingir	429	1	5	4.27	.698
Adopto um pensamento positivo	429	1	5	4.35	.719
Eu quero e posso ser capaz de superar com sucesso os meus desafios	429	1	5	4.25	.745
Sou capaz de me acalmar rapidamente	429	1	5	4.00	.794
Estabelecerei objectivos para mim próprio e tentarei atingi-los ao meu melhor nível	429	2	5	4.16	.750
Sou capaz de controlar a minha raiva/frustração	429	1	5	4.01	.922

Fonte: Dados primários

A tabela acima mostra as classificações médias para Autogestão. A classificação mais elevada foi atribuída à afirmação, "Adopto o pensamento positivo" (4,35), seguida de "Estabeleço os meus objectivos pessoais e tomo medidas para os atingir" (4,27), "Posso tornar-me um modelo eficaz" (4,26), "Compreendo a diferença entre auto-estima e auto-respeito" e "Vou e posso ser capaz de superar com sucesso os meus desafios" (4.25), 'compreendo usar as técnicas de auto treino' e 'consigo gerir eficazmente as minhas mudanças pessoais' (4.21), 'vou estabelecer objectivos para mim próprio e tentar atingi-los ao meu nível mais alto' (4.16), 'consigo controlar a minha raiva/frustração' (4.01) e a pontuação mínima foi encontrada para a afirmação, 'sou capaz de me acalmar rapidamente' (4.00). O resultado revela que os professores são capazes de gerir eficazmente as suas emoções porque a pontuação cai entre 4 a 5.

ANOVA - Auto-Gestão de Factores Pessoais Vs

ANOVA e t-Test foram aplicados para examinar se existe alguma diferença significativa nas notas médias de Autogestão dos professores e factores pessoais seleccionados.

Ho: As pontuações médias de autogestão não variam significativamente entre os membros para os factores pessoais seleccionados.

Tabela 4.9 ANOVA - Factor pessoal e pontuação de autogestão

Factores pessoais		N	Média	Desvio padrão	F Valor	t - Valor	P- Valor	S/NS
Idade	<25	24	43.000	5.030	2.277		0.079	NS
	25-35	210	41.343	4.761				
	35-45	167	42.581	5.438				
	45-55	28	42.143	3.969				
Género	Sexo masculino	151	42.556	4.412		3.186	0.075	NS
	Feminino	278	41.651	5.315				
Estado Civil	Casado	342	41.804	5.070		1.832	0.177	NS
	Não casado	87	42.621	4.837				
Factores pessoais		N	Média	Desvio padrão	F Valor	t - Valor	P- Valor	S/NS
Tipo de Família	Família Conjunta	197	42.533	5.255		4.609	0.032	S
	Família Nuclear	232	41.491	4.788				
Tamanho da Família	2	16	45.250	2.978	6.783		0.000	S
	3	111	40.667	4.605				
	4	159	41.893	4.863				
	5	92	43.609	4.591				
	6 e Acima	51	41.059	6.408				
Rendimento mensal	Até Rs.20,000	165	40.685	5.350	6.936		0.000	S
	Rs.20, 001-Rs.30,000	132	42.682	4.920				
	Rs.30, 001-Rs.40,000	57	42.088	4.090				
	Acima de Rs.40,000	75	43.453	4.530				
Número de Membros Ganhadores	1	54	42.722	4.423	3.886		0.009	S
	2	273	41.788	4.857				
	3	70	43.114	4.322				
	4	32	39.750	7.607				
Rendimento familiar total	Até Rs.40,000	141	41.915	4.995	0.915		0.434	NS
	Rs.40, 000-Rs.60,000	112	41.643	4.454				
	Rs.60, 000-Rs.80,000	82	42.768	6.403				
	Acima de Rs.80,001	94	41.745	4.325				
Residencial Área	Rural	121	41.529	4.987	0.818		0.442	NS
	Urbano	224	42.040	5.024				
	Semi-Urban	84	42.417	5.114				

Fonte: Dados primários

A pontuação média de autogestão foi considerada elevada ((43.000) para os professores na faixa etária inferior a 25 anos. A média elevada foi encontrada para os professores do sexo

70

masculino (42.556) e para os membros que não são casados (42.621). Observou-se que as médias são elevadas (42,533) entre os professores da família conjunta. A média elevada foi encontrada para os professores com 2 membros da família (45.250), rendimento mensal acima de Rs.40, 000(43.453) e número de membros que ganham 3 na família (43.114). Observou-se que as pontuações médias são elevadas (42.768) entre pessoas com rendimentos entre Rs. 60001 e Rs. 80000 e membros residentes na área Semi-urbana (42.417).

Os resultados da ANOVA acima indicados indicam que existe uma diferença significativa na pontuação média de autogestão entre os professores no que diz respeito a diferentes factores pessoais, nomeadamente, tipo de família, tamanho da família, rendimento mensal e número de membros remunerados. Por conseguinte, as hipóteses nulas são rejeitadas. A pontuação média não varia significativamente no caso do grupo etário, rendimento familiar total e área de residência. Por conseguinte, as hipóteses nulas são aceites.

O resultado do teste t mostra que não foi encontrada nenhuma diferença significativa na pontuação média de Autogestão entre i) Género ii) Estado Civil. Por conseguinte, as hipóteses nulas são aceites. Mas, no caso do tipo de família, a hipótese é rejeitada.

Os factores pessoais, nomeadamente tipo de família, tamanho da família, rendimento mensal e número de membros remunerados, desempenharam um papel vital na autogestão da inteligência emocional. Os professores com mais rendimentos mensais são significativamente diferentes quando comparados com outros professores.

Factores de trabalho Vs Autogestão

A ANOVA foi aplicada para descobrir se existe alguma diferença significativa na pontuação média entre os membros do grupo no que diz respeito a factores relacionados com o trabalho, nomeadamente, Qualificação Educativa, Natureza do Emprego, Designação, Anos de Experiência, Departamento e Número de Membros do departamento no que diz respeito à Auto-Gestão de profissionais docentes.

Ho: As notas médias de autogestão não variam significativamente entre os membros para os factores de trabalho seleccionados.

Tabela 4.10 ANOVA - Factores de trabalho Vs Auto-gestão Pontuação

Factores de trabalho		N	Média	Desvio padrão	F Valor	P- Valor	S/NS
Qualificação educacional	Pós-Graduação	21	41.3810	2.80136	1.589	0.205	NS
	M.Phil	207	41.5845	5.54779			
	Doutoramento	201	42.4279	4.60826			
	Total	429	41.9697	5.02903			
Natureza do emprego	Colégio do Governo	25	43.9600	5.89124	2.203	.112	NS
	Colégio assistido	83	41.6145	4.36960			
	Colégio de Autofinanciamento	321	41.9065	5.09755			
	Total	429	41.9697	5.02903			

71

Designação	Professor Assistente	356	41.6798	5.01701	4.451	0.012	S
	Professor Associado	55	43.8364	5.18818			
	Professor	18	42.0000	3.54799			
	Total	429	41.9697	5.02903			
Anos de experiência	Abaixo de 5 Anos	116	40.9741	5.05012	4.660	0.001	S
	6 - 10 Anos	150	41.7200	5.46388			
	11 -15 Anos	83	42.3012	4.49318			
	16 -20 Anos	54	44.4074	4.09103			
	Acima de 20 Anos	26	41.7308	4.21955			
	Total	429	41.9697	5.02903			
Departamento	Ciência básica	25	41.4400	4.77912	0.633	0.639	NS
	Artes	81	41.4815	5.81187			
	Informática	38	41.4211	6.00284			
	Comércio e Gestão	246	42.2927	4.73757			
	Humanidades	39	41.8205	4.22319			
	Total	429	41.9697	5.02903			
Número de Membros do Departamento	Abaixo de 5	126	42.0635	5.21344	0.930	0.446	NS
	6 - 10	167	42.3114	4.89517			
	11 -15	106	41.1887	4.81093			
	16 -20	18	42.6667	6.16441			
	Acima de 20	12	42.0833	5.03548			
	Total	429	41.9697	5.02903			

Fonte: Dados primários

A média de Autogestão foi considerada elevada (42,4279) para titulares de Ph.D. no que diz respeito à qualificação educacional. A pontuação média elevada foi encontrada para professores que trabalham em faculdades governamentais (43,9600) e, embora se considere a sua designação, é alta para professores associados (43,8364). Tem-se observado que as notas médias são elevadas (44,4074) para os professores com uma experiência entre 16-20 anos. A média elevada foi encontrada para professores no departamento de Comércio e Gestão (42,2927) e o número de membros no departamento é encontrado entre 16 -20 membros (42,6667).

Os resultados da ANOVA acima indicados indicam que existe uma diferença significativa na média de Autogestão entre os professores no que diz respeito a diferentes factores relacionados com o trabalho, nomeadamente, designação e anos de experiência. Por conseguinte, as hipóteses nulas são rejeitadas. A pontuação média não varia significativamente em caso de qualificação educacional, natureza do emprego, departamento e número de membros do departamento. Por conseguinte, as hipóteses nulas são aceites.

Os factores relacionados com o trabalho, nomeadamente, designação e anos de experiência, desempenharam um papel vital na pontuação de autogestão da inteligência emocional. Os professores que são professores associados e têm uma experiência entre 16 -20 anos são comparativamente bons em competências de autogestão quando comparados com outros professores.

Estatística Descritiva - Sensibilização Social

O terceiro factor considerado sob a inteligência emocional é a Consciência Social que descreve, reconhecimento da diferença de valores, empatia, compreensão dos sentimentos dos outros, aceitação das sugestões/recomendações dos outros e compreensão das emoções pelo tom das suas vozes. A estatística descritiva é apresentada no quadro seguinte.

Quadro 4.11 Estatística descritiva - Sensibilização social

	N	Mínimo	Máximo	Média	Std. Desvio
Reconheço diferenças de valor e semelhanças entre pessoas e culturas	429	2	5	4.19	.696
Reconheço e utilizo a empatia eficazmente	429	2	5	4.07	.767
Posso compreender e entrar no mundo de alguém	429	1	5	3.84	.945
Consigo compreender os sentimentos dos outros	429	2	5	4.15	.735
Posso sempre acolher favoravelmente as sugestões/ recomendações de outros	429	1	5	4.22	.781
Posso dizer o que os outros sentem pelo tom das suas vozes	429	1	5	4.10	.786
Para mim é fácil compreender porque é que as pessoas sentem o que sentem	429	2	5	4.12	.787
Felicito os outros quando fizeram algo bem	429	1	5	4.11	.874
No meu grupo de amigos estou geralmente consciente de como cada pessoa se sente em relação à outra pessoa	429	2	5	4.17	.723

Fonte: Dados primários

A tabela acima mostra as classificações médias para a Consciencialização Social. A classificação mais elevada foi atribuída à afirmação, 'Posso sempre acolher as sugestões/recomendações dos outros'(4.22), seguida de 'Reconheço diferenças de valor e semelhanças entre pessoas e culturas'(4.19), 'No meu grupo de amigos estou geralmente consciente do que cada pessoa sente em relação à outra pessoa'(4.17), 'Consigo compreender os sentimentos dos outros'(4.15), 'É fácil para mim compreender porque é que as pessoas sentem o que sentem'(4.12), 'elogio os outros quando fizeram algo bem'(4.11), 'posso dizer o que os outros sentem pelo tom das suas vozes'(4.10), 'reconheço e uso a empatia eficazmente'(4.07) e foi encontrada a pontuação mínima para a afirmação 'posso compreender e entrar no mundo de alguém'(3.84). As pontuações médias são encontradas entre os que concordam em discordar fortemente. O resultado revela que os professores são capazes de compreender os sentimentos e emoções de outros professores.

Factores pessoais Vs Sensibilização Social
ANOVA e t - O teste foi aplicado para descobrir se existe alguma diferença significativa na pontuação média entre os membros do grupo no que diz respeito a factores pessoais e consciência social.

Ho: A pontuação média de Sensibilização Social não varia significativamente entre os membros para os factores pessoais seleccionados.

Tabela 4.12 ANOVA - Factor Pessoal Vs Social Awareness Score

73

Factores pessoais		N	Média	Desvio padrão	F Valor	t - Valor	P- Valor	S/NS
Idade	<25	24	38.542	4.482	3.103		0.027	S
	25-35	210	36.752	4.276				
	35-45	167	37.323	4.490				
	45-55	28	35.143	5.275				
Género	Sexo masculino	151	37.007	3.957		0.016	0.900	NS
	Feminino	278	36.950	4.737				
Estado Civil	Casado	342	36.810	4.517		2.157	0.143	NS
	Não casado	87	37.598	4.266				
Tipo de Família	Família Conjunta	197	36.827	4.424		0.368	0.544	NS
	Família Nuclear	232	37.091	4.521				
Tamanho da Família	2	16	40.125	3.914	4.627		0.001	S
	3	111	36.144	4.043				
	4	159	37.428	4.413				
	5	92	37.315	4.550				
	6 e Acima	51	35.726	4.936				
Rendimento mensal	Até Rs.20,000	165	36.576	4.831	1.344		0.260	NS
	Rs.20,001 - Rs.30,000	132	37.152	4.270				
	Rs.30,001 - Rs.40,000	57	36.667	3.671				
	Acima de Rs.40,000	75	37.747	4.521				
Factores pessoais		N	Média	Desvio padrão	F Valor	t - Valor	P- Valor	S/NS
Número de Membros Ganhadores	1	54	38.593	4.218	3.271		0.021	S
	2	273	36.612	4.306				
	3	70	37.329	4.218				
	4	32	36.500	6.112				
Rendimento familiar total	Até Rs.40,000	141	36.950	4.247	1.189		0.314	NS
	Rs.40,000 - Rs.60,000	112	36.839	4.210				
	Rs.60,001 - Rs.80,000	82	37.732	4.949				
	Acima de 80,001	94	36.489	4.658				
Residencial Área	Rural	121	36.579	4.813	3.762		0.024	S
	Urbano	224	36.737	4.466				
	Semi-Urban	84	38.155	3.785				

Fonte: Dados primários

A pontuação média de Sensibilização Social foi considerada elevada (38,542) para os professores na faixa etária inferior a 25 anos. A média elevada foi encontrada para os professores do sexo masculino (37,007) e para os membros que não são casados (37,598). Observou-se que as médias são elevadas (37,091) entre os professores da família nuclear. A média elevada foi encontrada para os professores com 2 membros da família (40,125), rendimento mensal acima de Rs. 40.000 (37,747) e número de membros que auferem rendimentos que se verificou serem um membro (38,593). Observou-se que as pontuações médias são elevadas (37.732) entre pessoas que ganham entre Rs.60001 e Rs. 80000 e membros residentes na área semi-urbana (38.155).

Os resultados da ANOVA acima indicados indicam que existe uma diferença significativa na pontuação média de Sensibilização Social entre os professores no que respeita aos diferentes factores pessoais, nomeadamente, grupo etário, tamanho da família, número de membros remunerados e área de residência. Por conseguinte, as hipóteses nulas são rejeitadas. A pontuação média não varia significativamente em caso de rendimento mensal e rendimento familiar total. Por conseguinte, as hipóteses nulas são aceites.

O resultado do teste t mostra que não há diferença significativa na pontuação média de Consciência Social entre i) Género ii) Estado civil iii) Tipo de família. Por conseguinte, as hipóteses nulas são aceites.

Observa-se do resultado que, os professores na faixa etária inferior a 25 anos & os professores residentes em área semi-urbana têm comparativamente mais notas de consciência social quando comparados com outros professores.

Factores de trabalho Vs Social Awareness Score

A ANOVA foi aplicada para descobrir se existe alguma diferença significativa na pontuação média entre os membros do grupo no que diz respeito a factores relacionados com o trabalho e a consciência social.

Ho: A pontuação média de Sensibilização Social não varia significativamente entre os membros do grupo para os factores de trabalho seleccionados.

Tabela 4.13 ANOVA - Factores de Trabalho e Sensibilização Social

Factores de trabalho		N	Média	Desvio padrão	F Valor	P- Valor	S/NS
Qualificação educacional	Pós-Graduação	21	36.8571	2.65115	0.256	0.774	NS
	M.Phil	207	36.8213	4.98073			
	Doutoramento	201	37.1343	4.06409			
	Total	429	36.9697	4.47334			
Natureza do emprego	Colégio do Governo	25	36.6800	4.97259	.057	.945	NS
	Colégio assistido	83	37.0120	4.70209			
	Colégio de Autofinanciamento	321	36.9813	4.38602			
	Total	429	36.9697	4.47334			
Designação	Professor Assistente	356	36.9719	4.60426	0.001	0.999	NS
	Professor Associado	55	36.9455	4.30941			
	Professor	18	37.0000	1.45521			
	Total	429	36.9697	4.47334			
Factores de trabalho		N	Média	Desvio padrão	F Valor	P- Valor	S/NS
Anos de experiência	Abaixo de 5 Anos	116	36.5776	4.74782	2.893	0.022	S
	6 - 10 Anos	150	36.6000	4.70470			
	11 -15 Anos	83	37.4940	3.48297			
	16 -20 Anos	54	38.5556	3.48402			
	Acima de 20 Anos	26	35.8846	5.68737			
	Total	429	36.9697	4.47334			
Departamento	Ciência básica	25	37.1600	4.65188	0.833	0.505	NS
	Artes	81	37.3210	4.75612			
	Informática	38	36.2895	5.21385			
	Comércio&	246	37.0894	4.27620			

	Gestão						
	Humanidades	39	36.0256	4.23946			
	Total	429	36.9697	4.47334			
Número de Membros do Departamento	Abaixo de 5	126	37.0317	4.51121	2.100	0.080	NS
	6 - 10	167	37.4611	4.71060			
	11 -15	106	36.2075	4.33747			
	16 -20	18	37.8333	3.32990			
	Acima de 20	12	34.9167	.79296			
	Total	429	36.9697	4.47334			

Fonte: Dados primários

O índice médio de Sensibilização Social foi considerado elevado (37,1343) para titulares de Ph.D. no que diz respeito à qualificação educacional. A média elevada foi encontrada para professores de faculdades Aided (37.0120) e, embora se considere a designação, é considerada elevada para professores (37.000). Observou-se que a média das pontuações é elevada (38.5556) para os professores com experiência entre 16 -20 anos. A média elevada foi encontrada para professores de artes (37,3210) e o número de membros no departamento é de 16 -20 membros (37,8333).

Os resultados da ANOVA acima indicados indicam que existe uma diferença significativa na pontuação média de Sensibilização Social entre os professores no que diz respeito ao factor relacionado com o trabalho, nomeadamente, anos de experiência. Por conseguinte, a hipótese nula é rejeitada. A pontuação média não varia significativamente em caso de qualificação educacional, natureza do emprego, designação, departamento e número de membros do departamento. Por conseguinte, as hipóteses nulas são aceites.

O resultado mostra que os professores com uma experiência entre 16 -20 anos são significativamente diferentes dos outros professores.

Estatística Descritiva - Gestão de Relacionamento

O quarto factor sob inteligência emocional é a Gestão da Relação que descreve, assertividade, construção de relações a longo prazo, impulsiona e motiva os outros, mantém a abertura, confiança e honestidade, catalisador da mudança, trabalha em equipa, estabelecendo e atingindo objectivos, é sensível às emoções dos outros e procura soluções para resolver problemas.

Quadro 4.14 Estatística descritiva - Gestão da Relação

	N	Mínimo	Máximo	Média	Std. Desvio
Ajudo activamente os outros a serem mais assertivos	429	1	5	4.10	.840
Posso estabelecer e construir uma relação de longo prazo	429	1	5	4.08	.877
Reconheço o que impulsiona e motiva os outros	429	1	5	4.06	.897
Posso desenvolver e manter a abertura, confiança e honestidade	429	1	5	4.12	.907
Posso agir como um catalisador de mudança	429	1	5	4.03	.897

Posso colaborar e trabalhar em equipa	429	1	5	4.20	.926
Posso estabelecer e alcançar objectivos	429	1	5	4.12	.906
Sou sensível às emoções e estados de ânimo dos outros	429	1	5	4.06	.882
Procuro activamente soluções e resolvo problemas sabendo quando lutar & quando se deve ir embora	429	1	5	4.06	.873

Fonte: Dados primários

A tabela acima mostra as classificações médias para a Gestão de Relacionamentos. A classificação mais elevada foi atribuída à declaração 'Posso colaborar e trabalhar em equipa'(4.20), seguida de 'Posso desenvolver e manter a abertura, confiança e honestidade' e 'Posso estabelecer e atingir objectivos'(4.12), 'Ajudo activamente os outros a serem mais assertivos'(4).10), 'Posso estabelecer e construir uma relação a longo prazo' (4.08), 'Reconheço o que impulsiona e motiva os outros', 'Sou sensível às emoções e humores dos outros' e 'Procuro activamente soluções e resolvo problemas sabendo quando lutar e quando me afastar'(4.06) e foi encontrada a pontuação mínima para a afirmação, 'Posso agir como um catalisador de mudança'(4.03). As conclusões revelam que, as pontuações são encontradas entre concordam em concordar fortemente. O que descreve que os professores têm uma boa relação com os seus co-professores e que são capazes de gerir um bom relacionamento dentro do departamento.

Factores Pessoais Vs Gestão de Relacionamento

ANOVA e t-Test foram aplicados para descobrir se existe alguma diferença significativa na pontuação média entre os membros do grupo no que diz respeito a factores pessoais e pontuação de gestão de relações.

Ho: A pontuação média da Gestão de Relacionamento não varia significativamente entre os membros para os factores pessoais seleccionados.

Tabela 4.15 ANOVA - Pontuação da Gestão de Factores Pessoais e Relacionamentos

Factores pessoais		N	Média	Desvio padrão	F Valor	t - Valor	P- Valor	S/NS
Idade	<25	24	37.125	4.919	0.808		0.490	NS
	25-35	210	37.214	4.871				
	35-45	167	36.563	7.639				
	45-55	28	35.464	8.257				
Género	Sexo masculino	151	37.358	5.795		1.552	0.214	NS
	Feminino	278	36.561	6.594				
Estado Civil	Casado	342	36.693	6.599		0.929	0.336	NS
	Não casado	87	37.425	5.121				
Factores pessoais		N	Média	Desvio padrão	F Valor	t - Valor	P- Valor	S/NS
Tipo de Família	Família Conjunta	197	36.965	5.826		0.137	0.711	NS
	Família Nuclear	232	36.737	6.737				
Tamanho da Família	2	16	40.000	2.608	4.546		0.001	S
	3	111	37.090	4.010				

77

	4	159	35.522	8.221				
	5	92	38.500	4.692				
	6 e Acima	51	36.431	6.136				
Rendimento mensal	Até Rs.20,000	165	36.903	5.145	3.523		0.015	S
	Rs.20, 001-Rs.30,000	132	37.742	4.727				
	Rs.30, 001-Rs.40,000	57	37.211	3.473				
	Acima de 40.000	75	34.840	10.894				
Número de Membros Ganhadores	1	54	33.685	11.287	8.396		0.000	S
	2	273	37.487	4.537				
	3	70	37.957	4.020				
	4	32	34.219	9.363				
Rendimento familiar total	Até Rs.40,000	141	37.348	4.827	7.052		0.000	S
	Rs.40, 000-Rs.60,000	112	36.884	4.411				
	Rs.60, 001-Rs.80,000	82	38.610	4.863				
	Acima de Rs.80,001	94	34.489	9.833				
Residencial Área	Rural	121	34.785	8.793	9.241		0.000	S
	Urbano	224	37.656	4.692				
	Semi-Urban	84	37.631	5.197				

Fonte: Dados primários

A pontuação média da Gestão de Relações foi considerada elevada (37,214) para os professores do grupo etário entre os 25 - 35 anos. A média elevada foi encontrada para os professores do sexo masculino (37,358) e para os membros que não são casados (37,425). Observou-se que as médias são elevadas (36,965) entre os professores da família conjunta. A média elevada foi encontrada para os professores que têm um tamanho familiar de 2 membros,rendimento mensal entre Rs. 20.001- Rs. 30000 (37.742) e o número de membros do agregado familiar com três (37.957). Observou-se que as notas médias são elevadas (38.610) entre as pessoas que ganham entre Rs. 60001- Rs. 80000 e os membros que vivem na área urbana (37.656).

Os resultados da ANOVA acima indicados indicam que existe uma diferença significativa na pontuação média da Gestão das Relações entre os professores no que diz respeito a diferentes factores pessoais, nomeadamente tamanho da família, rendimento mensal, número de membros remunerados, rendimento familiar total e área de residência. Por conseguinte, as hipóteses nulas são rejeitadas. A pontuação média não varia significativamente no caso do grupo etário. Por conseguinte, a hipótese nula é aceite.

O resultado do teste t mostra que não foi encontrada nenhuma diferença significativa na pontuação média da Gestão de Relações entre i) Sexo ii) Estado civil iii) Tipo de família. Por conseguinte, as hipóteses nulas são aceites.

Os factores pessoais, nomeadamente, tamanho da família, rendimento mensal, número de membros remunerados, rendimento familiar total e área de residência, desempenharam um papel vital na Gestão da Relação.

Factores de trabalho Vs Pontuação de Gestão de Relacionamento

A ANOVA foi aplicada para descobrir se existe alguma diferença significativa na pontuação média entre os membros do grupo no que diz respeito a factores relacionados com o trabalho e gestão de relações.

Ho: A pontuação média da Gestão de Relacionamento não varia significativamente entre os membros para os factores de trabalho seleccionados.

Tabela 4.16 ANOVA - Factores de trabalho e pontuação na gestão de relações

Factores de trabalho		N	Média	Desvio padrão	F Valor	P- Valor	S/NS
Qualificação educacional	Pós-Graduação	21	36.2381	2.89663	2.325	0.099	NS
	M.Phil	207	37.5217	5.11122			
	Doutoramento	201	36.2040	7.55203			
	Total	429	36.8415	6.32847			
Natureza do emprego	Colégio do Governo	25	35.7600	7.50156	10.635	.000	S
	Colégio assistido	83	34.1687	9.51612			
	Colégio de Autofinanciamento	321	37.6168	4.85730			
	Total	429	36.8415	6.32847			
Designação	Professor Assistente	356	36.6545	6.56678	1.083	0.339	NS
	Professor Associado	55	38.0000	4.40538			
	Professor	18	37.0000	6.40772			
	Total	429	36.8415	6.32847			
Anos de experiência	Abaixo de 5 Anos	116	36.2500	5.71934	3.093	0.016	S
	6 - 10 Anos	150	36.9067	5.34243			
	11 -15 Anos	83	38.0964	6.45739			
	16 -20 Anos	54	37.5926	6.28120			
	Acima de 20 Anos	26	33.5385	11.19011			
	Total	429	36.8415	6.32847			
Departamento	Ciência básica	25	31.0400	12.23206	7.887	0.000	S
	Artes	81	36.7654	6.59786			
	Informática	38	35.6842	7.05233			
	Comércio e Gestão	246	37.8252	4.54433			
	Humanidades	39	35.6410	7.22017			
	Total	429	36.8415	6.32847			
Número de Membros do Departamento	Abaixo de 5	126	35.5952	8.64516	3.140	0.015	S
	6 - 10	167	37.9162	4.57654			
	11 -15	106	36.9151	4.53582			
	16 -20	18	37.1111	7.21835			
	Acima de 20	12	33.9167	8.43648			
	Total	429	36.8415	6.32847			

Fonte: Dados primários

A pontuação média de Gestão de Relacionamento foi considerada elevada (37,5217) para titulares de M.Phil no que diz respeito à qualificação educacional. A média elevada foi encontrada para os professores que trabalham em escolas de Auto-Financiamento (37,6168) e, embora se considere a designação, é elevada para os professores associados (38,0000). Tem-se observado que a média das notas é elevada para os professores com experiência (38,0964) entre 11-15 anos. A média elevada foi encontrada para professores de Comércio e Gestão (37,8252) e o número de membros no departamento é encontrado entre 6 - 10 membros (37,9162).

Os resultados da ANOVA acima indicados indicam que existe uma diferença significativa na pontuação média de Gestão de Relações entre os professores no que diz respeito a diferentes factores relacionados com o trabalho, nomeadamente, natureza do emprego, anos de experiência, departamento e número de membros do departamento. Por conseguinte, as hipóteses nulas são rejeitadas. A pontuação média não varia significativamente em caso de qualificação educacional, designação. Por conseguinte, a hipótese nula é aceite.

Observa-se a partir dos resultados que os professores que trabalham em faculdades de auto-financiamento, com experiência entre 11-15 anos e os professores do departamento de comércio e gestão são significativamente diferentes dos outros professores.

Análise de Rank - Coeficiente de Concordância de Kendall

O Coeficiente de Concordância de Kendall foi utilizado para descobrir se as fileiras atribuídas pelos inquiridos têm quaisquer semelhanças. O Coeficiente de Concordância de Kendall (w) varia entre 0 e 1.Maior o valor de (w), maior a similaridade entre os inquiridos na atribuição de classificações. É aplicado para descobrir se os inquiridos atribuíram graus semelhantes na expressão da sua opinião.

Foi pedido aos inquiridos que classificassem um conjunto de 6 itens relativos à profissão docente. O item mais importante recebeu a classificação 1. O item menos importante deu a classificação de 6. Foram encontradas classificações médias para cada item e foram novamente ordenadas com base nos valores médios. Os detalhes são dados na tabela seguinte.

Tabela 4.17 Análise de Classificação para Selecção da Profissão Docente

Elementos	Posição média
Ambição	2.50
Paixão	2.62
Bom ambiente de trabalho	3.22
Segurança no Trabalho	4.08
Estatuto Social e Económico	3.76
Salário e benefícios	4.82

Fonte: Dados primários

Da tabela acima infere-se que a maioria dos inquiridos deu prioridade máxima para "Ambição" (2,50), 2nd prioridade para Paixão (2,62), 3rd prioridade para Bom Ambiente de Trabalho (3,22), 4th prioridade para Estatuto Social e Económico (3,76),5th prioridade para Segurança no Emprego (4,08), e deram prioridade final para Salário e Prestações (4,82).

O Coeficiente de Concordância de Kendall

Kendall's W	0. 229

O co-eficiente de concordância de Kendall (W) foi utilizado para descobrir se existe alguma semelhança entre os inquiridos na sua ordem de atribuição das fileiras. O de Kendall (W) variará entre 0 e 1. Mais elevado o valor de (w) mais será a semelhança entre os inquiridos na sua ordem de classificação. O W de Kendall encontrado para os 6 itens é 0,229. Isto mostra que existe uma semelhança muito baixa entre os inquiridos na atribuição das classificações.

Análise de Rank - Nível de Inteligência Emocional

A análise de Rank foi aplicada para encontrar o nível de inteligência emocional da faculdade. Dez elementos diferentes foram considerados para a análise.

Tabela 4.18 Análise de Classificação - Nível de Inteligência Emocional

Elementos	Posição média

Assertividade	6.37
Pensamento Positivo	3.32
Compreender e reagir às emoções dos outros	5.73
Construir uma relação a longo prazo	6.06
Auto-regulação	4.67
Autodisciplina e sentido do dever	4.41
Sentido de timing	5.53
Controlo de rendição	7.30
Sentido de Motivação	6.46
Auto-motivação	5.14

Fonte: Dados primários

Vê-se por cima da tabela que a classificação média mais baixa é de 3,32 para "Pensamento Positivo". Tem o valor de ordem mais alto de 1. A ordem média mais alta é de 7,30 é encontrada para 'Controlo de rendição'. Tem a classificação mais baixa de 10.

O Coeficiente de Concordância de Kendall

Kendall's W	0. 146

O co-eficiente de concordância de Kendall (W) foi utilizado para descobrir se existe alguma semelhança entre os inquiridos na sua ordem de atribuição das fileiras. O de Kendall (W) variará entre 0 e 1. Mais elevado o valor de (w) mais será a semelhança entre os inquiridos na sua ordem de classificação. O W de Kendall encontrado para os 10 itens é 0. 146. Isto mostra que existe uma semelhança muito baixa entre os inquiridos na atribuição das classificações.

Análise de Regressão - Inteligência Emocional

A inteligência emocional dos professores é influenciada por várias variáveis preditoras (variável independente) é explicada pela análise de regressão múltipla. A análise de regressão foi aplicada para encontrar o efeito dos factores de inteligência pessoal, relacionada com o trabalho e emocional dos professores. A pontuação encontrada para a inteligência emocional foi considerada como a variável dependente e as seguintes variáveis independentes foram identificadas para serem incluídas no modelo.

- Idade

- Género

- Estado Civil

- Tipo de Família

- Tamanho da Família

- Rendimento mensal

- Nº de Membros Ganhadores

- Rendimento familiar total

- Área Residencial

- Qualificação educacional

82

- Natureza do emprego

- Designação

- Departamento de Anos de Experiência

Quadro 4.19 Análise de regressão
Variável Dependente: Inteligência Emocional Global

	Coeficientes de Regressão (B)	Erro Std.	Beta	T	p-valor	Sig.
(Constante)	142.938	10.261				
Idade	-3.524	1.782	-.159	-1.978	.049	*
Género	-1.498	1.662	-.046	-.901	.368	NS
Estado Civil	4.253	2.110	.110	2.016	.044	*
Tipo de Família	-1.039	2.097	-.033	-.495	.621	NS
Tamanho da Família	-.421	1.064	-.028	-.395	.693	NS
Rendimento mensal	.702	.965	.050	.728	.467	NS
N° de Membros Ganhadores	-.180	1.209	-.009	-.149	.881	NS
Rendimento familiar total	-.326	.859	-.024	-.380	.704	NS
	Coeficientes de Regressão (B)	Erro Std.	Beta	T	p-valor	Sig.
Área Residencial	2.946	1.132	.130	2.602	.010	**
Qualificação educacional	.285	1.533	.011	.186	.853	NS
Natureza do emprego	3.093	1.545	.105	2.003	.046	*
Designação	.155	1.877	.005	.082	.934	NS
Anos de experiência	.700	.261	.264	2.679	.008	**
Departamento	.192	.724	.013	.265	.791	NS

(*5% nível significativo ;** 1% nível significativo; NS-NÃO Significativo)

Tabela 4.19 (a) R Valor quadrático

R	Praça R	F	P-valor	Sig.
.258	.066	2.104	0.011	*

(*-5% nível significativo ;** - 1% nível significativo; NS-Não Significativo)

O quadro 4.19 mostra os resultados da análise de regressão, dando detalhes dos coeficientes de correlação múltipla R, R2, F - razão e significância. O valor R indica que existe uma correlação baixa (0,258) entre as variáveis dependentes (pontuação global da inteligência emocional) e o conjunto de variáveis independentes, o que explica que 6 % das variações na variável dependente se devem às 6 variáveis preditoras incluídas na equação. O valor P (0,011) é utilizado para descobrir se o valor R é significativo ou não. O nível de significância associado indica que R é significativo ao nível de 5 %.

A variável, Tipo de família, teve um coeficiente de regressão negativo. (A variável foi codificada como família 0-Nuclear e família 1-Joint). Os resultados indicam que os inquiridos que são da família nuclear têm, em média, uma pontuação mais elevada de inteligência emocional, em comparação com os inquiridos da família conjunta.

A tabela de regressão mostra que entre as 14 variáveis independentes consideradas para a análise de regressão. As variáveis tais como, estado civil, área residencial, natureza do emprego e anos de experiência têm efeito positivo na pontuação global da inteligência emocional, o que significa que o aumento destas variáveis aumentará a pontuação da inteligência emocional proporcionalmente e a idade terá um efeito negativo na pontuação global da inteligência emocional.

Do co-eficiente Beta mostra que o ano de experiência é mais influente na pontuação global da inteligência emocional em comparação com outros factores/variáveis. A natureza do emprego é a variável que menos contribui para a pontuação global da inteligência emocional.

CAPÍTULO V
STRESS OCUPACIONAL DOS PROFESSORES

Stress ocupacional que está relacionado com o stress psicológico do trabalho. Este nível de stress inclui vários aspectos tais como, condições de trabalho, factores ambientais e stress em relação à responsabilidade atribuída. O objectivo 2 do estudo trata do stress ocupacional dos professores que trabalham em escolas de autofinanciamento. Foram identificados seis factores diferentes no âmbito do stress ocupacional, que incluem

> **Intrínseco no Trabalho**
> **Desenvolvimento de Carreira**
> **Relações Interpessoais**
> **Stress laboral**
> **Papel do stress**
> **Stress Climático Organizacional**

Estatística Descritiva - Intrínseca ao Trabalho

A Estatística Descritiva foi aplicada para encontrar as pontuações médias dos professores nos factores acima mencionados. Os factores são medidos pelas classificações dadas pelos inquiridos na técnica de escala de cinco pontos. As classificações são atribuídas como um para "discordar fortemente", dois para discordar, três para neutro, quatro para concordar e cinco para concordar fortemente. A pontuação elevada indica um elevado nível de Intrínseco no Trabalho em relação ao Stress Ocupacional.

Tabela 5.1 Estatísticas descritivas - Intrínsecas sobre o trabalho

Intrínseco ao trabalho	N	Mínimo	Máximo	Média	Std. Desvio
É o ambiente de trabalho causa stress	429	1	5	3.49	1.197
A tabela salarial/ pacote/ remuneração conduzem ao stress	429	1	5	3.52	1.229
O estatuto social do trabalho aumenta o stress	429	1	5	3.38	1.212
Será que a ambiguidade na partilha do trabalho causa stress?	429	1	5	3.44	1.148
Stress devido à pressão excessiva de trabalho	429	1	5	3.69	1.228

A estatística descritiva revela que, foi dada a classificação mais alta para a declaração "Stress devido a pressão excessiva do trabalho" (3,69) e foi encontrada a classificação mínima para a declaração "O estatuto social do trabalho aumenta o stress" (3,38). As pontuações situam-se entre três e quatro. A descoberta revela que os inquiridos concordam que se sentem stress no local de trabalho.

ANOVA

A ANOVA foi aplicada para encontrar a diferença significativa entre factores de Stress Ocupacional, tais como factores intrínsecos ao trabalho, desenvolvimento de carreira, relações interpessoais, stress no trabalho, stress de papéis, stress de clima organizacional, factores pessoais e relacionados com o trabalho.

O factor pessoal inclui idade, sexo, estado civil, tipo de família, tamanho da família, rendimento mensal, número de membros remunerados, rendimento familiar total e área residencial.

Um factor relacionado com o emprego inclui qualificação educacional, natureza do emprego, designação, anos de experiência, departamento e número de membros no departamento. **t - teste**

Foi aplicado um teste t pareado para testar a diferença, se houver, relativamente a i) Género ii) Estado civil iii) Tipo de família e os factores de stress ocupacional.

Factores pessoais Vs Intrínsecos do trabalho

ANOVA e t- Teste foi aplicado para descobrir se existe alguma diferença significativa na pontuação média entre os membros do grupo em relação ao pessoal e ao Intrínseco no Trabalho.

Ho: "As notas médias dos membros docentes para a pontuação Intrínseca de Emprego não variam significativamente para os factores pessoais seleccionados".

Factores pessoais		N	Média	Desvio padrão	F Valor	t - Valor	P- Valor	S/NS
Idade	<25	24	3.6667	.76139	2.947		0.033	S
	25-35	210	3.5667	.91360				
	35-45	167	3.3473	1.05561				
	45-55	28	3.8429	1.34809				
Género	Sexo masculino	151	3.5669	1.02565		.943	0.720	NS
	Feminino	278	3.4712	.99077				
Marital Estado	Casado	342	3.4567	1.05004		-2.375	0.048	S
	Não casado	87	3.6943	.76787				
Tipo de Família	Família Conjunta	197	3.4193	1.01551		-1.632	0.103	NS
	Família Nuclear	232	3.5776	.98869				
Tamanho da Família	2	16	3.1750	.98217	4.499		0.001	S
	3	111	3.6450	.83413				
	4	159	3.6063	1.00566				
	5	92	3.1543	1.02629				
	6 e Acima	51	3.6196	1.15257				
Rendimento mensal	Até Rs. 20,000	165	3.4764	1.02278	4.393		0.005	S
	Rs.20,001 - Rs.30,000	132	3.3955	.90003				
	Rs.30,001 - Rs.40,000	57	3.9404	.75400				
	Acima de 40.000	75	3.4293	1.20884				
Número de Membros Ganhadores	1	54	3.4407	.95592	.275		0.844	NS
	2	273	3.5355	.97601				
	3	70	3.4800	1.13516				
	4	32	3.4063	1.03672				
Rendimento familiar total	Até Rs.40,000	141	3.6582	.84938	2.578		0.053	S
	Rs.40,000 - Rs.60,000	112	3.3250	1.07958				
	Rs.60,000 - Rs.80,000	82	3.4268	1.12689				
	Acima de Rs.80,001	94	3.5574	.98193				
Área Residencial	Rural	121	3.6793	.94038	2.569		0.078	NS
	Urbano	224	3.4348	.95441				

	Semi-Urban	84	3.4405	1.18333				

A média de pontuação Intrínseca de Job foi considerada elevada para os professores na faixa etária entre os 45 - 55 anos (3,8429). A média elevada foi encontrada para os professores de ensino superior (3,5669) e para os membros que não são casados (3,6943). Observou-se que a média das pontuações é elevada (3,5776) entre os professores familiares nucleares. A média elevada foi encontrada para os professores com 3 membros da família (3,5776), rendimento mensal entre 30.001-Rs.40.000 (3,9404) e número de membros do agregado familiar com dois (3,5355). Observou-se que as notas médias são elevadas para professores que ganham até 40.000 rupias por mês como rendimento familiar (3,6582) e membros residentes na zona rural (3,6793).

Os resultados da ANOVA acima indicados indicam que existe uma diferença significativa na média Intrínseca de Pontos de Emprego entre os professores no que diz respeito a diferentes factores pessoais, nomeadamente, grupo etário, tamanho da família, rendimento mensal e rendimento familiar total. Por conseguinte, as hipóteses nulas são rejeitadas. A pontuação média não varia significativamente no caso do número de membros remunerados e da área de residência. Por conseguinte, as hipóteses nulas são aceites.

O resultado do teste t mostra que não há diferença significativa na pontuação média de Intrínseco de Emprego entre i) Género e ii) Tipo de família. Por conseguinte, as hipóteses nulas são aceites. Mas em caso de Estado Civil, a hipótese enquadrada foi rejeitada.

Os inquiridos que se encontram no grupo etário dos 45-50 anos, os membros que auferem rendimentos mensais entre Rs.30001- Rs.40000 e os membros que auferem até Rs.40000 como rendimento familiar total, variam comparativamente quando comparados com outros inquiridos.

Factores laborais e Intrínsecos do trabalho

ANOVA e t- Teste foi aplicado para descobrir se existe alguma diferença significativa na pontuação média entre os membros do grupo no que diz respeito aos factores relacionados com o trabalho e à pontuação intrínseca do trabalho .

Ho: "As notas médias dos membros docentes para o Intrínseco de Emprego não variam significativamente para os factores de trabalho seleccionados".

Factores de trabalho		N	Média	Desvio padrão	F Valor	P- Valor	S/NS
Qualificação educacional	Pós-Graduação	21	3.3714	.74104	3.463	0.032	S
	M.Phil	207	3.3874	.99769			
	Doutoramento	201	3.6398	1.01902			
	Total	429	3.5049	1.00303			
Natureza do emprego	Colégio do Governo	23	3.0957	1.23269	2.043	0.131	NS
	Colégio assistido	48	3.5083	1.05827			
	Colégio de	358	3.5307	.97653			

	Autofinanciamento						
	Total	429	3.5049	1.00303			
Designação	Professor Assistente	356	3.5326	.95685	2.192	0.113	NS
	Professor Associado	55	3.2582	1.33814			
	Professor	18	3.7111	.51437			
	Total	429	3.5049	1.00303			
Anos de experiência	Abaixo de 5 Anos	116	3.6638	1.03893	3.578	0.007	S
	6 - 10 Anos	150	3.2920	.84524			
	11 -15 Anos	83	3.5036	1.04455			
	16 -20 Anos	54	3.7852	.89767			
	Acima de 20 Anos	26	3.4462	1.46676			
	Total	429	3.5049	1.00303			
Departamento	Ciência Básica	25	3.2720	.96588	1.518	0.196	NS
	Artes	81	3.7259	.84525			
	Informática	38	3.4000	1.09643			
	Comércio e Gestão	246	3.4846	.98611			
	Humanidades	39	3.4256	1.27995			
	Total	429	3.5049	1.00303			
Número de Membros do Departamento	Abaixo de 5	126	3.5317	1.14882	4.820	0.001	S
	6 - 10	167	3.5473	.92858			
	11 -15	106	3.5774	.78961			
	16 -20	18	2.5111	1.49858			
	Acima de 20	12	3.4833	.10299			
	Total	429	3.5049	1.00303			

A média de pontuação Intrínseca de Job Score foi considerada elevada (3,6398) para titulares de Ph.D. no que diz respeito à qualificação educacional. A média elevada foi encontrada para professores do Colégio de Auto-Financiamento (3,5307) e, embora se considere a designação, é elevada para Professores (3,7111). Observou-se que a média das pontuações é elevada (3,7852) para os professores com experiência entre 16 -20 anos. A média elevada foi encontrada para os professores do departamento de Artes (3,7259) e o número de membros do departamento é de 11 -15 membros (3,5774).

Os resultados da ANOVA acima indicados indicam que existe uma diferença significativa na média Intrínseca de Pontuação de Emprego entre os professores no que diz respeito a diferentes factores relacionados com o trabalho, nomeadamente, qualificação educacional, anos de experiência e número de membros no departamento. Por conseguinte, as hipóteses nulas são rejeitadas. A pontuação média não varia significativamente no caso da natureza do emprego, designação e departamento. Por conseguinte, as hipóteses nulas são aceites.

Os factores de trabalho, nomeadamente, qualificação educacional, anos de experiência e número de membros do departamento, desempenharam um papel vital no Intrínseco do Job Score do stress ocupacional. Os professores com qualificações de doutoramento e os professores com menos de cinco anos de experiência sentiram-se mais intrínsecos ao stress do trabalho quando comparados com outros professores.

Estatística Descritiva - Desenvolvimento de Carreira

O factor considerado no Stress Ocupacional é o Desenvolvimento de Carreira que descreve, os obstáculos ao desenvolvimento da carreira, a gestão do trabalho, a interferência no trabalho, programadores de melhoria do corpo docente inadequados, falta de programas promocionais frequentes, felicitação discriminada por trabalho extra por parte dos colegas/superiores e esforços extras que precisam de ser feitos para provar a si próprios e o papel que os professores enfrentam. A estatística descritiva é apresentada no quadro seguinte.

Quadro 5.4 Estatística descritiva - Desenvolvimento de carreira

Desenvolvimento de Carreira	N	Mínimo	Máximo	Média	Std. Desvio
Estou a enfrentar os meus obstáculos ao desenvolvimento da carreira	429	1	5	3.57	1.084
Sinto que não estou totalmente qualificado para desempenhar a função	429	1	5	2.93	1.246
O meu trabalho tende a interferir com a minha vida pessoal	429	1	5	3.29	1.155
Programadores de melhoria da faculdade inadequados	429	1	5	3.25	1.135
Falta de programas promocionais frequentes	429	1	5	3.37	1.131
Felicitações discriminatórias por trabalho extra de colegas/superiores	429	1	5	3.44	1.108
Esforço extra que preciso de fazer para me provar e o meu papel pressiona-me	429	1	5	3.40	1.040

A classificação mais elevada foi encontrada para a afirmação "Estou a enfrentar os meus obstáculos no desenvolvimento da carreira" (3,44), seguida de "felicitação discriminada por trabalho extra de colegas/superiores". A pontuação mínima foi encontrada para a declaração: "Sinto que não estou totalmente qualificado para lidar com o trabalho" (2,93). O resultado revela que os professores enfrentam stress no desenvolvimento da carreira no seu trabalho.

Factores pessoais Vs Pontuação de Desenvolvimento de Carreira

A ANOVA foi aplicada para descobrir se existe alguma diferença significativa na pontuação média entre os membros do grupo no que diz respeito a factores pessoais, nomeadamente, grupo etário, sexo, estado civil, tipo de família, tamanho da família, rendimento mensal, número de membros remunerados, rendimento familiar total e área residencial e Career DevelopmentScore.

Foi aplicado um teste t pareado para testar a diferença, se houver, em relação a i) Género ii) Estado civil iii) Tipo de família e pontuação no desenvolvimento da carreira

Ho: A pontuação média de Desenvolvimento de Carreira não varia significativamente entre os membros para os factores pessoais seleccionados.

Factores pessoais		N	Média	Desvio padrão	F Valor	t - Valor	P- Valor	S/NS
Idade	<25	24	3.8393	.65711	7.537	0.000		S
	25-35	210	3.3966	.92056				
	35-45	167	3.1001	.92682				
	45-55	28	3.6122	.66423				
Género	Sexo masculino	151	3.3851	.98021		1.083	0.279	NS
	Feminino	278	3.2847	.88021				
Marital Estado	Casado	342	3.2264	.91839		-4.587	0.000	S
	Não casado	87	3.6880	.81646				
Tipo de Família	Família Conjunta	197	3.2400	.97099		-1.669	0.096	NS
	Família Nuclear	232	3.3879	.86439				

89

Tamanho da Família	2	16	2.9196	.78414	2.192	0.069	NS
	3	111	3.3835	.80305			
	4	159	3.4268	.98634			
	5	92	3.1630	.94916			
	6 e Acima	51	3.2577	.85525			
Rendimento mensal	Até Rs.20,000	165	3.3082	.92796	2.958	0.032	S
	Rs.20,001 - Rs.30,000	132	3.2489	.96884			
	Rs.30,001 - Rs.40,000	57	3.6441	.74824			
	Acima de Rs.40,000	75	3.2248	.87629			
Número de Membros Ganhadores	1	54	3.3598	.99546	1.466	0.223	NS
	2	273	3.2664	.92897			
	3	70	3.5184	.70916			
	4	32	3.2768	1.04849			
Rendimento familiar total	Até Rs.40,000	141	3.4853	.80629	2.504	0.059	NS
	Rs.40,000 - Rs.60,000	112	3.2321	1.05243			
	Rs.60,000 - Rs.80,000	82	3.1864	.94752			
	Acima de Rs.80,001	94	3.2933	.84745			
Área Residencial	Rural	121	3.4970	.84698	9.281	0.000	S
	Urbano	224	3.1416	.91167			
	Semi-Urban	84	3.5408	.93955			

O índice médio de desenvolvimento de carreira foi considerado elevado para professores (3,8393) no grupo etário até aos 25 anos de idade. A média elevada foi encontrada para professores do sexo masculino (3,3851) e para os membros que não são casados (3,6880). Observou-se que as pontuações médias são elevadas (3,3879) entre a família nuclear. A média elevada foi encontrada para professores com 4 membros da família (3,4268), rendimento mensal entre Rs. 30,001 e Rs.40,000 (3,6441), número de membros com rendimentos elevados para professores com três membros da família (3,5184). Observou-se que as notas médias são elevadas para os professores (3,4853) com rendimentos até 40.000 rupias por mês e membros residentes em zonas semi-urbanas (3,5408).

Os resultados da ANOVA acima indicados indicam que existe uma diferença significativa na pontuação média de desenvolvimento de carreira entre os professores no que diz respeito a diferentes factores pessoais, nomeadamente, grupo etário, rendimento mensal e área de residência. Por conseguinte, as hipóteses nulas são rejeitadas. A pontuação média não varia significativamente em caso de, tipo de família, rendimento mensal, número de membros remunerados e rendimento familiar total. Por conseguinte, as hipóteses nulas são aceites.

O resultado do teste t mostra que não foi encontrada nenhuma diferença significativa na pontuação média do Índice de Desenvolvimento de Carreira entre género e tipo de família. Por conseguinte, as hipóteses nulas são aceites. Mas em caso de estado civil, a hipótese é rejeitada.

Factores de trabalho e pontuação no desenvolvimento de carreira

ANOVA e t- Teste foi aplicado para descobrir se existe alguma diferença significativa na pontuação média entre os membros do grupo no que diz respeito a factores relacionados com o trabalho, nomeadamente, qualificação educacional, natureza do emprego, designação, anos de experiência, departamento e número de membros do departamento no que diz respeito à pontuação de desenvolvimento de carreira dos profissionais docentes.

Ho: A pontuação média de Desenvolvimento de Carreira não varia significativamente entre os membros para os factores de trabalho seleccionados.

Tabela 5.6 ANOVA - Factores de trabalho e pontuação no desenvolvimento de carreira

Factores de trabalho		N	Média	Desvio padrão	F Valor	P- Valor	S/NS
Qualificação educacional	Pós-Graduação	21	3.3946	.93885	.936	0.393	NS
	M.Phil	207	3.2574	.96135			
	Doutoramento	201	3.3767	.86641			
	Total	429	3.3200	.91677			
Natureza do emprego	Colégio do Governo	23	2.9193	.85695	7.059	0.001	S
	Colégio assistido	48	3.7173	.68575			
	Colégio de Autofinanciamento	358	3.2925	.93173			
	Total	429	3.3200	.91677			
Designação	Professor Assistente	356	3.3539	.92851	1.979	0.139	NS
	Professor Associado	55	3.0909	.92841			
	Professor	18	3.3492	.47310			
	Total	429	3.3200	.91677			
Anos de experiência	Abaixo de 5 Anos	116	3.4840	.95018	2.781	0.139	NS
	6 - 10 Anos	150	3.1429	.90457			
	11 -15 Anos	83	3.3184	1.01343			
	16 -20 Anos	54	3.3545	.72192			
	Acima de 20 Anos	26	3.5440	.71943			
	Total	429	3.3200	.91677			
Departamento	Ciência básica	25	3.5029	1.04501	.818	0.514	NS
	Artes	81	3.3968	.85147			
	Informática	38	3.1391	.90928			
	Comércio e Gestão	246	3.2973	.92530			
	Humanidades	39	3.3626	.92341			
	Total	429	3.3200	.91677			
Número de Membros do Departamento	Abaixo de 5	126	3.2834	1.02459	4.513	0.001	S
	6 - 10	167	3.5141	.84792			
	11 -15	106	3.1604	.75739			
	16 -20	18	2.7698	1.07256			
	Acima de 20	12	3.2381	1.15470			
	Total	429	3.3200	.91677			

O índice médio de desenvolvimento de carreira foi considerado elevado (3,3946) para os professores titulares do grau de Pós-Graduação. A média elevada foi encontrada para o Colégio Aided (3,7173) e enquanto se considera a designação foi encontrada elevada para os Professores Assistentes (3,3539). Observou-se que a média das pontuações é elevada para professores (3,5440) acima dos 20 anos de experiência. A média elevada foi encontrada para professores de Ciências Básicas (3,5029) e o número de membros no departamento é encontrado entre 6 - 10 membros no departamento (3,5141).

Os resultados da ANOVA acima indicados indicam que existe uma diferença significativa na pontuação média de desenvolvimento de carreira entre os professores no que diz respeito a diferentes factores relacionados com o trabalho, nomeadamente, a natureza do departamento de emprego e o número de membros do departamento. Por conseguinte, as hipóteses nulas são rejeitadas. A pontuação média não varia significativamente em caso de qualificação educacional, designação, anos de experiência e departamento. Por conseguinte, as hipóteses nulas são aceites.

Os factores relacionados com o trabalho, nomeadamente, a natureza do departamento de emprego e o número de membros do departamento, desempenharam um papel vital no Índice de Desenvolvimento de Carreira de stress ocupacional. Assim, estes factores têm diferido significativamente na pontuação do desenvolvimento da carreira dos professores. Os professores que trabalham nas faculdades Aided experimentam comparativamente stress de desenvolvimento de carreira.

Estatística descritiva - Relações interpessoais

O factor considerado no Stress Ocupacional é o Relacionamento Interpessoal que descreve, o comportamento afectuoso dos colegas, os conselhos dos colegas, a relação com os seus superiores, a fé concedida pelo superior, sentir-se livre para discutir problemas pessoais com subordenados e extrair trabalho de subordenados. A estatística descritiva é apresentada no quadro seguinte.

Tabela 5.7 Estatísticas descritivas- Relações interpessoais

Relações Interpessoais	N	Mínimo	Máximo	Média	Std. Desvio
O comportamento afectuoso dos meus colegas é inimaginável para mim	429	1	5	3.48	.994
O conselho dos meus colegas quando estou em apuros é sanidade na minha vida	429	1	5	3.51	.946
A minha relação com o meu superior causa uma grande ansiedade	429	1	5	3.50	1.022
A fé que me foi concedida pelo superior é encorajadora	429	1	5	3.58	1.031
Os meus subdistritos sentem-se à vontade para discutir comigo os seus problemas pessoais	429	1	5	3.86	.972
Extrair trabalho das minhas subordenações é uma provação para mim	429	1	5	3.57	.973

A classificação mais alta foi atribuída à declaração "Os meus subordinados sentem-se livres para discutir comigo os seus problemas pessoais" (3,86), seguida de "A fé que me foi concedida pelo superior é encorajadora" e a última pontuação foi encontrada para a declaração "O comportamento afectuoso dos meus colegas é inimaginável para mim" (3,48). A pontuação situa-se entre 3 e 4. Assim, infere-se que os professores têm uma boa relação interpessoal com os seus superiores, colégios e subordinados.

Factores pessoais Vs Pontuação de Relacionamento Interpessoal

ANOVA e foi aplicada para descobrir se existe alguma diferença significativa na pontuação média entre os membros do grupo no que diz respeito a factores pessoais, nomeadamente, grupo etário, tamanho da família, rendimento mensal, número de membros remunerados, rendimento familiar total e área residencial, no que diz respeito à pontuação do relacionamento interpessoal de Desempenho de Trabalho para profissionais docentes.

Foi aplicado um teste t pareado para testar a diferença, se houver, em relação a i) Género ii) Estado Civil iii) Tipo de família e a Pontuação da Relação Interpessoal.

Ho: As pontuações médias da relação interpessoal não variam significativamente entre os membros para os factores pessoais seleccionados.

Tabela 5.8 ANOVA - Factor Pessoal e Pontuação da Relação Interpessoal

Actores pessoais F		N	Média	Desvio padrão	F Valor	t - Valor	P- Valor	S/NS
Idade	<25	24	3.9236	.62163	5.263		0.001	S
	25-35	210	3.6508	.73531				
	35-45	167	3.4182	.84863				
	45-55	28	3.7738	.57951				
Género	Sexo masculino	151	3.6578	.77455		1.458	0.146	NS
	Feminino	278	3.5432	.78002				
Marital Estado	Casado	342	3.5112	.77721		-3.874	0.000	S
	Não casado	87	3.8678	.72343				
Tipo de Família	Família Conjunta	197	3.5423	.74548		-1.010	0.313	NS
	Família Nuclear	232	3.6185	.80654				
Tamanho da Família	2	16	4.2083	.52529	4.870		0.001	S
	3	111	3.7357	.70226				
	4	159	3.5073	.78294				
	5	92	3.4565	.87457				
	6 e Acima	51	3.5229	.68639				
Rendimento mensal	Até Rs.20,000	165	3.5505	.84312	.294		0.829	NS
	Rs.20,001 - Rs.30,000	132	3.5795	.69971				
	Rs.30,001 - 40,000	57	3.5994	.86193				
	Acima de Rs.40,000	75	3.6511	.70667				
Número de Membros Ganhadores	1	54	3.5401	.63273	.756		0.520	NS
	2	273	3.5812	.77057				
	3	70	3.6857	.89665				
	4	32	3.4531	.80793				
Rendimento familiar total	Até Rs.40,000	141	3.7541	.65422	3.626		0.013	S
	Rs.40,000 - Rs.60,000	112	3.4777	.96601				
	Rs.60,000 - Rs.80,000	82	3.5569	.71205				
	Acima de Rs.80,001	94	3.4770	.72405				
Área Residencial	Rural	121	3.6047	.72621	2.996		0.051	S
	Urbano	224	3.5097	.70448				
	Semi-Urban	84	3.7500	.99547				

A pontuação média de relacionamento interpessoal foi considerada elevada para os professores (3,9236) na faixa etária até aos 25 anos. A média elevada foi encontrada para os professores masculinos (3,6578) e para os professores que não são casados (3,8678). Observou-se que as médias são elevadas para os professores (3,6185) na família nuclear. A média elevada foi encontrada para o tamanho da família de 2 membros (4,2083), rendimento mensal acima de Rs. 40.000 (3,6511) e número de membros que auferem rendimentos, encontrado em três membros da família (3,6857). Observou-se que as pontuações médias são elevadas (3,7541) entre os professores que ganham até 40.000 rupias por mês e os membros residentes na área semi-urbana (3,7500).

Os resultados da ANOVA acima indicados indicam que existe uma diferença significativa na pontuação média da relação interpessoal entre os professores no que diz respeito a diferentes factores pessoais, nomeadamente grupo etário, tamanho da família, rendimento familiar total e área de residência. Por conseguinte, as hipóteses nulas são rejeitadas. A pontuação média não varia significativamente no caso do rendimento mensal e do número de membros remunerados. Por conseguinte, a hipótese nula é aceite.

O resultado do teste t mostra que não foi encontrada nenhuma diferença significativa na pontuação média da Pontuação da Relação Interpessoal entre Género e Tipo de Família. Por conseguinte, as hipóteses nulas são aceites. Mas em caso de estado civil, a hipótese é rejeitada.

Os factores pessoais, nomeadamente, grupo etário, estado civil, tamanho da família, rendimento familiar total e área de residência, desempenharam um papel vital na relação interpessoal dos professores. Assim, estes factores diferiram significativamente na Pontuação da Relação Interpessoal de Professores em Stress Ocupacional. Os professores que se encontram na faixa etária inferior a 25 anos têm uma boa relação interpessoal do que os outros professores.

Factores de trabalho e pontuação na relação interpessoal

ANOVA e t- Teste foi aplicado para descobrir se existe alguma diferença significativa na pontuação média entre os membros do grupo no que diz respeito a factores relacionados com o trabalho, nomeadamente, qualificação educacional, natureza do emprego, designação, anos de experiência, departamento e número de membros do departamento no que diz respeito à Pontuação de Relacionamento Interpessoal com Profissionais Docentes.

Ho: A pontuação média da relação interpessoal não varia significativamente entre os membros para os factores de trabalho seleccionados.

Tabela 5.9 ANOVA - Factores de trabalho e pontuação da relação interpessoal

Factores de trabalho		N	Média	Desvio padrão	F Valor	P- Valor	S/NS
Qualificação educacional	Pós-Graduação	21	3.9206	.67210	3.079	0.047	S
	M.Phil	207	3.5129	.83469			
	Doutoramento	201	3.6211	.71956			
	Total	429	3.5835	.77913			
Natureza do emprego	Colégio do Governo	23	3.2971	.84231	4.380	0.013	S
	Colégio assistido	48	3.8437	.50225			
	Colégio de Autofinanciamento	358	3.5670	.79760			
	Total	429	3.5835	.77913			
Designação	Professor Assistente	356	3.5946	.78271	2.772	0.064	NS
	Professor Associado	55	3.4121	.84123			
	Professor	18	3.8889	.21390			
	Total	429	3.5835	.77913			
Anos de experiência	Abaixo de 5 Anos	116	3.6968	.77945	3.918	0.004	S
	6 - 10 Anos	150	3.3967	.83694			
	11 -15 Anos	83	3.6968	.72422			

	16 -20 Anos	54	3.5710	.61821		
	Acima de 20 Anos	26	3.8205	.72253		
	Total	429	3.5835	.77913		
Departamento	Ciência básica	25	3.4667	.79640	1.532	0.192	NS
	Artes	81	3.5720	.71051		
	Informática	38	3.3202	.85983		
	Comércio e Gestão	246	3.6369	.79726		
	Humanidades	39	3.6026	.67713		
	Total	429	3.5835	.77913		
Número de Membros do Departamento	Abaixo de 5	126	3.6772	.72961	4.177	0.002	S
	6 - 10	167	3.6267	.76643		
	11 -15	106	3.5267	.70491		
	16 -20	18	2.9167	1.29384		
	Acima de 20	12	3.5000	.69267		
	Total	429	3.5835	.77913		

A média de pontos de relacionamento interpessoal foi considerada elevada (3,9206) para titulares de Pós-Graduação no que diz respeito à qualificação educacional. A média elevada foi encontrada para professores das Escolas Ajudadas (3,8437) e, embora se considere a designação, é elevada para Professores (3,8889). Observou-se que a média das pontuações é elevada para os professores (3,8205) acima dos 20 anos de experiência. A média elevada foi encontrada para professores de comércio e gestão (3,6369) e o número de membros no departamento é elevado para menos de 5 membros no departamento (3,6772).

Os resultados da ANOVA acima indicados indicam que existe uma diferença significativa na pontuação média do relacionamento interpessoal entre os professores no que diz respeito a diferentes factores de trabalho, nomeadamente, qualificação educacional, natureza do departamento de emprego, anos de experiência e número de membros do departamento. Por conseguinte, as hipóteses nulas são rejeitadas. A pontuação média não varia significativamente em caso de designação e departamento. Por conseguinte, as hipóteses nulas são aceites.

Os factores relacionados com o trabalho, nomeadamente, qualificação educacional, natureza do departamento de emprego, anos de experiência e número de membros do departamento desempenharam um papel vital na Pontuação das Relações Interpessoais de stress ocupacional. Assim, estes factores diferiram significativamente na Pontuação de Relacionamento Interpessoal dos professores. Aqueles que têm um diploma de pós-graduação, os professores que trabalham em faculdades assistidas, os professores com mais de 20 anos de experiência têm uma relação interpessoal de deus do que outros professores.

Estatística descritiva - Stress laboral

O factor considerado no Stress Ocupacional é o Stress Laboral que descreve, o trabalho de natureza complexa, a espera de relaxamento, a manutenção sempre ocupada para cumprir os prazos, a força para começar a trabalhar, as normas e as expectativas, que reduzem o entusiasmo. A estatística descritiva é apresentada na tabela seguinte.

Quadro 5.10 Estatísticas descritivas - Stress laboral

Stress laboral	N	Mínimo	Máximo	Média	Std. Desvio
A natureza complexa do meu trabalho não me confunde	429	1	5	3.67	.935
Estou à espera que chegue o dia em que possa relaxar	429	1	5	3.62	1.077
Estou farto de me manter sempre ocupado para cumprir prazos	429	1	5	3.55	1.094
A maior parte das vezes tenho de me forçar a começar a trabalhar	429	1	5	3.53	1.101
As normas e as expectativas colocam um freio ao meu entusiasmo	429	1	5	3.49	1.056
O tempo passa sem o meu aviso prévio todos os dias no meu trabalho	429	1	5	3.58	1.086

A classificação mais elevada foi encontrada para a afirmação "A natureza complexa do meu trabalho não me confunde" (3,67 seguida de "Estou à espera do dia em que possa relaxar" e a classificação mais baixa foi encontrada para a afirmação "As normas e as expectativas limitam o meu entusiasmo" (3,49).

Factores pessoais Vs Stress de trabalho Pontuação

ANOVA e t- Teste foi aplicado para descobrir se existe alguma diferença significativa na pontuação média entre os membros do grupo no que diz respeito a factores pessoais, nomeadamente, grupo etário, tamanho da família, rendimento mensal, número de membros remunerados, rendimento familiar total e pontuação de stress residencial e laboral dos profissionais docentes.

Foi aplicado um teste t pareado para testar a diferença, se houver, em relação a i) Género ii) Estado Civil iii) Tipo de família e a Nota de Stress no Trabalho.

Ho: A pontuação média de Stress de Trabalho não varia significativamente entre os membros para os factores pessoais seleccionados.

Factores pessoais		N	Média	Desvio padrão	F Valor	t - Valor	P- Valor	S/NS
Idade	<25	24	3.6597	.58458	3.503	0.016	S	
	25-35	210	3.6087	.85991				
	35-45	167	3.4481	.93352				
	45-55	28	3.9881	.65409				
Género	Sexo masculino	151	3.5916	.90588		.311	0.756	NS
	Feminino	278	3.5641	.85676				
Marital Estado	Casado	342	3.5434	.88817		1.518	0.131	NS
	Não casado	87	3.6935	.80650				
Tipo de Família	Família Conjunta	197	3.4162	.87589		3.488	0.001	S
	Família Nuclear	232	3.7076	.85047				
Tamanho da Família	2	16	4.0208	.49394	3.707	0.006	S	
	3	111	3.6787	.82808				
	4	159	3.6205	.89319				
	5	92	3.3152	.89308				
	6 e Acima	51	3.5261	.86883				
Rendimento mensal	Até Rs.20,000	165	3.5121	.87586	4.109	0.007	S	
	Rs.20,001 - Rs.30,000	132	3.4533	.86255				
	Rs.30,001 - Rs.40,000	57	3.6491	.79911				

	Acima de Rs.40,000	75	3.8644	.88730				
Número de Membros Ganhadores	1	54	3.5802	.94766	1.210		0.306	NS
	2	273	3.5244	.87413				
	3	70	3.7452	.79081				
	4	32	3.6094	.90063				
Rendimento familiar total	Até Rs 40,000	141	3.6312	.82226	2.230		0.084	NS
	Rs.40,000 - Rs.60,000	112	3.3914	.94591				
	Rs.60,000 - Rs.80,000	82	3.6463	.82377				
	Acima de Rs.80,001	94	3.6418	.88292				
Área Residencial	Rural	121	3.5854	.86043	.919		0.400	NS
	Urbano	224	3.5283	.84569				
	Semi-Urban	84	3.6786	.96171				

A pontuação média de stress no trabalho tem sido elevada no grupo etário entre 45 anos e 55 anos (3,9881). A média elevada foi encontrada para os professores masculinos (3,5916) e para os professores que não são casados (3,6935). Observou-se que as médias são elevadas entre os professores familiares nucleares (3,7076). A média elevada foi encontrada para o tamanho familiar de 2 membros (4.0208), rendimento mensal acima de Rs.40.000 (3.8644) e número de membros com rendimentos elevados na família de três membros com rendimentos elevados (3.7452). Observou-se que as pontuações médias são elevadas (3,6463) entre os professores que ganham entre Rs.60,001- Rs.80,000 por mês e os membros residentes na zona semi-urbana (3,6786).

Os resultados da ANOVA acima indicam que existe uma diferença significativa na pontuação média de stress no trabalho entre os professores em relação a diferentes factores pessoais, nomeadamente grupo etário, tipo de família, tamanho da família e rendimento mensal. Por conseguinte, as hipóteses nulas são rejeitadas. A pontuação média não varia significativamente no caso do número de membros remunerados, rendimento familiar total e área de residência. Por conseguinte, as hipóteses nulas são aceites.

O resultado do teste t mostra que não foi encontrada nenhuma diferença significativa na pontuação média da pontuação de Stress no Trabalho entre i) Género e ii) Estado Civil. Por conseguinte, as hipóteses nulas são aceites. Mas no caso do tipo de família, a hipótese é rejeitada.

Os factores pessoais, nomeadamente, grupo etário, tipo de família, tamanho da família e rendimento mensal, desempenharam um papel vital na pontuação de stress no trabalho de stress ocupacional. Assim, estes factores diferiram significativamente na pontuação de stress no trabalho dos professores com idades compreendidas entre os 45-55 anos, os professores com um rendimento de Rs.20,000 -30,000 e os professores da família nuclear sentiram mais stress no trabalho do que outros professores.

Factores de trabalho e pontuação de stress no trabalho

ANOVA e t- Teste foi aplicado para descobrir se existe alguma diferença significativa na pontuação média entre os membros do grupo no que diz respeito a factores de trabalho, nomeadamente, qualificação educacional, natureza do emprego, designação, anos de experiência, departamento e número de membros do departamento no que diz respeito à pontuação de stress no trabalho para profissionais docentes.

Ho: A pontuação média de Stress de Trabalho não varia significativamente entre os membros para os factores relacionados com o trabalho seleccionado.

Factores de trabalho		N	Média	Desvio padrão	F Valor	P- Valor	S/NS
Qualificação educacional	Pós-Graduação	21	3.7302	.63350	2.139	0.119	NS
	M.Phil	207	3.4855	.87581			
	Doutoramento	201	3.6484	.88660			
	Total	429	3.5738	.87341			
Natureza do emprego	Colégio do Governo	23	3.4203	1.06348	8.659	0.000	S
	Colégio assistido	48	4.0556	.64534			
	Colégio de Autofinanciamento	358	3.5191	.86851			
	Total	429	3.5738	.87341			
Designação	Professor Assistente	356	3.5852	.85931	6.177	0.002	S
	Professor Associado	55	3.3182	.97303			
	Professor	18	4.1296	.48694			
	Total	429	3.5738	.87341			
Anos de experiência	Abaixo de 5 Anos	116	3.5948	.84162	5.865	0.000	S
	6 - 10 Anos	150	3.4133	.85131			
	11 -15 Anos	83	3.5181	.96167			
	16 -20 Anos	54	3.7407	.70314			
	Acima de 20 Anos	26	4.2372	.84613			
	Total	429	3.5738	.87341			
Departamento	Ciência Básica	25	3.6600	1.19362	.600	0.663	NS
	Artes	81	3.5947	.84736			
	Informática	38	3.3904	.91965			
	Comércio e Gestão	246	3.5718	.84477			
	Humanidades	39	3.6667	.84119			
	Total	429	3.5738	.87341			
Número de Membros do Departamento	Abaixo de 5	126	3.7235	.88723	6.393	0.000	S
	6 - 10	167	3.6697	.81310			
	11 -15	106	3.4214	.83862			
	16 -20	18	2.9907	1.02337			
	Acima de 20	12	2.8889	.85968			
	Total	429	3.5738	.87341			

O índice médio de stress no trabalho foi considerado elevado (3.7302) para titulares de Pós-Graduação no que diz respeito à qualificação educacional. A média elevada foi encontrada para professores do Aided College (4,0556) e, embora se considere a designação, é elevada para Professores (4,1296). Observou-se que as médias são elevadas para os professores com (4.2372) mais de 20 anos de experiência. A média elevada foi encontrada para os professores do departamento de Humanidades (3,6667), o número de membros no departamento é inferior a 5 membros no departamento (3,7235).

Os resultados da ANOVA acima indicados indicam que existe uma diferença significativa na pontuação média de stress no trabalho entre os professores no que diz respeito a diferentes factores relacionados com o trabalho, nomeadamente natureza do emprego, designação, anos de experiência e número de membros no departamento. Por conseguinte, as hipóteses nulas são rejeitadas. A pontuação média não varia significativamente no caso da qualificação educacional e do departamento. Por conseguinte, as hipóteses nulas são aceites.

Os factores relacionados com o trabalho, nomeadamente, natureza do departamento de emprego, designação, anos de experiência e número de membros do departamento, desempenharam um papel vital na Pontuação de Stress no Trabalho do stress ocupacional. Assim, estes factores têm diferido significativamente na pontuação de stress no trabalho dos professores em stress ocupacional. Os professores que trabalham em faculdades assistidas, os professores que são professores associados e têm uma experiência de mais de 20 anos são sentidos como mais stress no trabalho quando comparados com outros professores.

Estatística descritiva - Estresse de papel

O factor considerado no Stress Ocupacional é o Stress de Papel que descreve, sacrifica os valores para cumprir as obrigações de papel, constrangido no cumprimento do papel devido à falta de conhecimento e habilidade, fluxo de informação deficiente que restringe a produção, instrução contraditória dada por diferentes membros da organização relativamente ao trabalho e exposto a oportunidades para aumentar a eficiência. A estatística descritiva é apresentada no quadro seguinte.

Quadro 5.13 Estatística descritiva - Estresse de papel

Papel do stress	N	Mínimo	Máximo	Média	Std. Desvio
Preciso de sacrificar os meus valores para cumprir as minhas obrigações de papel	429	1	5	3.40	1.120
Estou restringido no cumprimento do meu papel, devido à falta de conhecimento e habilidade	429	1	5	3.04	1.213
Sinto-me preocupado devido ao deficiente fluxo de informação que restringe a minha produção	429	1	5	3.10	1.237
Fico perplexo com as instruções contraditórias dadas por diferentes membros da organização relativamente ao meu trabalho	429	1	5	3.38	1.122
Estou exposto a oportunidades para melhorar a minha eficiência	429	1	5	3.52	1.058
Incidentes repetidos em que as minhas contribuições são levadas muito levianamente me deixam de fora	429	1	5	3.41	1.168

A classificação mais elevada foi atribuída à declaração "Estou exposto a oportunidades para melhorar a minha eficiência" (3,52), seguida de "Incidentes repetidos em que as minhas contribuições são levadas muito levianamente me afastam"(3,41) e a pontuação mínima foi encontrada para a declaração, "Estou restringido no cumprimento do meu papel, devido à falta de conhecimentos e de capacidades"(3,04). O resultado revela que os professores concordaram que eles têm stress no seu local de trabalho.

Factores Pessoais Vs Papel Stress Score

A ANOVA foi aplicada para descobrir se existe alguma diferença significativa na pontuação média entre os membros do grupo no que respeita a factores pessoais, nomeadamente, grupo etário, tamanho da família, rendimento mensal, número de membros remunerados, rendimento familiar total e área residencial, no que respeita à pontuação de Stress Profissional para profissionais do ensino.

Foi aplicado um teste t pareado para testar a diferença, se houver, em relação a i) Género ii) Estado civil iii) Tipo de família e a pontuação de Stress de Papel.

Ho: A pontuação média de Stress de Papel não varia significativamente entre os membros para os factores pessoais seleccionados.

Factores pessoais		N	Média	Desvio padrão	F Valor	t - Valor	P- Valor	S/NS
Idade	<25	24	3.9097	.52700	12.869		0.000	S
	25-35	210	3.4571	.89464				
	35-45	167	2.9870	.97783				
	45-55	28	3.6012	1.06414				
Género	Sexo masculino	151	3.3985	.96205		1.424	0.155	NS
	Feminino	278	3.2602	.95991				
Marital Estado	Casado	342	3.2320	.98521		-3.321	0.001	S
	Não casado	87	3.6111	.79957				
Tipo de Família	Família Conjunta	197	3.2978	1.01624		-.219	0.827	NS
	Família Nuclear	232	3.3182	.91518				
Tamanho da Família	2	16	3.7396	.39426	.858		0.489	NS
	3	111	3.3018	.78961				
	4	159	3.2966	1.06184				
	5	92	3.2645	1.09113				
	6 e Acima	51	3.3072	.84088				
Rendimento mensal	Até Rs.20,000	165	3.4707	.88056	4.490		0.004	S
	Rs.20,001 - Rs.30,000	132	3.1932	.88930				
	Rs.30,001 - Rs.40,000	57	3.4474	1.06167				
	Acima de Rs.40,000	75	3.0511	1.10213				
Número de Membros Ganhadores	1	54	2.8796	1.23345	4.469		0.004	S
	2	273	3.3516	.86524				
	3	70	3.4619	1.05378				
	4	32	3.3333	.86032				
Rendimento familiar total	Até Rs.40,000	141	3.5260	.89205	4.740		0.003	S
	Rs.40,000 - Rs.60,000	112	3.2128	1.00005				
	Rs.60,000 - Rs.80,000	82	3.3333	.79823				
	Acima de Rs.80,001	94	3.0762	1.08307				
Área Residencial	Rural	121	3.2769	1.05399	4.246		0.015	S
	Urbano	224	3.2254	.88284				
	Semi-Urban	84	3.5774	.98837				

A pontuação média de Stress de Papel foi considerada elevada (3,9097) no grupo etário até

100

aos 25 anos. A média elevada foi encontrada para os professores masculinos (3,3985) e os membros que não são casados (3,6111). Observou-se que as médias são elevadas para os professores (3,3182) na família nuclear. A média elevada foi encontrada para professores com 2 membros da família (3,7396) e rendimentos mensais até Rs.20,000 (3,4707). Encontram-se as pontuações elevadas para professores com três membros que auferem rendimentos na família (3,4619). Observou-se que as pontuações médias são elevadas (3,5260) entre as pessoas que ganham até Rs.40,001 por mês e os membros residentes na área semi-urbana (3,5774).

Os resultados da ANOVA acima indicados indicam que existe uma diferença significativa na média da pontuação de stress entre os professores no que diz respeito a diferentes factores pessoais, nomeadamente grupo etário, estado civil, rendimento mensal, número de membros remunerados, total da família e área de residência. Por conseguinte, as hipóteses nulas são rejeitadas. A pontuação média não varia significativamente no caso do Tamanho da Família. Por conseguinte, a hipótese nula é aceite.

O resultado do teste t mostra que não foi encontrada uma diferença significativa na pontuação média da pontuação de stress entre i) género e ii) tipo de família. Por conseguinte, as hipóteses nulas são aceites. Mas em caso de estado civil, a hipótese é rejeitada.

Os factores pessoais, nomeadamente, grupo etário, estado civil, rendimento mensal, número de membros remunerados, total da família e área de residência, desempenharam um papel vital na pontuação de stress ocupacional. Assim, estes factores têm diferido significativamente na Classificação de Stress dos Professores em Stress Ocupacional. Os professores que se encontram na faixa etária inferior a 25 anos, os professores solteiros, os professores que têm mais rendimentos mensais e familiares e os professores residentes na área urbana são mais afectados pelo stress do que os outros professores.

Factores de trabalho e pontuação de stress de papel

ANOVA e t- Teste foi aplicado para descobrir se existe alguma diferença significativa na pontuação média entre os membros do grupo no que diz respeito a factores relacionados com o trabalho, nomeadamente, Qualificação Educativa, Natureza do Emprego, Designação, Anos de Experiência, Departamento e Número de Membros do Departamento no que diz respeito à Pontuação de Stress de Papel aos profissionais docentes.

Ho: A pontuação média de Stress de Papel não varia significativamente entre os membros para os factores de trabalho seleccionados.

Factores de trabalho		N	Média	Desvio padrão	F Valor	P- Valor	S/NS
Qualificação educacional	Pós-Graduação	21	3.5159	.94561	0.817	0.442	NS
	M.Phil	207	3.3349	.87300			
	Doutoramento	201	3.2604	1.04771			

101

	Total	429	3.3089	.96181			
Natureza do emprego	Colégio do Governo	23	3.1449	.94989			
	Colégio assistido	48	3.3125	1.27886	0.353	0.442	NS
	Colégio de Autofinanciamento	358	3.3189	.91450			
	Total	429	3.3089	.96181			
Designação	Professor Assistente	356	3.3404	.95527			
	Professor Associado	55	3.1152	1.03929	1.318	0.269	NS
	Professor	18	3.2778	.81248			
	Total	429	3.3089	.96181			
Anos de experiência	Abaixo de 5 Anos	116	3.5259	.90239			
	6 - 10 Anos	150	3.1933	.88720			
	11 -15 Anos	83	3.2450	1.01190	2.263	0.062	NS
	16 -20 Anos	54	3.2284	.97575			
	Acima de 20 Anos	26	3.3782	1.30090			
	Total	429	3.3089	.96181			
Departamento	Ciência Básica	25	2.9333	1.27566			
	Artes	81	3.4115	.86325			
	Informática	38	3.1404	1.04445	1.591	0.176	NS
	Comércio e Gestão	246	3.3245	.91227			
	Humanidades	39	3.4017	1.11392			
	Total	429	3.3089	.96181			
Número de Membros do Departamento	Abaixo de 5	126	3.3042	1.11516			
	6 - 10	167	3.5469	.91852			
	11 -15	106	3.0393	.76724	5.950	0.000	S
	16 -20	18	3.0093	.88279			
	Acima de 20	12	2.8750	.62815			
	Total	429	3.3089	.96181			

A pontuação média de Stress de Papel foi considerada elevada (3,5159) para titulares de Pós-Graduação no que diz respeito à qualificação educacional. A média elevada foi encontrada para professores do Colégio de Auto-Financiamento (3,3189) e, embora se considere a designação, é elevada para Professores Assistentes (3,3404). Observou-se que as médias são elevadas para os professores (3,5259) com menos de 5 anos de experiência. A média elevada foi encontrada para professores do departamento de Artes (3,4115) e o número de membros no departamento é encontrado entre 6 - 10 membros no departamento (3,5469).

Os resultados da ANOVA acima indicados indicam que existe uma diferença significativa na pontuação média de stress entre os professores no que diz respeito ao número de membros do departamento. Por conseguinte, a hipótese nula é rejeitada. A pontuação média não varia significativamente em caso de qualificação educacional, natureza do departamento de emprego, designação, anos de experiência e departamento. Por conseguinte, as hipóteses nulas são aceites.

O factor relacionado com o trabalho, nomeadamente, o número de membros do departamento tem desempenhado um papel vital no Role Stress Score do stress ocupacional. Assim, estes factores diferiram significativamente na pontuação do papel de stress dos professores em stress ocupacional.

Estatística descritiva - Stress Climático Organizacional

O factor Stress ocupacional que descreve, a falta de envolvimento na tomada de decisões na organização reduz as responsabilidades, o ponto de vista é ignorado na organização, o sistema organizacional monárquico, o sentimento desagradável na organização e a considerável tolerância ambiental que persiste na organização deixam-me irritado. A estatística descritiva é apresentada na tabela seguinte.

Tabela 5.16 Estatísticas descritivas - Stress climático organizacional

Stress Climático Organizacional	N	Mínimo	Máximo	Média	Std. Desvio
A falta do meu envolvimento na tomada de decisões na organização reduz as responsabilidades nos meus ombros	429	1	5	3.32	1.159
O meu ponto de vista é ignorado na organização	429	1	5	3.22	1.177
Descobri que o sistema organizacional monárquico a que pertenço; sufocando a sua função	429	1	5	3.35	1.023
A subordenação a que estou sujeito no meu papel na organização dá-me uma sensação desagradável	429	1	5	3.35	1.127
A tolerância ambiental considerável que persiste na minha organização irrita-me	429	1	5	3.30	1.142

A classificação mais alta foi encontrada para a declaração, o sistema organizacional monárquico que pertence e sufoca a sua função & A subordenação sujeita ao papel na organização dá uma sensação desagradável (3,35).A pontuação mínima foi encontrada para a declaração, "O meu ponto de vista é ignorado na organização" (3,22). As pontuações revelam que os professores sentiram stress ocupacional na sua organização.

Factores pessoais Vs Pontuação Climática Organizacional

A ANOVA foi aplicada para descobrir se existe alguma diferença significativa na pontuação média entre os membros do grupo no que diz respeito a factores pessoais, nomeadamente, grupo etário, tamanho da família, rendimento mensal, número de membros remunerados, rendimento familiar total e área residencial no que diz respeito à Pontuação do Clima Organizacional de Stress Ocupacional para profissionais docentes.

Foi aplicado um teste t pareado para testar a diferença, se houver, em relação a i) Género ii) Estado Civil iii) Tipo de família e a Pontuação de Clima Organizacional.

Ho: A pontuação média de Stress climático organizacional não varia significativamente entre os membros para os factores pessoais seleccionados.

Factores pessoais		N	Média	Desvio padrão	F Valor	t - Valor	P- Valor	S/NS
Idade	<25	24	4.0750	.83575	19.871		0.000	S
	25-35	210	3.4638	.86391				
	35-45	167	2.9162	1.04139				
	45-55	28	3.8286	.89891				

103

Género	Sexo masculino	151	3.3775	1.02047		1.053	0.293	NS
	Feminino	278	3.2712	.98551				
Marital Estado	Casado	342	3.2380	1.03786		-3.497	0.001	S
	Não casado	87	3.5862	.76723				
Tipo de Família	Família Conjunta	197	3.3350	.96777		.507	0.001	S
	Família Nuclear	232	3.2862	1.02462				
Tamanho da Família	2	16	3.1625	1.04363	.295	0.881	NS
	3	111	3.2432	1.03094			
	4	159	3.3522	1.00189			
	5	92	3.3196	1.03735			
	6 e Acima	51	3.3412	.84123			
Rendimento mensal	Até Rs.20,000	165	3.4024	.95534	7.506	0.000	S
	Rs.20,001 - Rs.30,000	132	3.2621	.91939			
	Rs.30,001 - Rs.40,000	57	3.6737	.94160			
	Acima de Rs.40,000	75	2.9067	1.13201			
Número de Membros Ganhadores	1	54	2.9926	1.15707	3.606	0.013	S
	2	273	3.2894	.99672			
	3	70	3.4971	.92611			
	4	32	3.5937	.70479			
Rendimento familiar total	Até Rs.40,000	141	3.5260	.89205	1.349	0.258	NS
	Rs.40,000 - Rs.60,000	112	3.2128	1.00005			
	Rs.60,000 - Rs.80,000	82	3.3333	.79823			
	Acima de Rs.80,001	94	3.0762	1.08307			
Área Residencial	Rural	121	3.5025	.82386	4.752	0.009	S
	Urbano	224	3.1723	.98224			
	Semi-Urban	84	3.3929	1.20459			

A pontuação média do Clima Organizacional tem sido elevada (4,0750) no grupo etário até aos 25 anos. A média elevada foi encontrada para os professores masculinos (3,3775) e os membros que não são casados (3,5862). Observou-se que as médias são elevadas para os professores (3,3350) na família conjunta. A média elevada foi encontrada para o tamanho da família de quatro membros (3,3522), rendimento mensal entre Rs. 30.001 a Rs. 40.000 por mês (3,6737) e o número de membros que auferem rendimentos, encontrado em quatro membros da família (3,5937). Observou-se que as pontuações médias são elevadas (3,5260) entre pessoas que ganham até Rs. 40.001 por mês e membros que residem na zona rural (3,5025).

Os resultados da ANOVA acima indicados indicam que existe uma diferença significativa na pontuação média de stress climático organizacional entre os professores no que respeita a diferentes factores pessoais, nomeadamente, grupo etário, rendimento mensal, número de membros remunerados e área de residência. Por conseguinte, as hipóteses nulas são rejeitadas. A pontuação média não varia significativamente em caso de Tamanho da família e Rendimento Familiar Total. Por conseguinte, as hipóteses nulas são aceites.

O resultado do teste t mostra que não foi encontrada nenhuma diferença significativa na pontuação média da Pontuação de Clima Organizacional entre Género do género. Por conseguinte, as hipóteses nulas são aceites. Mas, no caso do estado civil e tipo de família dos inquiridos, as hipóteses são rejeitadas.

Os factores pessoais nomeadamente o grupo etário, o estado civil, o rendimento mensal, o número de membros remunerados e a área de residência influenciaram no stress do Clima Organizacional. Assim, estes factores diferiram significativamente na Pontuação do Clima Organizacional de Professores em Stress Ocupacional. Os professores que se encontram na faixa etária dos 25 anos, os que não são casados, os professores que auferem um rendimento de Rs.30,000 - 40,000 e os professores nas zonas rurais estão a ter mais stress Climático Organizacional quando comparados com outros inquiridos.

Factores de trabalho e pontuação de stress climático organizacional

ANOVA e t- Teste foi aplicado para descobrir se existe alguma diferença significativa na pontuação média entre os membros do grupo no que diz respeito a factores de trabalho, nomeadamente, Qualificação Educativa, Natureza do Emprego, Designação, Anos de Experiência, Departamento e Número de Membros do Departamento no que diz respeito à Pontuação de Stress Climático Organizacional para profissionais docentes.

Ho: A pontuação média de Stress do clima organizacional não varia significativamente entre os membros para os factores relacionados com o trabalho seleccionado.

Tabela 5.18 ANOVA - Factores de trabalho e pontuação de stress climático organizacional

Factores de trabalho		N	Média	Desvio padrão	F Valor	P- Valor	S/NS
Qualificação educacional	Pós-Graduação	21	3.6190	.94001	1.937	0.145	NS
	M.Phil	207	3.3565	.95116			
	Doutoramento	201	3.2269	1.04512			
	Total	429	3.3086	.99806			
Natureza do emprego	Colégio do Governo	23	2.9217	.91600	2.412	0.091	NS
	Colégio assistido	48	3.4750	.98812			
	Colégio de Autofinanciamento	358	3.3112	1.00030			
	Total	429	3.3086	.99806			
Designação	Professor Assistente	356	3.3719	.96198	8.835	0.000	S
	Professor Associado	55	3.1964	1.08354			
	Professor	18	2.4000	1.01286			
	Total	429	3.3086	.99806			
Anos de experiência	Abaixo de 5 Anos	116	3.5517	.90280	2.735	0.029	S
	6 - 10 Anos	150	3.2560	.95990			
	11 -15 Anos	83	3.2578	.98304			
	16 -20 Anos	54	3.1037	.96563			
	Acima de 20 Anos	26	3.1154	1.49578			
	Total	429	3.3086	.99806			
Departamento	Ciência básica	25	3.0800	1.06145	2.764	0.029	NS
	Artes	81	3.5259	.76121			
	Informática	38	2.9684	.83118			
	Comércio e Gestão	246	3.2854	1.06186			
	Humanidades	39	3.4821	1.02979			
	Total	429	3.3086	.99806			
Número de Membros do Departamento	Abaixo de 5	126	3.2825	1.00758	6.595	0.000	S
	6 - 10	167	3.5425	.98619			
	11 -15	106	2.9358	.92357			
	16 -20	18	3.3222	1.12958			
	Acima de 20	12	3.6000	.40000			
	Total	429	3.3086	.99806			

A pontuação média de Stress Climático Organizacional foi considerada elevada (3,6190) para titulares de Pós-Graduação no que diz respeito à qualificação educacional. A média elevada foi encontrada para os professores do Aided College (3,4750) e, embora se considere a designação, é elevada para os Professores Assistentes (3,3719). Observou-se que a média de notas é elevada (3,5517) para professores com menos de 5 anos de experiência. A média elevada foi encontrada para professores de Humanidades (3,4821), o número de membros no departamento é superior a 20 membros no departamento (3,6000).

Os resultados da ANOVA acima indicados indicam que existe uma diferença significativa na pontuação média de stress climático organizacional entre os professores no que diz respeito a diferentes factores de trabalho, nomeadamente, designação, anos de experiência número de membros no departamento. Por conseguinte, as hipóteses nulas são rejeitadas. A pontuação média não varia significativamente em caso de qualificação educacional, natureza do departamento de emprego e departamento. Por conseguinte, as hipóteses nulas são aceites.

Os factores de trabalho, nomeadamente, designação, anos de experiência número de membros do departamento têm um papel significativo na Pontuação de Stress Climático

Organizacional. Assim, estes factores têm diferido significativamente na Pontuação de Stress Climático Organizacional dos professores em stress ocupacional. Os professores que são professores assistentes e os professores com mais experiência sentiram mais stress climático organizacional do que outros professores.

Análise de Rank - Coeficiente de Concordância de Kendall

O Coeficiente de Concordância de Kendall foi utilizado para descobrir se as fileiras atribuídas pelos inquiridos têm quaisquer semelhanças. O Coeficiente de Concordância de Kendall (w) varia entre 0 e 1,maior o valor de (w),maior a similaridade entre os inquiridos na atribuição de classificações. É aplicado para descobrir se os inquiridos atribuíram graus semelhantes ao expressarem a sua opinião.

Análise de Classificação para Avaliação do Nível de Stress Ocupacional

Ho: A classificação média dos inquiridos relativamente à classificação de acordo com a avaliação do nível de Stress Ocupacional.

Tabela 5.19 Nível de Análise de Nível de Stress Ocupacional

Elementos	Posição média	Classificação real
Intrínseco ao trabalho	4.87	3
Factores de stress de desenvolvimento pessoal	5.13	5
Factores de tensão das relações interpessoais	4.87	3
Factores de stress ocupacional	4.57	1
Estressores de tarefas	4.63	2
Estressores Climáticos Organizacionais	5.89	7
Factores de Trabalho Específicos	5.20	6
Ambiente Físico	6.48	8
Mudança de local de trabalho	6.49	9
Incerteza na vida	6.87	10

Vê-se por cima da tabela que a classificação média mais baixa é de 4,57 para "Factores de stress ocupacional". Tem o valor de ordem mais alto de 1. A ordem média mais alta é 6,87 para "Incerteza na vida". Tem a classificação mais baixa de 10.

O Coeficiente de Concordância de Kendall

Kendall's W	0. 080

O co-eficiente de concordância de Kendall (W) foi utilizado para descobrir se existe alguma semelhança entre os inquiridos na sua ordem de atribuição das fileiras. O de Kendall (W) variará entre 0 e 1. Mais elevado o valor de (w) mais será a semelhança entre os inquiridos na sua ordem de classificação. O W de Kendall encontrado para os 10 itens é 0. 158. Isto mostra que existe uma semelhança muito baixa entre os inquiridos na atribuição das classificações.

CAPÍTULO VI
DESEMPENHO PROFISSIONAL DOS PROFESSORES

Desempenho de trabalho que está relacionado com o desempenho efectivo no local de trabalho. O objectivo 3 do estudo trata do Desempenho no trabalho dos professores que trabalham em si próprios financiando as faculdades. Foram identificados quatro factores diferentes no âmbito do Desempenho no Trabalho, que incluem

> **Pontualidade**

> **Metodologia de Ensino**

> **Consciência do Trabalho**

> **Perseverança**

Estatística descritiva - Pontualidade

A análise descritiva é utilizada para encontrar a classificação média da Pontualidade. Os factores são medidos pelas classificações dadas pelos inquiridos na técnica de escala de cinco pontos. As classificações são atribuídas como uma para "discordar fortemente", duas para discordar, três para neutro, quatro para concordar e cinco para concordar fortemente. A pontuação elevada indica um elevado nível de Pontualidade em relação ao Factor de Desempenho do Trabalho.

O factor considerado no desempenho no trabalho é a Pontualidade que descreve, o horário da sala de aula, porções completas no tempo estipulado, insiste em que os alunos sejam pontuais, avaliem regularmente o desempenho dos alunos, mantenham registos atempados e precisos do desempenho dos alunos e do desempenho em actividades co-curriculares e extracurriculares. A estatística descritiva é apresentada na tabela seguinte.

Quadro 6.1 Pontualidade

	N	Mínimo	Máximo	Média	Std. Desvio
Normalmente entro na sala de aula com bastante antecedência	429	1	5	4.53	.657
Completo as minhas porções em tempo estipulado	429	1	5	4.51	.699
Costumo insistir que os alunos sejam pontuais	429	1	5	4.43	.748
Avalio regularmente o desempenho dos estudantes em campos diversificados	429	1	5	4.29	.851
Mantenho registos atempados e precisos do desempenho dos alunos em actividades co-curriculares e extracurriculares	429	1	5	4.36	.830

A tabela acima mostra as classificações médias para a Pontualidade. A classificação mais elevada foi atribuída para a afirmação "Normalmente entro na sala de aula com bastante antecedência" (4,53), seguida de "Completo as minhas partes no tempo estipulado (4,51), "Sinto-me confiante sobre as minhas capacidades, talentos e habilidades" e "Normalmente insisto que os alunos sejam pontuais" indica (4.43),a última pontuação foi encontrada para a

108

declaração, 'Mantenho registos atempados e precisos do desempenho dos alunos em actividades co-curriculares e extracurriculares'(4,36) e a pontuação mínima foi atribuída para a declaração 'Avalio regularmente o desempenho dos alunos em campos diversificados' (4,29). A pontuação média situa-se entre 4 e 5, o que indica que os inquiridos são pontuais nas suas actividades relacionadas com o trabalho. O resultado revela que os professores concordam que são muito pontuais na sua turma, completam a parte e mantêm registos precisos.

ANOVA

A ANOVA foi aplicada para encontrar a diferença significativa entre factores de desempenho no trabalho tais como Pontualidade, Metodologia de Ensino, Consciência do Trabalho e Perseverança no que diz respeito a factores pessoais e relacionados com o trabalho.

Os factores pessoais considerados são o grupo etário, sexo, estado civil, tipo de família, tamanho da família, rendimento mensal, número de membros remunerados. Os factores relacionados com o trabalho incluem qualificação educacional, natureza do emprego, designação, anos de experiência, departamento e número de membros do departamento, rendimento familiar total e área residencial.

t Teste

Foi aplicado um teste t pareado para testar a diferença, se houver, relativamente a i) Género ii) Estado civil iii) Tipo de família e factores de desempenho no trabalho

Factores pessoais Vs Pontualidade

O teste ANOVA e t foi aplicado para descobrir se existe alguma diferença significativa na pontuação média entre os membros do grupo no que diz respeito a factores pessoais e pontualidade dos professores

Ho: A pontuação média de Pontualidade não varia significativamente entre os membros para os factores pessoais seleccionados.

Tabela 6.2 ANOVA - Factor Pessoal e Pontuação de Pontualidade

Factores pessoais		N	Média	Desvio padrão	F Valor	t - Valor	P- Valor	S/NS
Idade	<25	24	21.542	1.911	4.725		0.003	S
	25-35	210	21.738	2.846				
	35-45	167	22.761	2.842				
	45-55	28	21.714	2.942				
Género	Sexo masculino	151	22.205	2.719		0.192	0.661	NS
	Feminino	278	22.079	2.914				
Estado Civil	Casado	342	22.158	2.890		0.246	0.620	NS
	Não casado	87	21.989	2.670				
Tipo de Família	Família Conjunta	197	22.020	2.724		0.479	0.489	NS
	Família Nuclear	232	22.211	2.946				
Tamanho da Família	2	16	23.875	1.147	3.466		0.008	S
	3	111	21.838	2.702				

109

Factores pessoais		N	Média	Desvio padrão	F Valor	t - Valor	P- Valor	S/NS
	4	159	22.409	3.065				
	5	92	22.152	2.507				
	6 e Acima	51	21.255	3.078				
Rendimento mensal	Até Rs.20,000	165	21.970	2.642	0.332		0.802	NS
	Rs.20,001 - Rs.30,000	132	22.296	2.894				
	Rs.30,001 - Rs.40,000	57	22.193	3.038				
	Acima de Rs.40,000	75	22.107	3.065				
Número de Membros Ganhadores	1	54	22.870	2.411	7.980		0.000	S
	2	273	22.374	2.609				
	3	70	21.371	2.538				
	4	32	20.375	4.661				
Rendimento familiar total	Até Rs.40,000	141	22.433	2.630	5.048		0.002	S
	Rs.40,000 - Rs.60,000	112	22.241	2.494				
	Rs.60,000 - Rs.80,000	82	22.549	2.103				
	Acima de 80,001	94	21.149	3.776				
Residencial Área	Rural	121	21.835	2.832	1.321		0.268	NS
	Urbano	224	22.143	2.884				
	Semi-Urban	84	22.488	2.740				

A pontuação média de Pontualidade foi considerada elevada (22,761) para os professores do grupo etário dos 35-45 anos. A média elevada foi encontrada para os professores masculinos (22.205) e para os membros que são casados (22.158). Observou-se que as médias são elevadas (22,211) entre os professores da família Nuclear. A média elevada foi encontrada para os professores com 2 membros da família (23.875), rendimentos mensais entre Rs.20,001 - Rs. 30000 (22.296) e número de membros que auferem rendimentos, encontrados como sendo um membro da família (22.870). Observou-se que as notas médias são elevadas para os professores com um rendimento familiar entre Rs.60001- Rs. 80000 (22.549) e os membros que vivem na área Semi-Urbana (22.488).

Os resultados da ANOVA acima indicados indicam que existe uma diferença significativa na pontuação média de pontualidade entre os professores no que respeita a diferentes factores pessoais, nomeadamente, grupo etário, tamanho da família, número de membros remunerados e rendimento familiar total. Por conseguinte, as hipóteses nulas são rejeitadas. A pontuação média não varia significativamente em caso de rendimento mensal e área de residência. Por conseguinte, as hipóteses nulas são aceites.

O resultado do teste t mostra que não foi encontrada nenhuma diferença significativa na pontuação média de Pontualidade entre i) Sexo ii) Estado civil iii) Tipo de família. Por conseguinte, as hipóteses nulas são aceites.

Os factores pessoais, nomeadamente, o grupo etário, o tamanho da família, o número de membros remunerados e o rendimento familiar total têm desempenhado um papel vital na pontuação de pontualidade do desempenho profissional. Os professores no grupo etário dos 45-55 anos são significativamente diferentes quando comparados com outros professores.

Factores de trabalho e Pontuação de Pontualidade

A ANOVA foi aplicada para descobrir se existe alguma diferença significativa na pontuação média entre os membros do grupo no que diz respeito a factores relacionados com o trabalho e pontuação de pontualidade.

Ho: As pontuações médias de Pontualidade não variam significativamente entre os membros para os factores de trabalho seleccionados.

Tabela 6.3 ANOVA - Factores de Trabalho e Pontuação de Pontualidade

Factores de trabalho		N	Média	Desvio padrão	F Valor	P- Valor	S/NS
Qualificação educacional	Pós-Graduação	21	36.238	2.897	0.909	0.404	NS
	M.Phil	207	37.522	5.111			
	Doutoramento	201	36.204	7.552			
	Total	429	36.842	6.328			
Natureza do emprego	Colégio do Governo	25	21.4000	3.22749	3.044	.049	S
	Colégio assistido	83	21.5904	3.42172			
	Colégio de Autofinanciamento	321	22.3178	2.62416			
	Total	429	22.1235	2.84426			
Designação	Professor Assistente	356	22.199	2.596	1.255	0.286	NS
	Professor Associado	55	21.946	3.918			
	Professor	18	21.167	3.601			
	Total	429	22.124	2.844			
Factores de trabalho		N	Média	Desvio padrão	F Valor	P- Valor	S/NS
Anos de experiência	Abaixo de 5 Anos	116	21.741	2.211	4.066	0.003	S
	6 - 10 Anos	150	21.747	3.449			
	11 -15 Anos	83	22.952	2.219			
	16 -20 Anos	54	22.870	2.678			
	Acima de 20 Anos	26	21.808	2.940			
	Total	429	22.124	2.844			
Departamento	Ciência básica	25	22.680	2.883	4.666	0.001	S
	Artes	81	21.173	3.401			
	Informática	38	21.632	3.544			
	Comércio e Gestão	246	22.545	2.455			
	Humanidades	39	21.564	2.563			
	Total	429	22.124	2.844			
Número de Membros do Departamento	Abaixo de 5	126	21.794	2.509	8.577	0.000	S
	6 - 10	167	22.353	2.472			
	11 -15	106	22.594	2.551			
	16 -20	18	22.333	4.058			
	Acima de 20	12	17.917	6.317			
	Total	429	22.124	2.844			

A pontuação média de pontualidade foi considerada elevada (37,522) para os titulares de M.Phil no que diz respeito à qualificação educacional. A média elevada foi encontrada para os professores que trabalham em escolas auto-financiadas (22.3178) e, embora se considere a designação, é elevada para os Professores Assistentes (22.199). Observou-se que as médias são elevadas para os professores com experiência entre 11-15 anos (22,952). A média elevada foi encontrada para os professores pertencentes ao departamento de Comércio e Gestão (22.545) e o número de membros no departamento situa-se entre 11 -15 membros (22.594).

Os resultados da ANOVA acima indicados indicam que existe uma diferença significativa na pontuação média de pontualidade entre os professores relativamente a diferentes factores relacionados com o trabalho, nomeadamente, natureza do emprego, anos de experiência, departamento e número de membros do departamento. Por conseguinte, as hipóteses nulas são rejeitadas. A pontuação média não varia significativamente em caso de qualificação e designação educacional. Por conseguinte, as hipóteses nulas são aceites.

Os factores relacionados com o trabalho, nomeadamente, natureza do emprego, anos de experiência, departamento e número de membros do departamento, desempenharam um papel vital no desempenho do trabalho dos professores. Os professores que trabalham em colégios de autofinanciamento, os professores com mais experiência e os professores que trabalham no departamento de comércio e gestão são diferentes quando comparados com outros professores.

Estatística descritiva - Metodologia de ensino

O factor considerado no Desempenho no Trabalho é a Metodologia de Ensino que descreve, explicando os conceitos com a ajuda de materiais didácticos, preparação para apresentações bem organizadas, dedicando tempo adequado para tarefas de trabalho & afectação de recursos, confiança no conhecimento abrangente e domínio das matérias, motivando os estudantes para o desenvolvimento da sua carreira e encorajando os estudantes a realizarem os seus sonhos. A estatística descritiva é apresentada no quadro seguinte.

Quadro 6.4 Estatística descritiva - Factor de desempenho no trabalho - Metodologia de ensino

	N	Mínimo	Máximo	Média	Std. Desvio
Explico sempre os conceitos com a ajuda de materiais didácticos	429	1	5	4.34	.785
Normalmente preparo-me bem para uma apresentação organizada	429	1	5	4.37	.726
Dedico um tempo adequado para tarefas de trabalho e afectação de recursos	429	1	5	4.27	.853
Estou confiante no meu amplo conhecimento e domínio dos assuntos	429	1	5	4.37	.879
Motivo os meus alunos para o desenvolvimento das suas carreiras	429	2	5	4.48	.719
Encorajo sempre os estudantes a sonhar os seus pensamentos superiores	429	2	5	4.44	.739
Sugiro sempre aos estudantes que tenham um modelo a seguir na sua carreira/vida	429	1	5	4.40	.804

A tabela acima mostra as classificações médias para a Metodologia de Ensino. A classificação mais elevada foi atribuída à afirmação "Motivo os meus alunos para o desenvolvimento da sua carreira" (4,48), seguida de "Encorajo sempre os alunos a sonharem com os seus pensamentos superiores" (4,44), "Sugiro sempre que os alunos tenham um modelo na sua

112

carreira/vida" (4.40), 'normalmente preparo-me bem para uma apresentação organizada' e 'estou confiante no meu conhecimento abrangente e domínio das matérias' (4.37), explico sempre os conceitos com a ajuda de materiais didácticos (4.34), a última nota foi encontrada para a declaração e a menor nota foi encontrada para a declaração 'dedico um tempo adequado às tarefas de trabalho & afectação de recursos' (4.27). O resultado revela que os professores são fortes nos métodos de ensino.

Factores pessoais Vs Pontuação da Metodologia de Ensino

Os testes ANOVA e t foram aplicados para descobrir se existe alguma diferença significativa na pontuação média entre os membros do grupo no que diz respeito a factores pessoais e pontuação da metodologia de ensino.

Ho: A pontuação média da Metodologia de Ensino não varia significativamente entre os membros para os factores pessoais seleccionados.

Tabela 6.5 ANOVA - Factor Pessoal e Pontuação da Metodologia de Ensino

Factores pessoais		N	Média	Desvio padrão	F Valor	t - Valor	P- Valor	S/NS
Idade	<25	24	31.375	3.462	1.474		0.221	NS
	25-35	210	30.724	3.629				
	35-45	167	30.749	4.874				
	45-55	28	29.143	4.751				
Género	Sexo masculino	151	31.066	3.336		2.084	0.150	NS
	Feminino	278	30.450	4.636				
Estado Civil	Casado	342	30.646	4.413		0.039	0.843	NS
	Não casado	87	30.747	3.438				
Tipo de Família	Família Conjunta	197	30.320	4.673		2.458	0.118	NS
	Família Nuclear	232	30.961	3.799				
Factores pessoais		N	Média	Desvio padrão	F Valor	t - Valor	P- Valor	S/NS
Tamanho da Família	2	16	32.875	2.527	3.825		0.005	S
	3	111	30.604	3.259				
	4	159	30.453	4.623				
	5	92	31.544	3.462				
	6 e Acima	51	29.196	5.762				
Rendimento mensal	Até Rs.20,000	165	30.503	3.950	2.832		0.038	S
	Rs.20,001 - Rs.30,000	132	31.364	3.616				
	Rs.30,001 - Rs.40,000	57	30.877	3.224				
	Acima de Rs.40,000	75	29.640	5.990				
Número de Membros Ganhadores	1	54	31.796	3.229	8.630		0.000	S
	2	273	30.930	3.475				
	3	70	30.257	3.951				
	4	32	27.406	8.624				
Rendimento familiar total	Até Rs.40,000	141	31.404	3.121	9.264		0.000	S
	Rs.40,000 - Rs.60,000	112	31.161	3.248				
	Rs.60,000 - Rs.80,000	82	30.963	4.390				
	Acima de Rs.80,001	94	28.713	5.767				
Área Residencial	Rural	121	30.669	4.910	.203		0.817	NS
	Urbano	224	30.571	3.749				
	Semi-Urban	84	30.917	4.424				

A pontuação média da Metodologia de Ensino foi considerada elevada para os professores do grupo etário de (31,375) menos de 25 anos. A média elevada foi encontrada para os professores masculinos (31.066) e para os membros que não são casados (30.747). Observou-se que as médias são elevadas (30,961) entre os professores da família Nuclear. A média elevada foi encontrada para os professores com 2 membros da família (32.875), rendimento mensal entre Rs.20,001-Rs 30000 (31.364) e o número de membros que auferem rendimentos, encontrado como sendo um membro da família (31.796). Observou-se que as pontuações médias são elevadas (31.404) entre os inquiridos que auferem rendimentos familiares até 40.000 Rs. e membros na área Semi-Urban (30.917).

Os resultados da ANOVA acima indicados indicam que existe uma diferença significativa na pontuação média da Metodologia de Ensino entre os professores no que respeita a diferentes factores pessoais, nomeadamente, tamanho da família, rendimento mensal, número de membros remunerados e rendimento familiar total. Por conseguinte, as hipóteses nulas são rejeitadas. A pontuação média não varia significativamente no caso do grupo etário e da área de residência. Por conseguinte, as hipóteses nulas são aceites.

O resultado do teste t mostra que não foi encontrada nenhuma diferença significativa na pontuação média da Metodologia de Ensino entre i) Género ii) Estado civil iii) Tipo de família. Por conseguinte, as hipóteses nulas são aceites.

Os factores pessoais, nomeadamente, o tamanho da família, o rendimento mensal, o número de membros remunerados e o total da família, diferiram significativamente na Pontuação da Metodologia de Ensino dos professores.

Factores de trabalho e metodologia de ensino

A ANOVA foi aplicada para descobrir se existe alguma diferença significativa na pontuação média entre os membros do grupo no que diz respeito a factores relacionados com o trabalho e pontuação da metodologia de ensino.

Ho: As notas médias da metodologia de ensino não variam significativamente entre os membros para os factores de trabalho seleccionados.

Tabela 6.6 ANOVA - Factores de Trabalho e Pontuação da Metodologia de Ensino

Factores de trabalho		N	Média	Desvio padrão	F Valor	P- Valor	S/NS
Qualificação educacional	Pós-Graduação	21	31.810	3.683	0.966	0.382	NS
	M.Phil	207	30.725	3.870			
	Doutoramento	201	30.488	4.620			
	Total	429	30.667	4.230			
Natureza do emprego	Colégio do Governo	25	29.4400	6.36448	4.213	.015	S
	Colégio assistido	83	29.7229	5.17572			
	Colégio de Autofinanciamento	321	31.0062	3.68357			
	Total	429	30.6667	4.23032			
Factores de trabalho		**N**	**Média**	**Desvio padrão**	**F Valor**	**P- Valor**	**S/NS**
Designação	Professor Assistente	356	30.680	4.181	0.594	0.553	NS
	Professor Associado	55	30.909	4.514			
	Professor	18	29.667	4.419			
	Total	429	30.667	4.230			

114

Anos de experiência	Abaixo de 5 Anos	116	30.198	4.266	1.660	0.158	NS
	6 - 10 Anos	150	30.627	4.655			
	11 -15 Anos	83	31.265	3.092			
	16 -20 Anos	54	31.407	3.854			
	Acima de 20 Anos	26	29.539	5.093			
	Total	429	30.667	4.230			
Departamento	Ciência básica	25	30.680	4.140	3.030	0.018	S
	Artes	81	29.457	5.329			
	Informática	38	30.184	4.573			
	Comércio e Gestão	246	31.220	3.630			
	Humanidades	39	30.154	4.475			
	Total	429	30.667	4.230			
Número de Membros do Departamento	Abaixo de 5	126	30.214	5.224	5.512	0.000	S
	6 - 10	167	31.060	3.436			
	11 -15	106	31.349	3.141			
	16 -20	18	29.111	4.296			
	Acima de 20	12	26.250	7.137			
	Total	429	30.667	4.230			

A pontuação média da metodologia de ensino foi considerada elevada (31.810) para os professores com Pós-Graduação no que diz respeito à qualificação educacional. A média elevada foi encontrada para os professores universitários com Auto-Financiamento (31.0062) e, embora se considere a designação, é elevada para os Professores Associados (30.909).Observou-se que a média de pontuação é elevada para os professores com experiência entre 16 -20 anos (31.407). A média elevada foi encontrada para os professores do departamento de Comércio e Gestão (31.220) e o número de membros no departamento é de 11 -15 membros (31.349).

Os resultados da ANOVA acima indicados indicam que existe uma diferença significativa na pontuação média da metodologia de ensino entre os professores no que diz respeito a diferentes factores relacionados com o trabalho, nomeadamente, natureza do emprego, departamento e número de membros do departamento. Por conseguinte, as hipóteses nulas são rejeitadas. A pontuação média não varia significativamente em caso de qualificação educacional, designação e anos de experiência. Por conseguinte, as hipóteses nulas são aceites.

Os factores de trabalho, nomeadamente, a natureza do departamento de emprego e o número de membros do departamento desempenharam um papel vital na metodologia de ensino dos professores. Os professores que trabalham em escolas de auto-financiamento, os professores do departamento de comércio e gestão e o departamento com um número mínimo de membros são significativamente diferentes quando comparados com outros professores.

Estatística Descritiva - Consciência do Trabalho

O factor considerado no Desempenho do Trabalho é a Consciência do Trabalho que descreve, servindo como pessoa de recurso, prestando consultoria, dedicando tempo à comunidade estudantil, completando as responsabilidades da faculdade / universidade, estando mais atento / responsividade, forte sentido de responsabilidade e evitando qualquer tipo de favoritismo. A estatística descritiva é apresentada no quadro seguinte.

Quadro 6.7 Descritivo Estatístico-Trabalho Consciência

	N	Mínimo	Máximo	Média	Std. Desvio
Sirvo como pessoa de recurso, prestando consultoria aos necessitados nos quais sou especializado	429	1	5	4.16	.902
Dedico a maior parte do meu tempo à comunidade estudantil	429	2	5	4.21	.751
Sirvo completamente entre todas as faculdades de todos os departamentos ao completar as responsabilidades de faculdade / universidade	429	1	5	4.24	.853
Estou sempre mais atento / receptivo ao que sou pago	429	1	5	4.34	.737
Demonstro sempre um forte sentido de responsabilidade quando me é atribuída uma tarefa	429	2	5	4.43	.735
Normalmente evito qualquer tipo de favoritismo	429	2	5	4.34	.727

A tabela acima mostra as classificações médias para a Consciência do Trabalho. A classificação mais elevada foi atribuída para a afirmação "Sempre demonstro um forte sentido de responsabilidade quando me é atribuída uma tarefa (4,43), seguida de "Estou sempre mais atento/responsável à qual sou pago" e "Normalmente evito qualquer tipo de (4.34), 'sirvo completamente entre todas as faculdades de todos os departamentos ao completar as responsabilidades da faculdade / universidade' (4.24), 'dedico a maior parte do meu tempo à comunidade estudantil' (4.21), a pontuação mínima foi encontrada para a declaração, 'sirvo como pessoa de recurso, prestando consultoria aos necessitados em que sou especializado' (4.16). Os resultados revelam que os professores estão muito conscientes no seu trabalho.

Factores pessoais Vs Consciência do Trabalho Pontuação da Consciência

ANOVA foi aplicada para descobrir se existe alguma diferença significativa na pontuação média entre os membros do grupo no que diz respeito aos factores pessoais e à pontuação da consciência de trabalho

Foi aplicado um teste t pareado para testar a diferença, se houver, em relação a i) Género ii) Estado Civil iii) Tipo de família e a Pontuação da Consciência do Trabalho.

Ho: As notas médias de Consciência do Trabalho não variam significativamente entre os membros para os factores pessoais seleccionados.

Tabela 6.8 ANOVA - Pontuação do Factor Pessoal e Consciência do Trabalho

Actores pessoais F		N	Média	Desvio padrão	F Valor	t - Valor	P- Valor	S/NS
Idade	<25	24	26.292	2.493	1.436		0.232	NS
	25-35	210	25.529	3.230				
	35-45	167	26.018	3.676				
	45-55	28	24.929	2.433				
Género	Sexo masculino	151	25.695	2.790		0.015	0.901	NS
	Feminino	278	25.737	3.608				
Marital Estado	Casado	342	25.906	3.418		5.158	0.024	S
	Não casado	87	25.000	2.921				

116

Actores pessoais F		N	Média	Desvio padrão	F Valor	t - Valor	P- Valor	S/NS
Tipo de Família	Família Conjunta	197	25.533	3.615		1.175	0.279	NS
	Família Nuclear	232	25.884	3.086				
Tamanho da Família	2	16	27.750	1.183	2.246		0.063	NS
	3	111	25.730	2.860				
	4	159	25.352	3.684				
	5	92	26.065	3.416				
	6 e Acima	51	25.608	3.311				
Rendimento mensal	Até Rs.20,000	165	25.333	3.284	1.506		0.212	NS
	Rs.20,001 - Rs.30,000	132	25.826	3.244				
	Rs.30,001 - Rs.40,000	57	26.316	3.485				
	Acima de Rs.40,000	75	25.947	3.479				
Número de Membros Ganhadores	1	54	25.778	2.982	.529		0.663	NS
	2	273	25.839	3.203				
	3	70	25.286	3.311				
	4	32	25.594	4.878				
Rendimento familiar total	Até Rs.40,000	141	25.489	2.992	4.465		0.004	S
	Rs.40,000 - Rs.60,000	112	25.946	3.066				
	Rs.60,000 - Rs.80,000	82	26.695	3.579				
	Acima de Rs.80,001	94	24.957	3.730				
Área Residencial	Rural	121	25.355	3.111	1.785		0.169	NS
	Urbano	224	25.723	3.225				
	Semi-Urban	84	26.250	3.887				

A pontuação média de consciência de trabalho foi considerada elevada para os professores (26,292) na faixa etária inferior a 25 anos. A média elevada foi encontrada para as professoras (25,737) e para os membros que são casados (25,906). Observou-se que as médias são elevadas entre as professoras familiares nucleares (25.884). A média elevada foi encontrada para os professores com 2 membros da família (27.750), rendimentos mensais entre Rs.30,001-Rs. 40.000 (26,316) e o número de membros remunerados, sendo dois na família (25,839). Observou-se que as pontuações médias são elevadas entre pessoas que ganham entre Rs.60,001- Rs. 80,000 por mês (26,695) e membros provenientes da área Semi-Urban (26,250).

Os resultados da ANOVA acima indicados indicam que existe uma diferença significativa na pontuação média da Consciência do Trabalho entre os professores no que diz respeito ao rendimento familiar total. Por conseguinte, a hipótese nula é rejeitada. A pontuação média não varia significativamente no caso do grupo etário, sexo, dimensão da família, rendimento mensal, número de membros remunerados e área de residência. Por conseguinte, as hipóteses nulas são aceites.

O resultado do teste t mostra que não foi encontrada uma diferença significativa na pontuação média da Consciência do Trabalho entre i) Género e ii) Tipo de família. Por conseguinte, as hipóteses nulas são aceites. Mas em caso de estado civil, a hipótese enquadrada foi rejeitada.

Os factores pessoais, nomeadamente o estado civil e o rendimento familiar total, desempenharam um papel vital no desempenho profissional. Daí que estes factores tenham diferido significativamente na Consciência do Trabalho dos professores.

Factores laborais e Consciência do Trabalho

A ANOVA foi aplicada para descobrir se existe alguma diferença significativa na pontuação média entre os membros do grupo no que diz respeito a factores relacionados com o trabalho e a pontuação da Consciência do Trabalho.

Ho: As notas médias de Consciência do Trabalho não variam significativamente entre os membros para os factores de trabalho seleccionados.

Tabela 6.9 ANOVA - Factores de Trabalho e Consciência do Trabalho

Factores de trabalho		N	Média	Desvio padrão	F Valor	P- Valor	S/NS
Qualificação educacional	Pós-Graduação	21	26.952	2.801	0.966	0.382	NS
	M.Phil	207	25.493	3.227			
	Doutoramento	201	25.831	3.483			
	Total	429	25.723	3.340			
Natureza do emprego	Colégio do Governo	25	24.8000	4.53689	1.014	.364	NS
	Colégio assistido	83	25.7952	2.99902			
	Colégio de Autofinanciamento	321	25.7757	3.31655			
	Total	429	25.7226	3.33979			
Factores de trabalho		**N**	**Média**	**Desvio padrão**	**F Valor**	**P- Valor**	**S/NS**
Designação	Professor Assistente	356	25.711	3.300	3.899	0.021	S
	Professor Associado	55	26.400	3.386			
	Professor	18	23.889	3.462			
	Total	429	25.723	3.340			
Anos de experiência	Abaixo de 5 Anos	116	25.147	3.316	2.124	0.077	NS
	6 - 10 Anos	150	25.587	3.552			
	11 -15 Anos	83	26.096	2.945			
	16 -20 Anos	54	26.519	3.527			
	Acima de 20 Anos	26	26.231	2.566			
	Total	429	25.723	3.340			
Departamento	Ciência básica	25	25.560	3.465	0.522	0.720	NS
	Artes	81	25.407	3.563			
	Informática	38	26.316	3.980			
	Comércio e Gestão	246	25.772	3.180			
	Humanidades	39	25.590	3.177			
	Total	429	25.723	3.340			
Número de Membros do Departamento	Abaixo de 5	126	25.603	3.439	5.949	0.000	S
	6 - 10	167	26.036	3.336			
	11 -15	106	25.528	3.087			
	16 -20	18	27.389	2.279			
	Acima de 20	12	21.833	3.099			
	Total	429	25.723	3.340			

A pontuação média de consciência de trabalho foi considerada elevada (26,952) para os professores que concluíram a Pós-Graduação no que diz respeito à qualificação educacional. A média elevada foi encontrada para os professores do Aided College (25,7952) e, embora se considere a designação, é elevada para os Professores Associados (26,400). Observou-se que as médias são elevadas para os professores com experiência entre 16 -20 anos (26.519). A média elevada foi encontrada para os professores no departamento de Informática (26.316) e o número de membros é de 16 -20 membros no departamento (27.389).

Os resultados da ANOVA acima indicados indicam que existe uma diferença significativa na pontuação média da Consciência do Trabalho entre os professores no que diz respeito a diferentes factores relacionados com o trabalho, nomeadamente, designação e número de membros no departamento. Por conseguinte, as hipóteses nulas são rejeitadas. A pontuação média não varia significativamente em caso de qualificação educacional, natureza do emprego, departamento e anos de experiência. Por conseguinte, as hipóteses nulas são aceites. Os factores relacionados com o trabalho, nomeadamente, a designação e o número de membros do departamento desempenharam um papel vital no desempenho do trabalho dos professores. Os professores que são professores associados e o departamento com 16-20 membros são significativamente diferentes quando comparados com outros professores.

Estatística Descritiva-Perseverança

O factor considerado no desempenho do trabalho é a Perseverança, que descreve, fazendo um esforço especial em alunos lentos, alcançando e cumprindo os objectivos através da perseverança, o desafio de engendrar os novos métodos em estudos orientados para a prática, competir com os actuais avanços económicos e tecnológicos e as dificuldades para cuidar da carreira. A estatística descritiva é apresentada na tabela seguinte.

Quadro 6.10 Estatísticas descritivas - Factor de desempenho do trabalho - Perseverança

	N	Mínimo	Máximo	Média	Std. Desvio
Continuo a fazer um esforço especial para os alunos lentos	429	2	5	4.33	.728
Sou capaz de alcançar e cumprir os meus objectivos através da perseverança	429	2	5	4.24	.657
Enfrento o desafio de engendrar os novos métodos em estudos orientados para a prática	429	1	5	4.24	.802
Trabalho horas juntas para construir a carreira dos estudantes e para competir com os actuais avanços económicos e tecnológicos	429	1	5	4.14	.789
Enfrento muitas dificuldades para cuidar da minha própria carreira de palavras	429	1	5	4.09	.844

A tabela acima mostra as classificações médias de Perseverança. A classificação mais elevada foi atribuída à afirmação "Continuo a fazer um esforço especial para os alunos lentos" (4,33), seguida de "Sou capaz de alcançar e cumprir os meus objectivos através da perseverança" e "Enfrento o desafio de engendrar os novos métodos nos estudos orientados para a prática (4,24), "Trabalho horas juntas para construir a carreira dos estudantes e para competir com os actuais avanços económicos e tecnológicos" (4,14), a pontuação mínima foi encontrada para a afirmação, "Enfrento muitas dificuldades para cuidar da minha própria carreira de palavras" (4,09). O resultado revela que os professores concordaram que têm uma boa perseverança.

Factores pessoais Vs Perseverança Pontuação

ANOVA foi aplicada para descobrir se existe alguma diferença significativa na pontuação média entre os membros do grupo no que diz respeito a factores pessoais e perseverança

Foi aplicado um teste t pareado para testar a diferença, se houver, em relação a i) Género ii)

119

Estado Civil iii) Tipo de família e a Pontuação de Perseverança.

Ho: A pontuação média de Perseverança não varia significativamente entre os membros para os factores pessoais seleccionados.

Tabela 6.11 ANOVA - Factor Pessoal e Pontuação de Perseverança

Factores pessoais		N	Média	Desvio padrão	F Valor	t - Valor	P- Valor	S/NS
Idade	<25	24	21.458	2.570	0.709		0.547	NS
	25-35	210	21.033	2.795				
	35-45	167	21.096	3.142				
	45-55	28	20.357	2.198				
Género	Sexo masculino	151	21.099	2.683		0.107	0.743	NS
	Feminino	278	21.004	2.999				
Marital Estado	Casado	342	20.985	2.886		0.544	0.461	NS
	Não casado	87	21.241	2.905				
Tipo de Família	Família Conjunta	197	21.284	2.957		2.673	0.103	NS
	Família Nuclear	232	20.828	2.819				
Tamanho da Família	2	16	23.188	1.721	6.080		0.000	S
	3	111	20.342	2.739				
	4	159	20.849	3.030				
	5	92	21.848	2.643				
	6 e Acima	51	21.000	2.905				
Factores pessoais		N	Média	Desvio padrão	F Valor	t - Valor	P- Valor	S/NS
Rendimento mensal	Até Rs.20,000	165	21.230	2.749	1.535		0.205	NS
	Rs.20,001 - Rs.30,000	132	21.053	3.060				
	Rs.30,001 - Rs.40,000	57	21.263	2.525				
	Acima de 40.000	75	20.413	3.098				
Número de Membros Ganhadores	1	54	21.204	2.687	0.104		0.958	NS
	2	273	21.004	2.751				
	3	70	21.100	2.880				
	4	32	20.906	4.230				
Rendimento familiar total	Até Rs.40,000	141	21.241	2.311	3.883		0.009	S
	Rs.40,000 - Rs.60,000	112	20.964	3.013				
	Rs.60,000 - Rs.80,000	82	21.671	3.023				
	Acima de Rs.80,001	94	20.266	3.247				
Área Residencial	Rural	121	21.066	2.883	2.078		0.126	NS
	Urbano	224	20.821	2.912				
	Semi-Urban	84	21.571	2.795				

A pontuação média de perseverança tem sido elevada para os professores na faixa etária inferior a 25 anos (21,458). A média elevada foi encontrada para os professores do sexo masculino (21.099) e para os membros que não são casados (21.241). Observou-se que as pontuações médias são elevadas (21.284) entre os professores familiares conjuntos. A média elevada foi encontrada para os membros que têm uma dimensão familiar de 2 membros (23.188), rendimentos mensais entre Rs.30,001-Rs.40,000 (21.263) e o número de membros que ganham a um membro da família (21.204). Observou-se que as pontuações médias são elevadas entre as pessoas que ganham entre Rs.60,001- Rs.80,000 por mês (21.671) e os membros que residem em semi-urbano (21.571).

Os resultados da ANOVA acima indicados indicam que existe uma diferença significativa na

120

pontuação média de perseverança entre os professores no que diz respeito a diferentes factores pessoais, nomeadamente, o tamanho da família e o rendimento familiar total. Por conseguinte, as hipóteses nulas são rejeitadas.

A pontuação média não varia significativamente no caso do grupo etário, rendimento mensal, número de membros remunerados e área de residência. Por conseguinte, as hipóteses nulas são aceites.

O resultado do teste t mostra que não foi encontrada nenhuma diferença significativa na pontuação média de Perseverança entre i) Género ii) Estado civil iii) Tipo de família. Por conseguinte, as hipóteses nulas são aceites.

Os factores pessoais, nomeadamente o tamanho da família e o rendimento familiar total, desempenharam um papel vital na pontuação da perseverança. Por conseguinte, estes factores diferiram significativamente na pontuação de Perseverança dos professores.

Factores de trabalho e pontuação de Perseverança

A ANOVA foi aplicada para descobrir se existe alguma diferença significativa na pontuação média entre os membros do grupo no que diz respeito a factores relacionados com o trabalho e pontuação de Perseverança.

Ho: A pontuação média de Perseverança não varia significativamente entre os membros para os factores de trabalho seleccionados.

Tabela 6.12 ANOVA - Factores de Trabalho e Pontuação de Perseverança

Factores de trabalho		N	Média	Desvio padrão	F Valor	P- Valor	S/NS
Qualificação educacional	Pós-Graduação	21	21.333	3.638	0.624	0.536	NS
	M.Phil	207	21.164	2.932			
	Doutoramento	201	20.876	2.762			
	Total	429	21.037	2.889			
Natureza do emprego	Colégio do Governo	25	20.6800	3.44867	.354	.702	NS
	Colégio assistido	83	20.9036	2.90338			
	Colégio de Autofinanciamento	321	21.0997	2.84430			
	Total	429	21.0373	2.88867			
Designação	Professor Assistente	356	21.037	2.870	0.716	0.489	NS
	Professor Associado	55	21.273	3.188			
	Professor	18	20.333	2.249			
	Total	429	21.037	2.889			
Factores de trabalho		N	Média	Desvio padrão	F Valor	P- Valor	S/NS
Anos de experiência	Abaixo de 5 Anos	116	21.147	3.014	2.231	0.065	NS
	6 - 10 Anos	150	20.740	2.955			
	11 -15 Anos	83	20.976	3.052			
	16 -20 Anos	54	22.000	2.215			
	Acima de 20 Anos	26	20.462	2.267			
	Total	429	21.037	2.889			
Departamento	Ciência básica	25	20.840	3.363	2.328	0.056	NS
	Artes	81	20.679	2.889			
	Informática	38	21.000	3.495			

	Comércio e Gestão	246	21.346	2.805			
	Humanidades	39	20.000	2.152			
	Total	429	21.037	2.889			
Número de Membros do Departamento	Abaixo de 5	126	21.032	2.730	2.431	0.047	S
	6 - 10	167	21.389	2.839			
	11 -15	106	20.651	2.865			
	16 -20	18	21.333	3.290			
	Acima de 20	12	19.167	3.996			
	Total	429	21.037	2.889			

A pontuação média de Perseverança foi considerada elevada (21,333) para Pós
Os titulares de diplomas no que se refere à qualificação educacional. A média elevada foi considerada elevada para professores do Colégio de Autofinanciamento (21,0997) e, embora se considere a designação, é considerada elevada para Professores Associados (21,273). Observou-se que a média das pontuações é elevada para o professor com experiência entre 1620 anos (22.000). A média elevada foi encontrada para os professores que trabalham no departamento de Comércio e Gestão (21.346) e o número de membros é de 6-10 membros no departamento (21.389).

Os resultados da ANOVA acima indicados indicam que existe uma diferença significativa na pontuação média de Perseverança entre os professores no que diz respeito a diferentes factores relacionados com o trabalho, nomeadamente, o número de membros do departamento. Por conseguinte, as hipóteses nulas são rejeitadas. A pontuação média não varia significativamente em caso de qualificação educacional, natureza do departamento de emprego, designação e anos de experiência. Por conseguinte, as hipóteses nulas são aceites.

O factor relacionado com o trabalho, nomeadamente, o número de membros do departamento tem desempenhado um papel vital na Pontuação Perseverante do stress ocupacional. Por conseguinte, este factor tem diferido significativamente na Pontuação Perseverança dos professores.

Análise de Rank - Coeficiente de Concordância de Kendall

O Coeficiente de Concordância de Kendall foi utilizado para descobrir se as fileiras atribuídas pelos inquiridos têm quaisquer semelhanças. O Coeficiente de Concordância de Kendall (w) varia entre 0 e 1.Maior o valor de (w), maior a similaridade entre os inquiridos na atribuição de classificações. É aplicado para descobrir se os inquiridos atribuíram graus semelhantes na expressão da sua opinião.

Tabela 6.13 Análise de classificação para avaliação do nível de desempenho do trabalho

Elementos	Posição média
Proximidade	4.91
Metodologia de Ensino	3.99
Consciência do Trabalho	4.34
Persistência	6.01
Profissionalismo	3.80
Interacção social	5.81
Criatividade e desenvoltura	6.30

Habilidade de Comunicação	6.12
Domínio do assunto	6.10
Avaliação da Criatividade dos Estudantes	7.60

Vê-se por cima da tabela que a classificação média mais baixa é de 3,80 para
"Profissionalismo".

Tem o valor de ordem mais alto de 1. A ordem média mais alta é
7,60 para Avaliação da Criatividade dos Estudantes. Tem a classificação mais baixa de 10.

Ho: A classificação média dos inquiridos relativamente à classificação de acordo com a
avaliação do nível de desempenho do trabalho

O Coeficiente de Concordância de Kendall

Kendall's W	0. 158

O co-eficiente de concordância de Kendall (W) foi utilizado para descobrir se existe alguma
semelhança entre os inquiridos na sua ordem de atribuição das fileiras. O de Kendall (W)
variará entre 0 e 1. Mais elevado o valor de (w) mais será a semelhança entre os inquiridos na
sua ordem de classificação. O W de Kendall encontrado para os 10 itens é 0,158. Isto mostra
que existe uma semelhança muito baixa entre os inquiridos na atribuição das classificações.

Análise de Regressão da Pontuação Geral de Desempenho de Trabalho

O Desempenho Geral do Trabalho dos professores é influenciado por várias variáveis
preditoras (variável independente) é explicado pela análise de Regressão Múltipla. A análise
de regressão tem sido aplicada para encontrar o efeito dos factores pessoais, profissionais e do
Desempenho Global do Trabalho dos professores. A pontuação encontrada para o
Desempenho Global do Trabalho foi considerada como a variável dependente e as seguintes
variáveis independentes foram identificadas para serem incluídas no modelo

- Idade

- Género

- Estado Civil

- Tipo de Família

- Tamanho da Família

- Rendimento mensal

- N° de Membros Ganhadores

- Rendimento familiar total

- Área Residencial

- Qualificação educacional

- Natureza do emprego

- Designação

123

- Anos de experiência
- Departamento

Tabela 6.14 Variável Dependente: Pontuação do desempenho geral do trabalho

	Coeficientes de Regressão (B)	Erro Std.	Beta	T	P- valor	Sig.
(Constante)	100.625	7.400				
Idade	-3.267	1.285	-.201	-2.543	.011	*
Género	.040	1.199	.002	.033	.974	NS
Estado Civil	-1.724	1.522	-.061	-1.133	.258	NS
Tipo de Família	1.092	1.512	.048	.722	.471	NS
Tamanho da Família	.782	.767	.072	1.019	.309	NS
Rendimento mensal	.347	.696	.034	.499	.618	NS
Nº de Membros Ganhadores	-1.530	.872	-.100	-1.755	.080	NS
Rendimento familiar total	-1.428	.619	-.144	-2.306	.022	*
Área Residencial	1.238	.816	.075	1.517	.130	NS
Qualificação educacional	-1.619	1.105	-.083	-1.465	.144	NS
Natureza do emprego	2.732	1.114	.127	2.452	.015	*
Designação	-2.300	1.354	-.101	-1.699	.090	NS
Anos de experiência	.675	.188	.349	3.583	.000	**
Departamento	.250	.522	.024	.480	.631	NS

(*5% nível significativo ;** 1% nível significativo; NS-Não Significativo)

Tabela 6.14 (a) R Valor quadrático

R	Praça R	F	P-valor	Sig.
0.299	.090	2.907	0.000	**

(*-5% nível significativo ;** - 1% nível significativo; NS-Não Significativo)

O Quadro mostra os resultados da análise de regressão, dando detalhes dos coeficientes de correlação múltipla R, R^2 , relação F e significância. O valor R indica que existe uma correlação baixa (0,299) entre as variáveis dependentes (pontuação do Desempenho Global do Trabalho) e o conjunto de variáveis independentes, o que explica que 6% das variações na variável dependente é devido às 6 variáveis preditoras incluídas na equação. O nível de significância associado indica que R é significativo ao nível de 1 %.

A tabela de regressão mostra que entre as 14 variáveis independentes consideradas para a análise de regressão 2 variáveis foram incluídas entre as várias variáveis independentes, a natureza do emprego e os anos de experiência têm um efeito positivo na pontuação do Desempenho Global do Trabalho, o que significa que o aumento destas variáveis aumentará a pontuação do Desempenho Global do Trabalho proporcionalmente e a idade e o rendimento familiar total têm um efeito negativo na pontuação da inteligência emocional global.

A partir do co-eficiente Beta mostra que o ano de experiência é mais influente na pontuação global do desempenho do trabalho em comparação com outros factores/variáveis. A natureza do emprego é a variável que menos contribui para a pontuação global do desempenho no trabalho.

Análise Qui-Quadrada

Factores relacionados com o trabalho e o desempenho profissional dos professores

O quadro acima mostra a associação entre o desempenho profissional dos professores e os factores relacionados com o trabalho. Os factores de trabalho considerados foram a qualificação educacional, natureza do emprego, designação, anos de experiência, departamento e número de membros do departamento com o objectivo de estudar a relação entre os factores, a seguinte hipótese é formulada e testada utilizando a Análise Qui-quadrado.

Ho: Não há relação significativa entre os factores relacionados com o trabalho seleccionado e o desempenho do trabalho dos professores.

Tabela 6.15 Análise Qui-Quadrado - Factores de trabalho e desempenho no trabalho

Factores pessoais	Valor Qui-Quadrado	Df	P-Value	Significativo/ Não Significativo
Qualificação educacional	3.020	4	0.554	NS
Natureza do emprego	19.112	4	0.001	S
Designação	11.951	4	0.018	S
Anos de experiência	22.043	8	0.005	S
Departamento	26.384	8	0.001	S
Número de membros no Departamento	17.699	8	0.024	S

Da tabela é revelado que existe uma relação significativa entre o desempenho profissional e a natureza do emprego, anos de experiência, departamento e número de membros no departamento, uma vez que o valor da tabela é menor do que o valor do qui-quadrado. Assim, as hipóteses são rejeitadas para as variáveis acima mencionadas, enquanto que, ahypothesis é aceite para a variável Qualificação Educativa dos professores.

Conclui-se que, natureza do emprego, anos de experiência, departamento e número de membros do departamento têm uma associação significativa com o desempenho do trabalho dos professores.

CAPÍTULO VII
RELAÇÃO ENTRE INTELIGÊNCIA EMOCIONAL, STRESS OCUPACIONAL E DESEMPENHO PROFISSIONAL DE PROFESSORES

Quase todos os estudos mostraram uma relação significativa entre a inteligência emocional, o stress ocupacional e o desempenho no trabalho. Por outras palavras, se a inteligência emocional de um indivíduo aumenta, a sua capacidade de lidar com o stress também aumenta. Por outras palavras, aqueles que têm uma inteligência emocional mais elevada experimentam menos stress. A relação estabelece entre a inteligência emocional e o stress ocupacional que ele considera ser extremamente poderoso. Assim, um indivíduo com um alto nível de inteligência emocional tem a capacidade de transformar emoções negativas em emoções positivas e sente-se motivado a trabalhar com ele em situações de stress. A inter-relação entre a inteligência emocional, o stress ocupacional e o desempenho profissional é descrita neste capítulo.

Relação entre Autoconhecimento, Autogestão, Sensibilização Social e Gestão de Relacionamento.

O quadro seguinte apresenta o resultado da análise de Correlação entre Autoconhecimento, Autogestão, Sensibilização Social e Gestão de Relacionamento.

HO: "Não existe uma relação significativa entre Autoconhecimento, Autogestão, Consciência Social e Gestão de Relacionamento"

Quadro 7.1: Matriz de Correlação - Inteligência Emocional

	Auto-consciencialização	Autogestão	Sensibilização Social	Gestão de Relacionamento
Auto-conhecimento	1	.540**	.525**	.158**
Autogestão		1	.638**	.511**
Sensibilização social			1	.378**
Gestão das relações			.	1

(Fonte: calculado)(* - significativo ao nível de 1 por cento,)

A tabela revela que, todos os quatro factores têm uma relação significativa com outros factores ao nível de 1 por cento. Entre os quatro factores de inteligência emocional, existe a correlação mais elevada entre Autogestão e Consciência Social (r=0,638) seguida de Autoconhecimento e Autogestão (r=0,540), Autoconhecimento e Consciência Social (r=0,525), Autogestão e Gestão de Relacionamentos (r=0,511) Existe uma correlação moderada entre Consciência Social e Gestão de Relacionamentos (r=0,378) e existe menos correlação entre Autoconhecimento e Gestão de Relacionamentos (r=0,158)

Relação entre Intrínseco ao Trabalho, Desenvolvimento de Carreira, Relações Interpessoais, Stress no Trabalho, Stress de Papel e Stress Climático Organizacional.

H0: "Não há relação significativa entre Intrínseco ao Trabalho, Desenvolvimento de Carreira, Relações Interpessoais, Stress no Trabalho, Stress de Papel e Stress Climático Organizacional".

O quadro seguinte apresenta o resultado da análise de correlação entre Intrínseco ao Emprego, Desenvolvimento de Carreira, Relações Interpessoais, Stress no Trabalho, Stress de Papel e Stress Climático Organizacional.

Quadro 7.2: Matriz de Correlação - Factores de Stress Ocupacional

	Intrínseco ao trabalho	Desenvolvimento de Carreira	Relações Interpessoais	Stress laboral	Papel Stress	Stress Climático Organizacional
Intrínseco ao trabalho	1	.708**	.557**	.560**	.460**	.520**
Desenvolvimento de carreira		1	.637**	.632**	.566**	.612**
Relações interpessoais			1	.651**	.617**	.487**
Stress laboral				1	.521**	.462**
Stress de papel					1	.742**
Stress climático organizacional						1

(Fonte: computado)(* - significativo ao nível de 1 por cento)

A tabela revela que, todos os seis factores têm uma relação significativa com outros factores.

Entre os seis factores de stress ocupacional, existe a mais alta correlação entre o stress de função e o stress climático organizacional (r=0,742), seguido do Intrínseco ao Emprego e Desenvolvimento de Carreira (r=0,708), Relações Interpessoais e Stress de Trabalho (r=0,651), Desenvolvimento de Carreira e Relações Interpessoais (r=0.637), Desenvolvimento de carreira e stress no trabalho (r=0,632), Relações interpessoais e stress no trabalho (r=0,617), Desenvolvimento de carreira e stress no clima organizacional (r=0,612), Desenvolvimento de carreira e stress no trabalho (r=0,566), Intrínseco ao trabalho e stress no trabalho (r=0,560), Intrínseco ao trabalho e relações interpessoais (r=0,557). Existe uma correlação moderada entre stress no trabalho e stress no papel (r=0,521), seguido de Intrínseco ao trabalho e stress no clima organizacional (r=0,520), Relações interpessoais e stress no clima organizacional (r=0,487), Stress no trabalho e stress no clima organizacional (r=0,462), Intrínseco ao trabalho e stress no papel (r=0,460).

Relação entre Pontualidade, Metodologia de Ensino, Consciência do Trabalho e Perseverança

Esta secção de análise tem por objectivo testar as seguintes hipóteses:

H0: "Não existe uma relação significativa entre Pontualidade, Metodologia de Ensino, Consciência do Trabalho e Perseverança".

O quadro seguinte apresenta o resultado da Análise de Correlação entre Pontualidade, Metodologia de Ensino, Consciência do Trabalho e Perseverança

Tabela 7.3: Matriz de Correlação - Desempenho do trabalho

	Pontualidade	Metodologia de Ensino	Consciência do Trabalho	Perseverança
Pontualidade	1	.686**	.576**	.572**
Metodologia de Ensino		1	.612**	.623**
Consciência do Trabalho			1	.758**
Perseverança				1

(Fonte: computado)(- significativo ao nível de 1 por cento)*

Revela-se na tabela que, a maioria das variáveis tem uma relação com outras variáveis. Entre os quatro factores de desempenho do Trabalho, a correlação mais elevada existe entre Consciência do Trabalho e Perseverança (r=0,758) seguida pela Pontualidade e Metodologia de Ensino (r=0,686), Metodologia de Ensino e Perseverança (r=0,623), Metodologia de Ensino e Consciência do Trabalho (r=0,612), Pontualidade e Consciência do Trabalho (r=0,576), Pontualidade e Perseverança (r=0,572).

Relação entre Inteligência Emocional, Stress Ocupacional e Desempenho Profissional

Para examinar o nível de influência do stress ocupacional, Inteligência Emocional sobre o Desempenho no Trabalho, foi realizada inicialmente uma análise de correlação para encontrar a relação entre os factores que medem o stress ocupacional, a inteligência emocional e o desempenho no trabalho. Além disso, a análise de regressão foi aplicada para estimar o coeficiente da variável dependente a partir de várias variáveis independentes. Esta secção de análise tem como objectivo testar as seguintes hipóteses:

H0: "O stress ocupacional, a Inteligência Emocional não tem uma influência significativa no desempenho profissional".

O quadro seguinte apresenta o resultado da análise de correlação entre o desempenho no trabalho, a inteligência emocional e o stress ocupacional

Tabela 7.4: Matriz de Correlação - Desempenho do Trabalho, Inteligência Emocional, e Stress Ocupacional

	Desempenho de trabalho	Inteligência Emocional	Stress Ocupacional
Desempenho de trabalho	1	.589**	-.412**
Inteligência Emocional		1	-.273*
Stress Ocupacional			1

(Fonte: computado)(- significativo ao nível de 1 por cento)*

A tabela revela que, todas as três variáveis têm uma relação significativa com outras variáveis. Entre as três variáveis, a correlação positiva mais elevada existe entre a Inteligência

128

Emocional e o Desempenho do Trabalho (r=0,589) e

a relação é significativa ao nível de 1 por cento. Além disso, existe uma correlação negativa moderada entre o desempenho no trabalho e o stress ocupacional (r=-0,412) e existe uma correlação menos negativa entre a Inteligência Emocional e o Stress Ocupacional (r=- 0,273) e a relação é significativa ao nível de 1 por cento.

ANÁLISE DE REGRESSÃO PARA O DESEMPENHO DO TRABALHO

A análise de regressão foi aplicada para estudar a natureza da relação entre duas variáveis. Fornece estimativas de valores da variável dependente a partir de valores das variáveis independentes com a equação de regressão. As dez variáveis independentes seguintes, nomeadamente, "Auto-conhecimento", "Auto-Gestão", "Consciência Social", "Gestão da Relação", "Intrínseco ao Emprego", "Desenvolvimento da Carreira", "Relações Interpessoais", "Stress no Trabalho", "Stress no Papel" e "Stress no Clima Organizacional" foram incluídas no modelo como indicadores para prever o nível de influência no Desempenho no Trabalho.

A análise de regressão múltipla, que é uma extensão lógica da análise de regressão, inclui duas ou mais variáveis independentes na equação de regressão. A análise de regressão múltipla deriva uma equação que fornece valores da variável dependente a partir de valores das várias variáveis independentes. Dos diferentes métodos de análise de Regressão Múltipla, foi utilizado o método de regressão escalonada. A equação geral de Regressão Múltipla é da forma,

$$Y = a0 + a1X1 + a2 + . \quad anXn$$

onde Y, a variável dependente

a0, constante

a1, a2, an - coeficientes de regressão de variável dependente

X1,,Xn - coeficientes de regressão de variáveis independentes.

A análise de regressão estima o co-eficiente da regressão e a constante. Inicialmente, a equação começa sem variáveis preditoras (independentes), depois, no primeiro passo, a variável com a correlação máxima com a variável dependente é seleccionada primeiro e incluída no modelo de regressão. Uma vez incluída na equação, a variável é novamente considerada para remoção a fim de evitar problemas de multicolinearidade (correlação entre variáveis independentes).

Uma vez que a variável entrou e permanece na equação, a variável seguinte com a maior correlação parcial positiva ou negativa foi seleccionada e considerada para entrada e, se

129

satisfizer, a variável é adicionada à equação. Este processo de entrada e remoção é continuado até que todas as variáveis satisfaçam os critérios de entrada e remoção. Finalmente, as variáveis seleccionadas com base nos critérios de selecção foram incluídas sozinhas no modelo.

O resultado da regressão das variáveis independentes (factores) em relação à variável dependente (Desempenho do trabalho) foi apresentado na tabela seguinte:

Tabela 7.5: Análise de Regressão por Etapas para o Desempenho do Trabalho

Modelo	Coeficientes de Regressão(B)	Erro Std.	Beta	t- valor	Sig.
(Constante)	5.606	.241			
Sensibilização social	.340	.032	.352	9.405	**
Desenvolvimento de Carreira	-.329	.062	-.363	-6.732	**
Relação interpessoal	.212	.041	.241	4.653	**
Autogestão	.190	.026	.226	3.233	*
Intrínseco ao trabalho	-.215	.034	-.295	-7.314	**
Stress de papel	-.183	.034	-.205	-9.421	**

R= 0,587, R2= 0,445,Adj. R2= 0,433,F= 44,550,Sig = ** **

(Fonte: Calculado *-significativo ao nível de 5 por cento, **-ignificativo ao nível de 1 por cento)
Variável dependente: desempenho do trabalho

O quadro apresenta o resultado da análise de regressão por etapas e contém os detalhes de Multiple R, R^2, R Ajustado^2 e inclusão por etapas de variáveis na equação de regressão. No entanto, todos os factores identificados para a análise não foram incluídos na equação. De 10 preditores, 6 preditores foram incluídos na equação. Os factores que não cumpriram os critérios de selecção (a variável cujo valor F é 3,84 e a probabilidade associada para o teste F é inferior ou igual a 0,05 é considerada para inclusão na equação. Da mesma forma, uma vez introduzida a variável, o critério de remoção é de valor F inferior a 2,71 associado a uma probabilidade igual ou superior a 0,10) foram mantidos fora da equação.

O R múltiplo dado no quadro acima explica o coeficiente de correlação múltipla da variável dependente com o conjunto de variáveis independentes que foram incluídas na equação de regressão. O valor R (0,587) indicou que, houve um bom nível de correlação entre a variável dependente (Desempenho de Trabalho) e o conjunto de variáveis independentes. Contudo, o valor F (F=44,550) mostrou que o modelo tem sido estatisticamente significativo. O valor R^2 ajustado (0,437) obtido quando multiplicado por 100 dá a percentagem de variação na variável dependente explicada pelo grupo de variáveis independentes na equação de regressão. Assim, 43,0 por cento de variabilidade no desempenho do trabalho dos professores foi previsto pelas variáveis independentes tais como 'Social Awareness', 'Interpersonal relationships', 'Self Management', 'Career development', 'Intrinsic to Job' e 'Role stress'.

A partir da tabela de regressão constata-se que, todas as 6 variáveis preditoras têm um impacto significativo no Desempenho do Trabalho quer ao nível de 5 por cento ou 1 por cento. Individualmente, "Consciência Social", "Relações Interpessoais" e "Autogestão" têm uma influência significativa positiva no "Desempenho no Trabalho". Os valores mais elevados sobre este conjunto de variáveis também tiveram uma maior influência no desempenho no trabalho. As outras 3 variáveis preditoras incluídas na equação nomeadamente, 'Intrínseco ao trabalho', 'Stress do papel', e 'Desenvolvimento da carreira' têm um efeito negativo sobre o desempenho no trabalho.

As estatísticas do teste t calculadas para o coeficiente de regressão mostraram que, todas as variáveis que finalmente foram incluídas no modelo influenciaram significativamente o desempenho do trabalho dos professores, quer ao nível de 5% ou 1%.

Foram calculados coeficientes de regressão padronizados (Beta) para encontrar a contribuição relativa de cada variável para a variável dependente. Uma vez que as variáveis incluídas no modelo têm unidades de medida diferentes, os seus respectivos coeficientes de regressão não podem ser comparados directamente. Estas variáveis converteram-se em valores padronizados que estão livres de unidades de medida e, portanto, os correspondentes coeficientes de regressão (Beta) foram tomados para comparáveis. É de notar que, em termos absolutos, a contribuição do factor "consciência social" é elevada quando comparada com outras variáveis com um valor beta mais elevado de 0,352 seguido de "relação interpessoal" com um valor beta de 0,241 e "autogestão" com um valor beta de 0,226.

As outras variáveis tais como 'Desenvolvimento de Carreira', 'stress de papel' e 'Intrínseco ao trabalho' contribuíram menos para o desempenho do trabalho dos professores. Isto implica que a inteligência emocional pode ajudar a reduzir o stress ocupacional e a melhorar o desempenho profissional dos professores. Além disso, uma boa cultura organizacional com programas adequados de melhoria da faculdade, uma boa escala salarial e uma relação saudável entre colegas ajuda a reduzir o stress. Além disso, as instituições académicas podem criar diferentes motivos com diferentes métodos nos funcionários para reconhecer a sua inteligência emocional.

Desempenho do trabalho = 5.606+ .352 (Consciência social) -.363 (Desenvolvimento da carreira) -.241 (Relação interpessoal) +.226 (Autogestão) -.295 (Intrínseco do trabalho) -.205 (Stress do papel)

Modelo de Equação Estrutural

A Modelação de Equações Estruturais (SEM) foi proposta para estudar a relação entre a Inteligência Emocional, o stress ocupacional e o Desempenho Profissional dos professores que trabalham nas faculdades de Artes e Ciências. Foi desenvolvido um modelo de investigação baseado nos itens incluídos no questionário que teoricamente explica a relação entre a Inteligência Emocional, o stress ocupacional e o Desempenho no Trabalho. Além

131

disso, as dimensões da Inteligência Emocional, do stress ocupacional e do Desempenho no Trabalho são as seguintes:

I. Inteligência Emocional

* Auto-consciencialização
* Autogestão
* Sensibilização Social
* Gestão de Relacionamento

II. Stress Ocupacional

* Intrínseco ao trabalho
* Desenvolvimento de carreira
* Relações interpessoais

Stress laboral
* Stress de papel
* Stress climático organizacional

III. Desempenho de trabalho

* Pontualidade
* Metodologia de Ensino
* Consciência do Trabalho
* Perseverança

O stress ocupacional dos professores assumiu afectar a Inteligência Emocional e o desempenho do trabalho. Assim, a Inteligência Emocional medeia o efeito do stress ocupacional e do desempenho no trabalho.

Modelo de investigação

O modelo de investigação inicial proposto é apresentado na figura seguinte. Os factores latentes para cada dimensão, nomeadamente, Inteligência Emocional, Stress Ocupacional e Desempenho do trabalho, foram medidos pelas respectivas setas de direcção retiradas destas dimensões. A 'Autoconhecimento', 'Autogestão', 'Consciência Social' e 'Gestão de Relações' têm vindo a medir a 'Inteligência Emocional com as setas principais extraídas a partir dela. Do mesmo modo, 'Intrínseco ao trabalho', 'Desenvolvimento de carreira', 'Relações interpessoais', 'Stress no trabalho', 'Stress no papel' e 'Stress no clima organizacional' têm vindo a medir o 'Stress ocupacional' com as setas orientadoras tiradas destas dimensões e 'Pontualidade', 'Metodologia de ensino', 'Consciência do trabalho' e 'Perseverança' têm vindo a medir o 'Desempenho do trabalho' com as setas orientadoras tiradas destas dimensões.

* A seta que conduz do Stress Ocupacional ao Desempenho do Trabalho mede o efeito directo dos factores de Stress Ocupacional nos factores de desempenho do Trabalho.

132

• A seta que conduz do Stress Ocupacional à Inteligência Emocional mede o efeito directo dos factores de Stress Ocupacional nos factores de Inteligência Emocional.

• A seta que conduz da Inteligência Emocional ao Desempenho no Trabalho mede o efeito directo dos factores de Inteligência Emocional aos factores de Desempenho no Trabalho.

• Além disso, os factores de Inteligência Emocional actuam como variável mediadora para medir o efeito indirecto dos factores de Stress Ocupacional nos factores de desempenho do trabalho.

O modelo inicial proposto foi desenvolvido para alcançar os seguintes objectivos:

1. Examinar como a dimensão da Inteligência Emocional tem sido explicada pelos quatro factores latentes, nomeadamente, 'Autoconhecimento', 'Autogestão', 'Consciência Social' e 'Gestão de Relacionamento'. É para avaliar se o modelo que consiste nestes quatro factores carrega a Inteligência Emocional.

2. Examinar como o stress ocupacional tem sido explicado pelos seis factores latentes, nomeadamente, 'Intrínseco ao trabalho', 'Desenvolvimento de carreira', 'Relações interpessoais', 'Stress no trabalho', 'Stress do papel' e 'Stress do clima organizacional'. Trata-se de avaliar se o modelo constituído por estes seis factores carrega o Stress Ocupacional.

3. Examinar como o desempenho do trabalho tem sido explicado pelos quatro factores latentes, nomeadamente, 'Pontualidade', 'Metodologia de Ensino', 'Consciência do Trabalho' e 'Perseverança' . É para avaliar se o modelo que consiste nestes quatro factores carrega no Desempenho do Trabalho.

4. Estabelecer uma relação de Inteligência Emocional, stress ocupacional e desempenho profissional e também, o efeito do stress ocupacional no desempenho profissional quando mediado pela Inteligência Emocional.

Figura 7.1: Modelo de Equação Estrutural que explica a relação da Inteligência Emocional, Stress Ocupacional no Desempenho Profissional dos Professores que Trabalham nas Faculdades de Artes e Ciências.

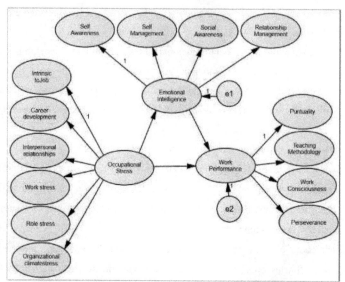

A Inteligência Emocional consistiu em 38 itens que foram explicados com as construções a saber, 'Autoconhecimento' (10 itens), 'Autogestão' (10 itens), 'Consciência Social' (9 itens), e 'Gestão de Relacionamento' (9 itens).

Os factores de stress ocupacional consistiram em 35 itens que foram explicados com as construções nomeadamente, 'Intrínseco ao trabalho' (5 itens), 'Desenvolvimento de carreira' (7 itens), 'Relações interpessoais' (6 itens), 'Stress no trabalho' (6 itens), 'Stress no papel' (6 itens) e 'Stress climático organizacional'(5 itens)

Os factores de desempenho do trabalho consistiram em 23 itens que foram explicados com as construções nomeadamente, 'Pontualidade' (5 itens), 'Metodologia de Ensino' (7 itens), 'Consciência do Trabalho' (6 itens) e 'Perseverança'(5 itens)

Fiabilidade dos Construtores

Inicialmente, os coeficientes de fiabilidade para todas as construções latentes envolvidas neste estudo foram descobertos para avaliar se os itens são consistentes com os factores que medem. O Cronbach's Alpha foi descoberto para cada construção. Os resultados são apresentados na tabela seguinte:

Quadro 7.6: Coeficientes de Fiabilidade para Construções

S. Não.	Construções	Número de artigos	O Alfa de Cronbach	Nomes Variáveis Dados
Factores de Inteligência Emocional				
1	Auto-consciencialização	10	0.738	q22.1 a q22.10
2	Autogestão	10	0.786	q22.11 a q22.20
3	Sensibilização Social	9	0.753	q22.21 a q22.29
4	Gestão de Relacionamento	9	0.797	q22.30 a q22.38
Factores de stress ocupacional				
1	Intrínseco ao trabalho	5	0.877	q24a.1 a q24a.5

2	Desenvolvimento de carreira	7	0.859	q24a.6 a q24a.12
3	Relações interpessoais	6	0.872	q24a.13 a q24a.18
4	Stress laboral	6	0.876	q24a.19 a q24a.24
5	Stress de papel	6	0.871	q24a.25 a q24a.30
6	Stress climático organizacional	5	0.875	q24a.31 a q24a.35
Factores de desempenho do trabalho				
1	Pontualidade	5	0.836	q23a.1 a q23a.5
2	Metodologia de Ensino	7	0.838	q23a.6 a q23a.12
3	Consciência do Trabalho	6	0.818	q23a.13 a q23a.18
4	Perseverança	5	0.820	q23a.19 a q23a.23

(Fonte: Calculado)

Vê-se pela tabela acima que, o coeficiente de fiabilidade, o Alfa de Cronbach tem sido bem superior a 0,70 para todas as construções, o que é considerado como bastante fiável. (Proposed by Nunnally[1] , 1978)

Análise Confirmativa de Factores de Factores utilizados no Modelo

O modelo de investigação consistia agora em três dimensões. Propõe-se explicar o stress ocupacional como variável independente e explicar a relação com factores endógenos (dependentes), 'Inteligência Emocional' e 'Desempenho Profissional'. A Inteligência Emocional explica a relação com o Desempenho no Trabalho como variável independente e também como variável mediadora. Globalmente, o modelo de investigação foi proposto com quatro construções independentes latentes com efeitos directos e indirectos sobre o Desempenho no Trabalho.

Em seguida, foi adoptada a Análise Confirmativa de Factores (CFA) para validar as escalas construídas desenvolvidas para 'Inteligência Emocional' com quatro construções latentes, 'Stress Ocupacional' com seis construções latentes e 'Desempenho de Trabalho' com quatro construções latentes. O primeiro passo foi considerado a montagem do modelo de medição.

Se os modelos de medição tiverem sido uma boa representação dos respectivos domínios individualmente, o passo seguinte tem de desenvolver um modelo de factores de segunda ordem para testar se o factor de ordem mais elevado hipotético foi responsável pela relação entre os factores de ordem mais baixos. Isto resulta em interpretações simplificadas de estruturas complexas do modelo de primeira ordem. O passo final é testar a adequação do modelo do factor de segunda ordem e avaliar se cada uma das três dimensões foi bem capturada e representada pelos respectivos factores subjacentes. Os dados foram analisados utilizando AMOS versão 22.0 onde os parâmetros do modelo foram estimados pelo método da máxima verosimilhança.

Medidas de ajuste do modelo

A adequação do ajuste do modelo foi identificada com base na estatística do teste de qui-quadrado (dado como CMIN em AMOS), que testa se a matriz de covariância da população é

---

[1] Nunnally, J. C. (1978). Psychometric theory (2ª ed.). Nova Iorque: McGraw-Hill.

igual à matriz de covariância imposta pelo modelo. Um resultado significativo indica uma má adaptação (P <0,05) enquanto que um resultado não significativo do teste indica que, a adaptação do modelo é boa mostrando que, o modelo foi apropriado para os dados. Contudo, a estatística do teste do qui-quadrado tem sido sensível ao tamanho da amostra que tende a dar resultados altamente significativos nos casos com tamanho de amostra moderado a grande.

Assim, além do teste de qui-quadrado, foram utilizadas outras estatísticas de adequação ao qui-quadrado, a saber, a relação entre o valor do qui-quadrado e os seus graus de liberdade associados (CMIN/df), Erro de Aproximação do Quadrado Médio de Raiz (RMSEA), Índice de Adequação ao Bem (GFI), Índice de Adequação Comparativa (CFI), e Índice de Adequação Normalizada (NFI). Para um bom ajuste do modelo, o rácio CMIN/df deve ser inferior a 3, RMSEA deve ter um valor 0,05 ou inferior e o GFI, CFI e NFI deve ter valores acima de 0,95.Contudo, o CMIN/df com um valor entre 3-5, RMSEA entre 0,05-0,08 e GFI, CFI e NFI entre 0,90-0,95 foi considerado para aceitar o modelo.

Os Índices de Modificação (MI) dados pela AMOS destinam-se a melhorar o ajuste do modelo, permitindo correlações entre termos de erro e interdependência das escalas utilizadas na análise. O ajuste do modelo melhora após a modificação, e por conseguinte, isto foi realizado de forma mínima para ter um melhor ajuste do modelo.

A Análise Factorial Confirmatória foi aplicada a cada um dos factores de três dimensões (Inteligência Emocional, Stress Ocupacional e Desempenho de Trabalho) para medir se os itens listados sob cada construção têm, por sua vez, a intenção de medir o que tem de ser medido. Os itens de cada construção carregam bem as suas construções respeitáveis. A lista das variáveis dos respectivos itens foi fornecida.

ANÁLISE DO FACTOR DE CONFIRMAÇÃO PARA A INTELIGÊNCIA EMOCIONAL

I. Análise de Factores de Confirmação de Primeira Ordem (CFA) para Dimensão de Inteligência Emocional

Os factores de "Inteligência Emocional" foram medidos numa escala de cinco pontos de Likert como fortemente concordam, concordam, neutros, discordam, e fortemente discordam. Os itens relacionados com cada construção foram carregados em alta nos seus respectivos factores. A análise dos factores de confirmação da primeira ordem foi feita para testar se as variáveis representam os seus respectivos factores.

O Modelo CFA First Order proposto para 'Self Awareness', 'Self Management', 'Social Awareness' e 'Relationship Management' consiste nos seguintes itens.

Auto-consciencialização
q22.1: Estou consciente das minhas emoções à medida que as experimentei
q22.2: Motivo-me imaginando um bom resultado de tarefas que eu assumiria

q22.3: Quando estou chateado, normalmente consigo perceber porque estou angustiado

22.4: Quando cometo erros, grito frequentemente& critico-me pelas minhas capacidades

p22.5: Conheço os meus valores e crenças

p22.6: Tenho autoconfiança em todas as situações

22.7: Tenho tendência a reagir demasiado aos problemas

22.8: Eu sei o que me motiva

p22.9: Descrever-me-ia como um bom juiz de carácter

22.10: Sinto-me confiante quanto às minhas próprias capacidades, talentos e aptidões

Autogestão

p22.11: Compreendo a utilização das técnicas de auto-coaching

p22.12: Compreendo a diferença entre auto-estima e respeito próprio

p22.13: Posso tornar-me um modelo eficaz

p22.14: Posso gerir eficazmente as minhas mudanças pessoais

p22.15: Estabeleço os meus objectivos pessoais e tomo medidas para os atingir

p22.16: Adopto o pensamento positivo

p22.17: Eu vou e posso ser capaz de superar com sucesso os meus desafios

p22.18: Sou capaz de me acalmar rapidamente

22.19: Fixarei objectivos para mim próprio e tentarei atingi-los ao meu nível

22.20: Consigo controlar a minha raiva/frustração

Sensibilização Social

22.21: Reconheço diferenças de valor e semelhanças entre pessoas e culturas

p22.22: Reconheço e uso a empatia eficazmente

p22.23: Consigo compreender e entrar no mundo de outra pessoa

p22.24: Consigo compreender os sentimentos dos outros

p22.25: Posso sempre acolher as sugestões/recomendações de outros

22.26: Posso dizer o que os outros sentem pelo tom das suas vozes

p22.27: Para mim é fácil compreender porque é que as pessoas sentem o que sentem

p22.28: Felicito os outros quando fizeram algo bem

22.29: No meu grupo de amigos estou geralmente consciente de como cada pessoa se sente em relação à outra pessoa

Gestão de Relacionamento

22.30: Ajudo activamente os outros a serem mais assertivos

p22.31: Posso estabelecer e construir uma relação de longo prazo

p22.32: Reconheço o que conduz e motiva os outros

p22.33: Posso desenvolver e manter a abertura, confiança e honestidade

22.34: Posso agir como um catalisador de mudança

p22.35: Posso colaborar e trabalhar em equipa

p22.36: Posso estabelecer e alcançar objectivos

p22.37: Sou sensível às emoções e estados de ânimo dos outros

22.38: procuro activamente soluções e resolvo problemas sabendo quando lutar e quando me afastar

Os factores foram testados com as seguintes hipóteses:

H01: "As variáveis observadas q22.1, q22.2, q22.3, q22.4, q22.5, q22.6, q22.7, q22.8, q22.9 e q22.10 carregam sobre o factor denominado Auto-Conhecimento".

H02: "As variáveis observadas q22.11, q22.12, q22.13, q22.14, q22.15, q22.16, q22.17, q22.18, q22.19 e q22.20 carregam sobre o factor designado como Autogestão".

H03: "As variáveis observadas q22.21, q22.22, q22.23, q22.24, q22.25, q22.26, q22.27, q22.28 e q22.29 carregam sobre o factor designado como Consciência Social".

H04: "As variáveis observadas q22.30, q22.31, q22.32, q22.33, q22.34, q22.35, q22.36, q22.37 e q22.38 carregam sobre o factor designado como Gestão de Relacionamento".

Os modelos do factor de confirmação foram testados quanto à bondade do ajuste e os resultados estão expostos na tabela seguinte:

Quadro 7.7: Análise de Factores de Confirmação de Primeira Ordem (CFA) para Inteligência Emocional

Factor	Hipótese	Variáveis indicadoras	ChiSquare	Valor P	CMIN/df	GFI	NFI	TPI	RMSEA
Auto-consciencialização	H01	q22.1 a q22.10	161.788	P<0.01	4.403	0.932	0.935	0.962	0.072
Auto Gestão	Ho2	q22.11 a q22.20	167.371	P<0.01	3.923	0.942	0.891	0.910	0.064
Social Awareness	H03	q22.21 a q22.29	117.282	P<0.05	4.087	0.947	0.893	0.912	0.065
Gestão de Relacionamento	H04	q22.30 a q22.38	93.465	P<.05	3.739	0.956	0.962	0.972	0.070

(Fonte: Calculado)

Os resultados do teste modelo na tabela acima mostraram que, o valor do qui-quadrado foi significativo para os factores 'Autoconhecimento', 'Autogestão', 'Consciência Social' e 'Gestão de Relacionamentos'. No entanto, os valores do qui-quadrado foram grandemente influenciados pelo tamanho da amostra e, portanto, o CMIN/df tomou como medida de ajuste. Isto mostra que, para todos os factores significativos, os valores CMIN/df têm sido inferiores a 5. A bondade das estatísticas de ajuste GFI, NFI e CFI tem sido superior a 0,90 para todos os factores. Os valores RMSEA têm sido inferiores a 0,08 para todos os factores. As estatísticas de ajuste do modelo mostraram que, todas as medidas de ajuste estão dentro de limites aceitáveis e pode inferir-se que, as variáveis carregam sobre os seus respectivos factores. Por conseguinte, as hipóteses H01 a H04 foram aceites.

Modelo de Factor de Segunda Ordem para Inteligência Emocional

Os modelos de factores têm sido modelos de medição que explicam a relação entre as quatro construções latentes, nomeadamente, 'Autoconhecimento', 'Autogestão', 'Consciência social' e 'Gestão de relações' e as suas respectivas variáveis indicadoras têm sido consideradas apropriadas com as suas hipóteses aceites. A bondade dos índices de ajuste para estes modelos de medição tem sido adequada. Para se enquadrarem num modelo de factores de segunda ordem, os factores latentes obtidos nos modelos CFA de primeira ordem, têm de representar a respectiva dimensão individualmente. Para testar a adequação do modelo de factores de segunda ordem, considerando os quatro factores de hipótese juntos, onde apenas se estes construtores (factores latentes) tiverem sido altamente correlacionados no modelo de factores de primeira ordem, poderia ser obtido um modelo de factores de segunda ordem mais parcimonioso e interpretável. O modelo de factores de segunda ordem com os quatro factores da Inteligência Emocional com as suas respectivas variáveis indicadoras propôs inicialmente em figura e testou com a seguinte hipótese nula:

H0: "A Inteligência Emocional tem sido adequadamente explicada pelos quatro factores a saber, Autoconhecimento, Autogestão, Consciência Social e Gestão de Relacionamentos".

A figura seguinte mostra o modelo de factor de segunda ordem inicialmente obtido para o factor de Inteligência Emocional.

Figura 7.2: Modelo de segunda ordem CFA para Factores de Inteligência Emocional

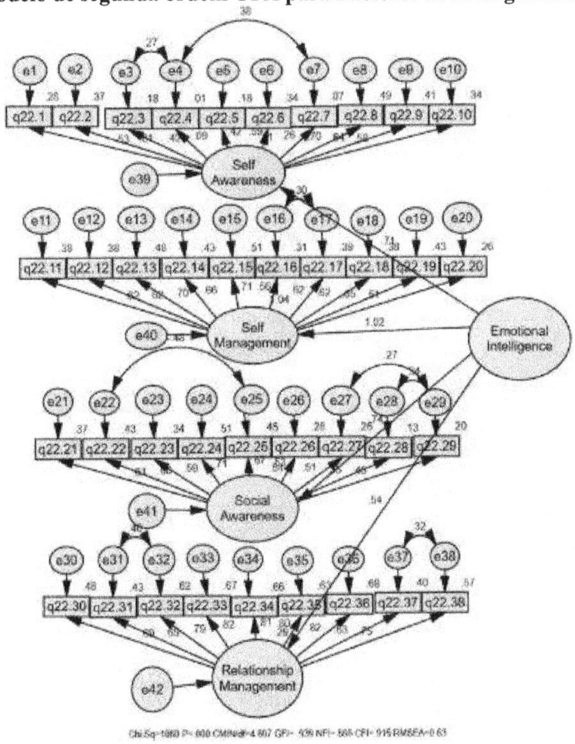

Chi.Sq=1810 P= 000 CMIN/df=4.867 GFI= 936 NFI= 886 CFI= 915 RMSEA=0 63

Índices de modificação para co-variações

Os índices de modificação calculados para os modelos de medição sugeriram que, houve margem para melhorias no ajuste do modelo. Os índices de modificação mostrarão quanto o valor quadrático do chi reduziria, se os termos de erro forem autorizados a correlacionar. O M.I. sugeriu que, permitindo que os termos de erro e3-e4, e4-e7 para autoconhecimento, e16-e17, para autogestão, e22-25, e27-e29, e28-e29 para consciência social e e31-32, e37-e38 para gestão de relacionamento se correlacionassem, diminuiria muito o valor CMIN do respectivo modelo de factor. O M.É utilizado inicialmente no modelo de medição ajuda a melhorar o ajuste do modelo.

A figura mostra o modelo de factor de segunda ordem inicialmente obtido para "Inteligência Emocional", que consiste em modelos de medição obtidos no modelo de factor de primeira ordem. O modelo de segundo factor de ordem apresentado na figura sugere que, desde então, o modelo tem sido satisfatório, todas as estatísticas de ajuste têm estado abaixo dos limites admissíveis.

O valor CMIN/df foi encontrado abaixo do nível admissível de 5, as outras medidas nomeadamente, os valores GFI, NFI e CFI foram superiores a 0,90 e o valor RMSEA foi de 0,63, o que torna o modelo satisfatoriamente aceitável uma vez que o valor é inferior a 0,08. Uma vez que o modelo tem sido aceitável, não foram necessárias mais melhorias no modelo, pelo que a hipótese foi aceite em que os quatro factores latentes, nomeadamente, Autoconhecimento, Autogestão, Consciência Social e Gestão de Relacionamento, explicam o factor de ordem superior, nomeadamente, Inteligência Emocional.

Cargas de Factores

A figura mostra as estimativas padronizadas para os factores observados, bem como as variáveis indicadoras. Estes pesos são independentes das unidades com as quais as variáveis foram medidas e comparadas. Os pesos de regressão padronizados para as variáveis observadas de cada factor e os respectivos factores deram com as setas de ataque, mais alta a carga, melhor a variável explica sobre o factor. O caminho mostra que, a variável q22,8 (eu sei o que me motiva) carrega mais alto em 'Auto-Conhecimento' com factor de carga de 0,70, em comparação com outras variáveis. Do mesmo modo, a variável q22.15(Eu estabeleço os meus objectivos pessoais e tomo medidas para os atingir) carrega mais alto em 'Autogestão' com factor de carga de 0,71 em comparação com outras variáveis, a variável q22.24(Eu consigo compreender os sentimentos dos outros) com um valor de 0,71 carrega mais alto no factor 'Consciência social' e a variável q22.33 (Eu reconheço o que impulsiona e motiva os outros) e q22.36 (Eu consigo colaborar e trabalhar em equipa)com um valor de 0,82 carrega mais alto no factor 'Gestão de relações'.

Factor sábio para a dimensão Inteligência Emocional, o caminho para a gestão da relação carrega cargas mais elevadas (0,54) na Inteligência Emocional em comparação com outros factores. O factor Consciência social tem uma carga menor (0,20) em comparação com outros factores.

A tabela seguinte mostra os coeficientes de regressão não padronizados dos caminhos desenvolvidos para o modelo.

Quadro 7.8: Pesos de Regressão para Factores de Inteligência Emocional

Variável para	Caminho	Variável a partir de	Estimativa	S.E.	C.R.	P
Auto-consciencialização	<---	Inteligência Emocional	1.000			
Autogestão	<---	Inteligência Emocional	1.942	.250	7.764	**
Sensibilização Social	<---	Inteligência Emocional	1.246	.166	7.509	**
Gestão de Relacionamento	<---	Inteligência Emocional	1.269	.179	7.094	**

*(** - Significativo ao nível de 1%)*

Observa-se, a partir do quadro, que as estimativas acima foram estimativas de regressão não padronizadas das variáveis independentes correspondentes. Por exemplo, 1.000 sob a estimativa da coluna denota que, como o valor da Inteligência Emocional sobe 1,o valor da Autoconsciência também aumenta em 1.000. Os valores apresentados acima foram as estimativas de regressão das variáveis independentes correspondentes. S.Es tem sido os Erros Padrão dos respectivos coeficientes de regressão. C.R (Critical ratio) tem sido o rácio entre os valores das estimativas da regressão e S.E. A Probabilidade (P) mostra que os coeficientes de regressão têm contribuído significativamente para a variável dependente.

A figura mostra que, com quatro factores latentes, pode gerar um modelo de ajuste respeitável. O modelo mostra que, sendo o valor CMIN/df 4,687 e o valor RMSEA 0,73 que se situaram no nível aceitável. O GFI, NFI e CFI têm estado acima de 0,90 e a hipótese foi aceite com as quatro construções latentes, nomeadamente, 'Auto-conhecimento', 'Auto-gestão', 'Consciência social' e 'Gestão de relações' mostra uma representação significativa da Inteligência Emocional.

ANÁLISE DE FACTORES DE CONFIRMAÇÃO PARA FACTORES DE STRESS OCUPACIONAL

II. Análise de Factores de Confirmação de Primeira Ordem (CFA) para Factores de Stress Ocupacional

O modelo proposto de factores de stress ocupacional foi analisado para determinar se os itens medem os factores que tencionavam medir. Espera-se que, os itens relacionados com cada factor tenham sido carregados em grande quantidade nos seus respectivos factores e presumiu-se que estes itens não se cruzariam com outros factores.

O Modelo do Primeiro Factor de Ordem consistiu em várias variáveis indicadoras que explicam as construções latentes que representam os seguintes itens:

Intrínseco ao trabalho

q24a.1: É o ambiente de trabalho causa stress

q24a.2: A tabela salarial/ pacote/ remuneração conduz ao stress

q24a.3: O estatuto social do trabalho aumenta o stress

q24a.4: A ambiguidade na partilha do trabalho causa stress

q24a.5: Stress devido à pressão excessiva de trabalho

Desenvolvimento de Carreira

q24a.6: Estou a enfrentar os meus obstáculos no desenvolvimento da carreira

q24a.7: Sinto que não estou totalmente qualificado para desempenhar a função

q24a.8: O meu trabalho tende a interferir com a minha vida pessoal

q24a.9: Programadores de melhoria da faculdade inadequados

q24a.10: Falta de programas promocionais frequentes

q24a.11: Felicitações discriminatórias por trabalho extra dos colegas/seus superiores

q24a.12: esforços adicionais que tenho de fazer para me provar e o meu papel exerce pressão sobre mim

Relações Interpessoais

q24a.13: O comportamento afectuoso dos meus colegas é inimaginável para mim

q24a.14: Conselhos dos meus colegas quando estou em apuros é sanidade na minha vida

q24a.15: A minha relação com o meu superior causa muita ansiedade

q24a.16: A fé que me foi concedida pelo superior é encorajadora q24a.17: Os meus subalternos sentem-se à vontade para discutir comigo os seus problemas pessoais

q24a.18: Extrair trabalho das minhas subordenações é uma provação para mim

Stress laboral

q24a.19: A natureza complexa do meu trabalho não me confunde

q24a.20: Estou à espera do dia em que poderei relaxar

q24a.21: Estou farto de me manter sempre ocupado para cumprir prazos

q24a.22: A maior parte das vezes tenho de me forçar a começar a trabalhar

q24a.23: As normas e as expectativas limitam o meu entusiasmo

q24a.24: O tempo passa sem aviso prévio todos os dias no meu trabalho

Papel do stress

q24a.25 : Preciso de sacrificar os meus valores para cumprir as minhas obrigações de papel

q24a.26: Estou constrangido no cumprimento do meu papel, devido à falta de conhecimento e habilidade

q24a.27: Sinto-me preocupado devido ao deficiente fluxo de informação que restringe a minha produção

q24a.28: Fico perplexo com as instruções contraditórias dadas por diferentes membros da organização relativamente ao meu trabalho

q24a.29: Estou exposto a oportunidades para melhorar a minha eficiência

q24a.30: Incidentes repetidos em que as minhas contribuições são levadas muito levianamente me deixam de fora

Stress Climático Organizacional

q24a.31: A falta do meu envolvimento na tomada de decisões na organização reduz as responsabilidades nos meus ombros

q24a.32: O meu ponto de vista é ignorado na organização

q24a.33: descobri que o sistema organizacional monárquico a que pertenço; sufocando a sua função

q24a.34: A subordenação a que estou sujeito no meu papel na organização dá-me uma sensação desagradável

q24a.35: A tolerância ambiental considerável que persiste na minha organização deixa-me irritado

Os modelos de factores foram testados com as seguintes hipóteses:

H01: "As variáveis observadas q24a.1, q24a.2, q24a.3, q24a.4 e q24a.5 carregam sobre o factor designado como Intrínseco ao Emprego"

H02: "As variáveis observadas q24a.6, q24a.7, q24a.8, q24a.9, q24a.10, q24a.11 e q24a.12 carregam sobre o factor designado como Desenvolvimento de Carreira".

H03: "As variáveis observadas q24a.13, q24a.14, q24a.15, q24a.16, q24a.17 e q24a.18 carregam sobre o factor designado como relações interpessoais"

H04: "As variáveis observadas q24a.19, q24a.20, q24a.21, q24a.22, q24a.23 e q24a.24 carregam sobre o factor designado como Stress de trabalho".

H05: "As variáveis observadas q24a.25, q24a.26, q24a.27, q24a.28, q24a.29 e q24a.30 carregam sobre o factor designado como Role stress"

H06: "As variáveis observadas q24a.31, q24a.32, q24a.33, q24a.34 e q24a.35 carregam sobre o factor designado como stress climático organizacional".

Os modelos de factores de confirmação foram testados quanto à bondade do ajuste e os resultados estão representados na tabela seguinte:

Tabela 7.9: Análise de Factores de Confirmação de Primeira Ordem (CFA) para Factores de Stress Ocupacional

F actor	Hipótese	Variável indicadora	ChiSquare	Valor P	CMIN/df	GFI	NFI	TPI	RMSEA
Intrínseco ao trabalho	H01	q24a.1 a q24a.5	3.235	P>.05	1.618	.997	.987	.999	.068
Desenvolvimento de carreira	Ho2	q24a.6 a q24a.12	45.099	P<.01	3.074	.971	.977	.983	.072
Relações interpessoais	H03	q24a.13 a q24a.18	25.577	P<.01	4.263	.981	.980	.984	.070
Stress laboral	H04	q24a.19 a q24a.24	44.307	P<.01	3.923	.968	.973	.979	.066
Stress de papel	H05	q24a.25 a q24a.30	29.100	P<.01	4.157	.978	.983	.987	.076
Stress climático organizacional	H06	q24a.31 a q24a.35	27.965	P<.01	4.061	.975	.984	.988	.073

(Fonte: Calculado)

Os resultados do teste modelo na tabela mostraram que, o valor do qui-quadrado foi significativo para os factores, 'Desenvolvimento de carreira', 'Relações interpessoais' 'Stress no trabalho' 'Stress no papel' 'Stress no clima organizacional' e insignificante para o factor 'Intrínseco ao trabalho'. No entanto, os valores de Chi quadrado foram grandemente influenciados pelo tamanho da amostra e, portanto, o CMIN/df foi tomado como uma medida de ajuste. Isto mostra que, para todos os seis factores, os valores CMIN/df têm sido inferiores a 5. A bondade das estatísticas de ajuste GFI, NFI e CFI tem sido superior a 0,90 para todos os factores. Os valores RMSEA têm sido inferiores a 0,08 para todos os factores. As estatísticas de ajuste do modelo mostram que, todas as medidas de ajuste estão dentro de limites aceitáveis e pode inferir-se que, as variáveis carregam sobre os seus respeitáveis factores. Por conseguinte, as hipóteses H01 a H06 foram aceites.

Modelo de Factores de Segunda Ordem para Factores de Stress Ocupacional

Os modelos de factores são modelos de medição que explicam a relação entre as seis construções latentes nomeadamente 'Intrínseco ao trabalho', 'Desenvolvimento de carreira', 'Relações interpessoais' 'Stress no trabalho' 'Stress no papel' 'Stress no clima organizacional' e as suas respectivas variáveis indicadoras que foram consideradas adequadas com as hipóteses aceites no modelo de primeira ordem.

A bondade dos índices de ajuste para estes modelos de medição é adequada. Para caberem num modelo de factor de segunda ordem, os factores latentes obtidos nos modelos CFA de primeira ordem têm de representar individualmente as respectivas dimensões. Para testar a adequação do modelo de factores de segunda ordem, os seis factores de hipótese têm de ser considerados em conjunto, onde apenas se estes construtos (factores latentes) estiverem altamente correlacionados no modelo de factores de primeira ordem, poderia ser obtido um modelo de factores de segunda ordem mais parcimonioso e interpretável. O modelo de factores de segunda ordem com as seis construções latentes de factores de stress ocupacional com as suas respectivas variáveis indicadoras foi proposto inicialmente em figura e testado com as seguintes hipóteses:

H0: "Os indicadores do factor de stress ocupacional foram adequadamente explicados pelos seis factores, nomeadamente, Intrínseco ao trabalho, Desenvolvimento de carreira, Relações interpessoais, Stress no trabalho, Stress no papel e Stress climático organizacional".

A figura seguinte mostra o modelo de factor de segunda ordem inicialmente obtido para factores de stress ocupacional

Figura 7.3: Modelo de segunda ordem CFA para Factores de Stress Ocupacional

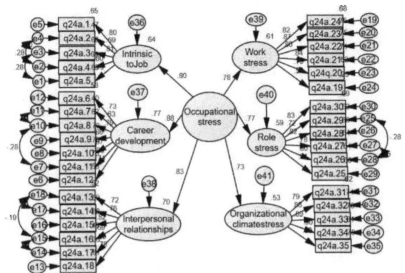

Chi sq = 2711.547 p= .000 CMIN/df=4.966 GFI=.846 NFI= .898 CFI= .931 RMSEA= .072

Índices de modificação para co-variações

Os índices de modificação calculados para os modelos de medição sugeriram que, houve margem para melhorias no ajuste do modelo. Os índices de modificação mostrarão quanto o valor quadrático do chi reduziria, se os termos de erro forem autorizados a correlacionar. O M.I. sugeriu que, permitindo que os termos de erro e1-e3, e2-e4 para Intrinsic to Job,e10-e11,e7-e10 para Career development e15-e18, e17-e18, e14-e15 para Interpersonal relationships, e25-e28, e27-e28 para Role stress para correlacionar diminuiria grandemente o valor CMIN do respectivo modelo de factores. O M.É utilizado inicialmente no modelo de medição ajuda a melhorar o ajuste do modelo.

O valor CMIN/df foi considerado inferior ao nível admissível de 5, as outras medidas nomeadamente os valores GFI, NFI e CFI foram superiores a 0,90 e o valor RMSEA foi de 0,072, o que torna o modelo satisfatoriamente aceitável uma vez que o valor é inferior a 0,08. Desde então, o modelo tem sido aceitável e não são necessárias mais melhorias no modelo, pelo que a hipótese foi aceite em que os quatro factores latentes são: Intrínseco ao Emprego, Desenvolvimento de Carreira, Relações Interpessoais,

O stress no trabalho, o stress do papel e o stress do clima organizacional explicam o factor de ordem mais elevado, nomeadamente, os factores de stress ocupacional.

Cargas de Factores

A figura mostra as estimativas padronizadas para os factores observados, bem como as variáveis indicadoras. Estes pesos são independentes das unidades com as quais as variáveis foram medidas e comparadas. Os pesos de regressão padronizados para as variáveis observadas de cada factor e os respectivos factores foram dados com as setas de ataque, mais alta a carga, melhor a variável explica sobre o factor. O caminho mostra que a variável q24a.3 carrega mais alto no Intrínseco a Job com factor de carga de 0,81, em comparação com outras variáveis. Da mesma forma, a variável q24a.9 carrega mais alto no desenvolvimento da carreira com factor de carga de 0,87 em comparação com outras variáveis, a variável q24a.15 com um valor de 0,82 carrega mais alto no factor relações interpessoais, a variável q24a.23 com um valor de 0,87 carrega mais alto no factor stress do trabalho, a variável q24a.30 com um valor de 0,83 carrega mais alto no factor stress do papel e a variávelq24a.33 com um valor de 0,89 carrega mais alto no factor stress do clima organizacional.

Factor sábio para a dimensão do stress ocupacional, o caminho para o desenvolvimento da carreira mostra uma maior carga (0,88) sobre o stress ocupacional em comparação com outras dimensões. O factor Estresse climático organizacional tem menor carga (0,73) em comparação com outros factores.

A tabela seguinte mostra os coeficientes de regressão não padronizados dos caminhos desenvolvidos para o modelo.

Tabela 7.10: Pesos de Regressão para Factores de Stress Ocupacional

Variável para	Caminho	Variável a partir de	Estimativa	S.E.	C.R.	P
Intrínseco ao trabalho	<---	Stress ocupacional	1.000			
Desenvolvimento de carreira	<---	Stress ocupacional	.889	.065	13.722	**
Relações interpessoais	<---	Stress ocupacional	.775	.066	11.729	**
Stress laboral	<---	Stress ocupacional	.479	.054	8.936	**
Stress de papel	<---	Stress ocupacional	.905	.074	12.200	**
Stress climático organizacional	<---	Stress ocupacional	.923	.073	12.635	**

(** - Significativo ao nível de 1 por cento)

A tabela mostra que, as estimativas são estimativas de regressão não padronizadas das variáveis independentes correspondentes. Por exemplo, 0,889 sob a estimativa da coluna denota que, como o valor do factor de stress ocupacional aumenta em 1, o valor do desenvolvimento da carreira aumenta em 0,889.S.Es tem sido os Erros Padrão dos respectivos coeficientes de regressão. C.R (Critical ratio) tem sido o rácio dos valores da estimativa de regressão para S.E. A Probabilidade (P) mostra, quais os coeficientes de regressão que têm contribuído significativamente para as variáveis dependentes.

Observa-se pela figura que, com quatro factores latentes, um modelo pode gerar com o encaixe respeitável. O modelo mostra que, sendo o valor CMIN 4,966 e o valor RMSEA 0,72, ambos se situaram no nível aceitável. Os valores GFI, NFI e CFI foram superiores a 0,90 e a hipótese foi aceite com as quatro construções latentes, nomeadamente, Intrínseco ao Trabalho, Desenvolvimento de Carreira, Relações Interpessoais, Stress de Trabalho, Stress de Papel e Stress de Clima Organizacional mostraram uma representação significativa dos factores de stress Ocupacional.

ANÁLISE DOS FACTORES DE CONFIRMAÇÃO DOS FACTORES DE

DESEMPENHO DO TRABALHO

II. Análise de Factores de Confirmação de Primeira Ordem (CFA) para Factores de Desempenho de Trabalho

O modelo proposto de factores de desempenho do trabalho foi analisado para determinar se os itens medem os factores que tencionavam medir. Espera-se que, os itens relacionados com cada factor tenham sido carregados em grande quantidade nos seus respectivos factores e presumiu-se que estes itens não se cruzariam com outros factores. O Modelo do Primeiro Factor de Ordem consistiu em várias variáveis indicadoras que explicam as construções latentes que representam os seguintes itens:

Pontualidade

q23a.1: Normalmente entro na sala de aula com bastante antecedência

q23a.2: Completo as minhas porções no tempo estipulado

p23a.3: Costumo insistir que os alunos sejam pontuais

q23a.4: Avalio regularmente o desempenho dos alunos em campos diversificados

q23a.5: Mantenho registos atempados e precisos do desempenho dos alunos em actividades co-curriculares e extracurriculares

Metodologia de Ensino

q23a.6: Explico sempre os conceitos com a ajuda de materiais didácticos

p23a.7: Normalmente preparo-me bem para uma apresentação organizada

q23a.8: Dedico um tempo adequado às tarefas de trabalho e afectação de recursos

q23a.9: Estou confiante no meu amplo conhecimento e domínio dos assuntos

q23a.10: Motivo os meus alunos para o desenvolvimento da sua carreira

p23a.11: Encorajo sempre os estudantes a sonharem os seus pensamentos superiores

q23a.12: Sugiro sempre aos estudantes que tenham um modelo a seguir na sua carreira/vida

Consciência do Trabalho

q23a.13: sirvo como pessoa de recurso, prestando consultoria aos necessitados, nos quais sou especializado

p23a.14: Dedico a maior parte do meu tempo à comunidade estudantil

q23a.15: sirvo completamente entre todas as faculdades departamentais no cumprimento das responsabilidades da faculdade/universidade

q23a.16: Estou sempre mais atento/responsável ao que sou pago

p23a.17: Demonstro sempre um forte sentido de responsabilidade quando me é atribuída uma tarefa

q23a.18:Normalmente evito qualquer tipo de favoritismo

Perseverança

q23a.19: Continuo a fazer um esforço especial para os alunos lentos

q23a.20: Sou capaz de alcançar e cumprir os meus objectivos através da perseverança

p23a.21: Enfrento o desafio de engendrar os novos métodos em estudos orientados para a prática

q23a.22: Trabalho horas juntas para construir a carreira dos estudantes e para competir com os actuais avanços económicos e tecnológicos

p23a.23: Enfrento muitas dificuldades para cuidar da minha própria carreira de palavras

Os factores foram testados com as seguintes hipóteses:

H01: "As variáveis observadas q23a.1, q23a.2, q23a.3, q23a.4 e q23a.5 carregam sobre o factor designado como Pontualidade".

H02: "As variáveis observadas q23a.6, q23a.7, q23a.8, q23a.9, q23a.10, q23a.11 e q23a.12 carregam sobre o factor designado como Metodologia de Ensino".

H03: "As variáveis observadas q23a.13, q23a.14, q23a.15, q23a.16, q23a.17 e q23a.18 carregam sobre o factor designado como Consciência do Trabalho".

H04: "As variáveis observadas q23a.19, q23a.20, q23a.21, q23a.22 e q23a.23 carregam sobre o factor designado como Perseverança".

Os modelos de factores de confirmação foram testados quanto à bondade do ajuste e os resultados estão representados na tabela seguinte:

Tabela 7.11: Análise de Factores de Confirmação de Primeira Ordem (CFA) para Factores de Desempenho do Trabalho

F actor	Hipótese	Variável indicadora	ChiSquare	Valor P	CMIN/df	GFI	NFI	TPI	RMSEA
Pontualidade	H01	q23a.1 a q23a.5	12.660	P<.05	4.220	.988	.982	.986	.077
Metodologia de Ensino	Ho2	q23a.6 a q23a.12	74.414	P<.01	3.201	.955	.949	.956	.040
Trabalho Consciência	H03	q23a.13 a q23a.18	31.481	P<.01	3.935	.975	.958	.968	.073
Perseverança	H04	q23a.19 a q23a.23	20.509	P<.01	4.254	.982	.971	.973	.047

(Fonte: Calculado)

Os resultados do teste modelo na tabela mostraram que, o valor do qui-quadrado tem sido significativo para os factores 'Pontualidade', 'Metodologia de Ensino', 'Consciência do Trabalho' 'Perseverança'. Contudo, os valores do qui-quadrado foram grandemente influenciados pelo tamanho da amostra e, por conseguinte, o CMIN/df foi tomado como uma medida de ajuste. Isto mostra que, para todos os seis factores, os valores CMIN/df têm sido inferiores a 5. A bondade das estatísticas de ajuste GFI, NFI e CFI tem sido superior a 0,90 para todos os factores. Os valores RMSEA têm sido inferiores a 0,08 para todos os factores. As estatísticas de ajuste do modelo mostram que, todas as medidas de ajuste estão dentro de limites aceitáveis e pode inferir-se que, as variáveis carregam sobre os seus respeitáveis factores. Por conseguinte, as hipóteses H01 a H04 foram aceites.

Modelo de Segundo Fator de Ordem para Desempenho de Trabalho

Os modelos de factores têm sido modelos de medição que explicam a relação entre as quatro construções latentes, nomeadamente, 'Pontualidade', 'Metodologia de Ensino', 'Consciência do Trabalho' e 'Perseverança' e as suas respectivas variáveis indicadoras têm sido consideradas apropriadas com as suas hipóteses aceites. A bondade dos índices de ajuste para estes modelos de medição tem sido adequada. Para caberem num modelo de factores de segunda ordem, os factores latentes obtidos nos modelos CFA de primeira ordem, têm de representar a respectiva dimensão individualmente. Para testar a adequação do modelo de factores de segunda ordem, considerando os quatro factores de hipótese juntos, onde apenas se estes construtores (factores latentes) tiverem sido altamente correlacionados no modelo de factores de primeira ordem, poderia ser obtido um modelo de factores de segunda ordem mais parcimonioso e interpretável. O modelo de factores de segunda ordem com os quatro factores do Desempenho do Trabalho com as suas respectivas variáveis indicadoras propôs inicialmente em figura e testou com a seguinte hipótese nula:

H0: **"O Desempenho do Trabalho tem sido adequadamente explicado pelos quatro factores, nomeadamente, Pontualidade, Metodologia de Ensino, Consciência do Trabalho e Perseverança".**

A figura seguinte mostra o modelo de factor de segunda ordem inicialmente obtido para o Desempenho do Trabalho.

Figura 7.4: Modelo de segunda ordem CFA para Factores de Desempenho de Trabalho

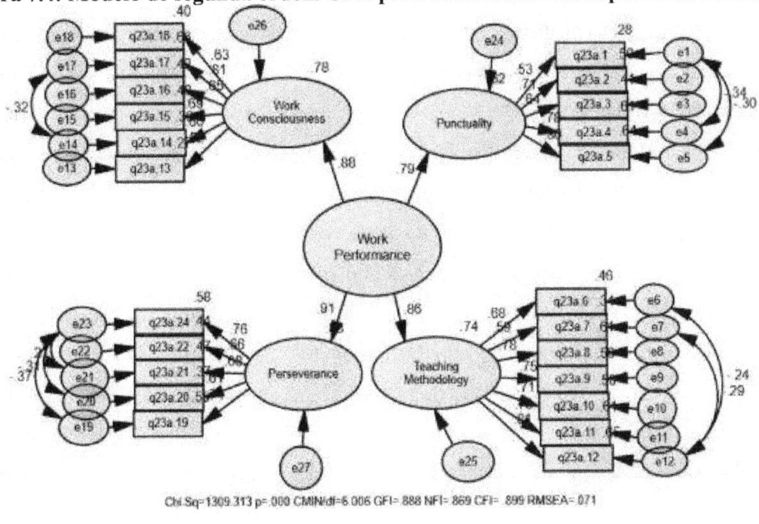
Work Consciousness
Punctuality
Work Performance
Perseverance
Teaching Methodology
Chi Sq=1309.313 p=.000 CMIN/df=6.006 GFI=.888 NFI=.869 CFI=.899 RMSEA=.071

Índices de modificação para co-variações

Os índices de modificação calculados para os modelos de medição sugeriram que, houve margem para melhorias no ajuste do modelo. Os índices de modificação mostrarão quanto o valor quadrático do chi reduziria, se os termos de erro forem autorizados a correlacionar. O M.I. sugeriu que, permitindo os termos de erro e1-e4, e1-e5 para pontualidade, e6 -e12, e7-e12 para metodologia de ensino e14-e17 para consciência de trabalho e, e19-e23, e21-e23, e20- e23 para perseverança em correlacionar, diminuiria grandemente o valor CMIN do respectivo modelo de factor. O M.É utilizado inicialmente no modelo de medição ajuda a melhorar o ajuste do modelo.

A figura mostra o modelo de factor de segunda ordem inicialmente obtido para 'Desempenho de Trabalho', que consiste em modelos de medição obtidos no modelo de factor de primeira ordem. O modelo de segundo factor de ordem apresentado na figura 6.2 sugere que, desde então, o modelo tem sido satisfatório, todas as estatísticas de ajuste têm estado abaixo dos limites admissíveis.

O valor CMIN/df foi encontrado abaixo do nível admissível de 5, as outras medidas nomeadamente, os valores GFI, NFI e CFI foram superiores a 0,90 e o valor RMSEA foi de 0,71, o que torna o modelo satisfatoriamente aceitável uma vez que o valor é inferior a 0,08. Uma vez que o modelo tem sido aceitável, não foram necessárias mais melhorias no modelo, pelo que a hipótese foi aceite em que os quatro factores latentes, nomeadamente, Pontualidade, Metodologia de Ensino, Consciência do Trabalho e Perseverança, explicam o factor de ordem mais elevado, nomeadamente, Desempenho do Trabalho.

Cargas de factores

A figura mostra as estimativas padronizadas para os factores observados, bem como as variáveis indicadoras. Estes pesos são independentes das unidades com as quais as variáveis foram medidas e comparadas. Os pesos de regressão padronizados para as variáveis observadas de cada factor e os respectivos factores deram com as setas de ataque, mais alta a carga, melhor a variável explica sobre o factor. O caminho mostra que, a variável q23a.5 (mantenho registos atempados e precisos do desempenho dos estudantes em actividades inco-curriculares e extracurriculares) carrega mais alto em 'Pontualidade' com factor de carga de 0,80 em comparação com outras variáveis. Do mesmo modo, a variável q23a.12(Eu sempre procuro que os estudantes tenham um modelo na sua carreira/vida) carrega mais alto na 'Metodologia de Ensino' com factor de carga de 0,81 em comparação com outras variáveis, a variávelq23a.17(Eu mostro sempre um forte sentido de responsabilidade quando me é atribuída uma tarefa) com um valor de 0,81 cargas mais elevadas no factor 'Consciência do Trabalho' e a variável q23a.20 (Eu sou capaz de atingir e cumprir os meus objectivos com perseverança) com um valor de 0,74 cargas mais elevadas no factor 'Perseverança'.

Factor sábio para a dimensão Desempenho do Trabalho, o caminho para cargas de Perseverança mais elevadas (0,91) no Desempenho do Trabalho em comparação com outros factores. O factor Pontualidade tem uma carga menor (0,79) em comparação com outros factores.

A tabela seguinte mostra os coeficientes de regressão não padronizados dos caminhos desenvolvidos para o modelo.

Quadro 7.12 : Pesos de Regressão para Factores de Desempenho do Trabalho

Variável para	Caminho	Variável a partir de	Estimativa	S.E.	C.R.	P
Pontualidade	<---	Desempenho de trabalho	1.000			
Metodologia de Ensino	<---	Desempenho de trabalho	1.680	0.200	8.410	**
Consciência do Trabalho	<---	Desempenho de trabalho	1.510	0.204	7.412	**
Perseverança	<---	Desempenho de trabalho	1.804	0.206	8.762	**

*(** - Significativo ao nível de 1%)*

Observa-se, a partir do quadro, que as estimativas acima foram estimativas de regressão não padronizadas das variáveis independentes correspondentes. Por exemplo, 1.000 sob a estimativa da coluna denota que à medida que o valor do Desempenho do Trabalho sobe 1, o valor do Desempenho do Trabalho também aumenta em 1.000. Os valores indicados acima foram as estimativas de regressão das variáveis independentes correspondentes. S.Es têm sido os Erros Padrão dos respectivos coeficientes de regressão. C.R (Critical ratio) tem sido o rácio entre os valores das estimativas de regressão e S.E. A Probabilidade (P) mostra que os coeficientes de regressão têm contribuído significativamente para a variável dependente.

A figura 6.4 (a) mostra que, com quatro factores latentes, pode gerar um modelo de ajuste respeitável. O modelo mostra que, sendo o valor CMIN/df 6,006 e o valor RMSEA 0,78 que têm estado ao nível aceitável. O GFI, NFI e CFI foram superiores a 0,90 e a hipótese foi aceite com as quatro construções latentes, nomeadamente, 'Pontualidade', 'Metodologia de Ensino', 'Consciência do Trabalho' e 'Perseverança' mostra uma representação significativa do Desempenho do Trabalho.

MODELO DE EQUAÇÃO ESTRUTURAL DE INTELIGÊNCIA EMOCIONAL, STRESS OCUPACIONAL E DESEMPENHO PROFISSIONAL DOS PROFESSORES QUE TRABALHAM EM FACULDADES DE ARTES E CIÊNCIAS

O objectivo do estudo é compreender a relação entre a inteligência emocional, o stress ocupacional e o desempenho no trabalho *entre si*. Entre estes factores, o stress ocupacional assumiu como variável independente, a inteligência emocional assumiu a mediação do efeito sobre o desempenho no trabalho. As seguintes hipóteses foram enquadradas com base no modelo de investigação conceptual e nos objectivos dados no início da discussão SEM.

H01: "O stress ocupacional tem um efeito positivo directo no desempenho do trabalho".

H02: "A Inteligência Emocional tem um efeito positivo directo no desempenho profissional"

H03: "O stress ocupacional tem um efeito positivo directo na Inteligência Emocional".

H04: "Tem havido um efeito de mediação desempenhado pela Inteligência Emocional entre Stress ocupacional e desempenho no trabalho".

Após atingir um nível aceitável de ajuste com os modelos de medição do stress ocupacional, inteligência emocional e desempenho de trabalho, os dados foram utilizados para a construção do Modelo de Equação Estrutural à escala real com base nas hipóteses de H01 a H04.

Modelo de Equação Estrutural de Stress Ocupacional e Desempenho do Trabalho

Assumiu-se que o stress ocupacional tem um impacto no desempenho profissional dos professores que trabalham nas Faculdades de Artes e Ciências. A figura seguinte descreve a relação directa entre o stress ocupacional e o desempenho no trabalho. Os coeficientes de percurso foram padronizados com pesos de regressão.

A estatística de ajuste do modelo mostra que, sendo o valor CMIN/df de 4,672, o qual tem sido inferior ao limite admissível de 5. O valor RMSEA (0,063) também foi considerado inferior ao valor máximo admissível de 0,08. A bondade dos índices de ajuste, nomeadamente, GFI, NFI e CFI foi superior a 0,90, o que indica que o modelo tem sido aceitável. O peso de regressão padronizado mostra que, tem havido uma relação inversa directa entre o stress ocupacional e o desempenho do trabalho. Daí que a hipótese H01 tenha sido rejeitada.

Figura 7.5: Modelo de Equação Estrutural do Stress Ocupacional e Desempenho do Trabalho

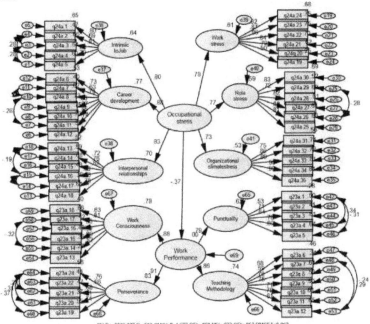

Os pesos de regressão padronizados e as correlações múltiplas correspondentes são mostrados no modelo. O peso da regressão mostrou que existe uma relação negativa entre o stress ocupacional e o desempenho no trabalho.

A magnitude e direcção da relação entre o stress ocupacional e o desempenho no trabalho com o peso da regressão é mostrada no quadro que se segue.

Estimativa do modelo
Quadro 7.13 : Pesos de regressão para stress ocupacional e desempenho no trabalho

Variável para	Caminho	Variável a partir de	Estimativa	S.E.	C.R.	P
Desempenho de trabalho	<---	Stress ocupacional	-0.382	.052	-7.483	**

*(Fonte: Ns-Não Significativo **- Significativo ao nível de 1%)*
Estimativa do Peso de Regressão

A estimativa de regressão não padronizada é dada acima para o stress ocupacional que tem o efeito directo no desempenho do trabalho. S.E é o Erro Padrão do respectivo coeficiente de regressão. C.R (Critical ratio) é o rácio entre os valores da estimativa de regressão e S.E. A Probabilidade (P) mostra qual o coeficiente de regressão que contribui significativamente para a variável dependente (** indica que o respectivo peso de regressão é significativo a menos de 1 por cento).

Observa-se na tabela que o peso da regressão do stress ocupacional sobre o desempenho no trabalho é de -0,382, o que é considerado significativo ao nível de 1 por cento, o que indica que existe uma relação negativa directa entre o stress ocupacional e o desempenho no trabalho. Isto é, quando o stress ocupacional sobre o desempenho no trabalho aumenta (positivamente) numa unidade, o desempenho profissional dos professores diminui em -0,382. Assim, as hipóteses, H01 ("Houve uma relação directa positiva significativa entre o stress ocupacional e o desempenho no trabalho") foram rejeitadas.

Modelo de Equação Estrutural de Stress Ocupacional e Inteligência Emocional

Assumiu-se que o stress ocupacional influencia a inteligência emocional dos professores que trabalham nas Faculdades de Artes e Ciências. A figura seguinte descreve a relação directa entre o stress ocupacional e a Inteligência Emocional. Os coeficientes de percurso foram padronizados em termos de pesos de regressão.

A estatística de ajuste do modelo mostra que, sendo o valor CMIN/df 4,621, o qual tem sido inferior ao limite admissível de 5. O valor RMSEA (0,070) também foi considerado inferior ao valor máximo admissível de 0,08. A bondade dos índices de ajuste, nomeadamente, GFI, NFI e CFI foi superior a 0,90, o que indica que o modelo tem sido aceitável. O peso de regressão padronizado mostra que, tem havido uma relação inversa directa entre o stress ocupacional e a Inteligência Emocional. Daí que a hipótese H03 tenha sido rejeitada.

Figura 7.6: Modelo de Equação Estrutural de Stress Ocupacional e Inteligência Emocional

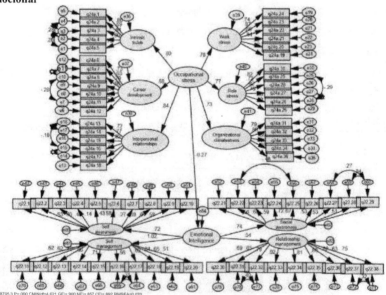

Os pesos de regressão padronizados e as correlações múltiplas correspondentes são mostrados no modelo. O peso da regressão mostrou que existe uma relação negativa entre o stress

154

ocupacional e a inteligência emocional.

A magnitude e direcção da relação entre o stress ocupacional e a inteligência emocional com
o peso da regressão é mostrada no quadro que se segue.

Estimativa do modelo
Tabela 7.14: Pesos de regressão para stress ocupacional e desempenho no trabalho

Variável para	Caminho	Variável a partir de	Estimativa	S.E.	C.R.	P
Inteligência Emocional	<---	Stress ocupacional	-.210	.017	.583	*

*(Fonte: Ns-Não Significativo *- Significativo a nível de 5%)*
Estimativa do Peso de Regressão

A estimativa de regressão não padronizada é dada acima para o stress ocupacional que tem o
efeito directo na inteligência emocional. S.E é o erro padrão de qualquer coeficiente de
regressão. C.R (Critical ratio) é a razão entre os valores da estimativa de regressão e S.E. A
probabilidade (P) mostra qual o coeficiente de regressão que contribui significativamente para
a variável dependente (* indica que o respectivo peso de regressão é significativo ao nível de
5 por cento).

Observa-se na tabela que o peso da regressão do stress ocupacional sobre a inteligência
emocional é de -0,210, o que se verifica ser significativo ao nível de 5 por cento. Indica que,
existe uma relação negativa directa entre o stress ocupacional e a inteligência emocional. Isto
é, quando o stress ocupacional sobre a inteligência emocional aumenta (positivamente) numa
unidade, a inteligência emocional dos professores diminui em -0,210. Assim, as hipóteses, H03
("Houve uma relação directa positiva significativa entre o stress ocupacional e a Inteligência
Emocional") foram rejeitadas.

Modelo de Equação Estrutural de Inteligência Emocional e Desempenho no Trabalho
Assumiu-se que a inteligência emocional tem um impacto no desempenho profissional dos
professores que trabalham nas Faculdades de Artes e Ciências. A figura seguinte descreve a
relação directa entre a inteligência emocional e o desempenho no trabalho. Os coeficientes de
percurso foram padronizados com pesos de regressão.

A estatística de ajuste do modelo mostra que, sendo o valor CMIN/df 4,026 que tem sido
inferior ao limite admissível de 5. O valor RMSEA (0,054) também foi considerado inferior
ao valor máximo admissível de 0,08. A bondade dos índices de ajuste, nomeadamente, GFI,
NFI e CFI foi superior a 0,90, o que indica que o modelo tem sido aceitável. O peso de
regressão padronizado mostra que, tem havido uma relação positiva directa entre a
inteligência emocional e o desempenho do trabalho. Daí que a hipótese H02 tenha sido aceite.

Figura 7.7: Modelo de Equação Estrutural da Inteligência Emocional e Desempenho do Trabalho

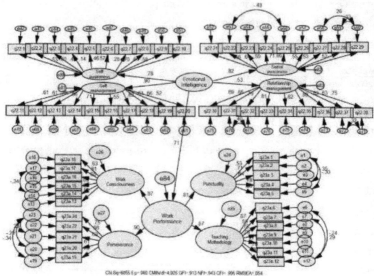

Os pesos de regressão padronizados e as correlações múltiplas correspondentes são mostrados no modelo. O peso da regressão mostrou que existe uma relação positiva entre a inteligência emocional e o desempenho no trabalho.

A magnitude e direcção da relação entre a inteligência emocional e o desempenho no trabalho com o peso da regressão é mostrada no quadro abaixo.

Estimativa do modelo

Tabela 7.15: Pesos de Regressão para Inteligência Emocional e Desempenho no Trabalho

Variável para	Caminho	Variável a partir de	Estimativa	S.E.	C.R.	P
Desempenho de trabalho	<---	Inteligência Emocional	.730	.109	6.687	**

(Fonte: Ns-Não significativo **- Significativo ao nível de 1% *- Significativo ao nível de 5%)

Estimativa do Peso de Regressão

A estimativa de regressão não padronizada é dada acima para a inteligência emocional que tem o efeito directo no desempenho do trabalho. S.E. é o Erro Padrão do respectivo coeficiente de regressão. C.R (Critical ratio) é o rácio entre os valores da estimativa de regressão e S.E. A Probabilidade (P) mostra qual o coeficiente de regressão que contribui significativamente para a variável dependente (** indica que o respectivo peso de regressão é significativo a menos de 1 por cento).

Observa-se na tabela que o peso da regressão da inteligência emocional sobre o desempenho no trabalho é de 0,730, o que é considerado significativo ao nível de 1 por cento, o que indica que existe uma relação positiva directa entre a inteligência emocional e o desempenho no trabalho. É quando a inteligência emocional sobre o desempenho no trabalho aumenta (positivamente) em uma unidade, o desempenho no trabalho dos professores aumenta em 0,730. Assim, as hipóteses, H02 ("Houve uma relação positiva directa significativa entre a inteligência emocional e o desempenho no trabalho") foram aceites.

Modelo de Equação Estrutural do Stress Ocupacional, Inteligência Emocional e Desempenho no Trabalho

O Modelo de Equação estrutural apresentado na figura acima descreve a relação directa entre o stress ocupacional e o desempenho no trabalho, a Inteligência Emocional e o desempenho no trabalho e o stress ocupacional e a Inteligência Emocional estabelecendo individualmente uma relação directa significativa com o desempenho no trabalho quando não houve variável mediadora. No entanto, presumiu-se que o factor stress ocupacional também tem um efeito indirecto no desempenho no trabalho, ou seja, o estudo tenta descobrir se a Inteligência Emocional tem um efeito de mediação significativo entre o Stress Ocupacional e o Desempenho no Trabalho.

A figura seguinte mostra que, a relação directa do stress ocupacional com a Inteligência Emocional e o Desempenho no Trabalho. Os coeficientes de percurso têm sido coeficientes de regressão normalizados. As estimativas de regressão produzidas pela AMOS para regressão não padronizada foram dadas abaixo. As estatísticas de ajuste do modelo mostram que, toda a bondade dos índices de ajuste, nomeadamente, GFI, NFI e CFI, satisfizeram o valor critério de estar acima de 0,90, o valor CMIN esteve dentro do limite admissível de 5 e o

O valor da RMSEA situa-se entre 0,05 e 0,08. O modelo apresentado na figura seguinte dá os pesos de regressão padronizados das variáveis correspondentes e também correlações múltiplas ao quadrado. O coeficiente de regressão mostra que, estes coeficientes têm sido comparáveis, uma vez que são independentes das unidades de medida. Entre as variáveis, os efeitos directos do stress ocupacional sobre a Inteligência Emocional e o Desempenho do Trabalho têm uma relação inversa. O coeficiente de regressão mostra que, o efeito directo do stress ocupacional sobre a Inteligência Emocional com um peso de regressão de

-0,27 explica mais em comparação com o efeito directo do stress ocupacional no desempenho do trabalho (-0,05).

Figura 7.8: Modelo de Equação Estrutural do Stress Ocupacional, Inteligência Emocional e Desempenho no Trabalho

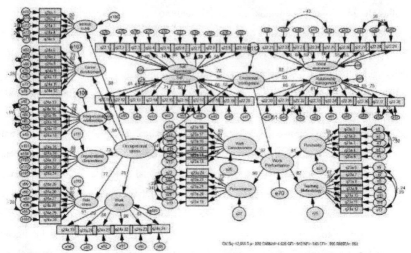

A magnitude e direcção da relação entre todas as dimensões foram estudadas em detalhe com os pesos de regressão não padronizados. Os resultados produzidos pela AMOS foram apresentados na tabela seguinte:

Estimativa do modelo
Tabela 7.16: Pesos de Regressão para Stress Ocupacional, Inteligência Emocional e Desempenho de trabalho

Variável para	Caminho	Variável a partir de	Estimativa	S.E.	C.R.	P
Desempenho de trabalho	<---	Stress ocupacional	-0.087	0.040	1.264	Ns
Inteligência Emocional	<---	Stress ocupacional	-0.341	0.151	-8.141	**
Desempenho de trabalho	<---	Inteligência Emocional	0.633	0.089	7.428	**

*(** - Significativo ao nível de 1 por cento, Ns-Não Significativo)*
Estimativa de Pesos de Regressão
As estimativas apresentadas no quadro acima foram as estimativas de regressão não padronizadas das variáveis independentes correspondentes. S.Es têm sido os Erros Padrão dos respectivos coeficientes de regressão. C.R (Critical ratio) tem sido o rácio entre os valores das estimativas da regressão e S.E. A Probabilidade (P)mostra quais os coeficientes de regressão que têm contribuído significativamente para as variáveis dependentes (** indica que os respectivos pesos de regressão são significativos a menos de 1 por cento, respectivamente).

A tabela mostra ainda que, O peso da regressão do stress ocupacional no desempenho do trabalho é de -0,087, o que se verificou não ser significativo ao nível de 1 por cento ou de 5 por cento. Assim, a hipótese H01 ("A tensão ocupacional tem um efeito positivo directo sobre o desempenho no trabalho") foi rejeitada.

O stress ocupacional tem um efeito directo mais elevado na Inteligência Emocional (-0,341) em comparação com o efeito directo que tem no desempenho do trabalho -0,087 o que revela que existe um efeito de mediação entre o stress ocupacional e o desempenho do trabalho. Assim, a hipótese H04 ("Tem havido um efeito de mediação entre o stress ocupacional e o desempenho no trabalho") foi rejeitada.

O stress ocupacional tem um efeito negativo directo na Inteligência Emocional ao nível de 1 por cento de importância. Assim, a hipótese ʜ₀₃ ("O stress ocupacional tem um efeito directo positivo na Inteligência Emocional") foi rejeitada.

A Inteligência Emocional tem um efeito positivo directo no desempenho do trabalho a um nível de 1% de significância. Assim, a hipótese ʜ₀₂ ("A Inteligência Emocional tem um efeito positivo directo sobre o Desempenho no Trabalho") foi aceite.

Tabela 7.17: Efeitos directos, indirectos e totais - Não normalizados

	Efeitos directos		
	Stress Ocupacional	Inteligência Emocional	Desempenho de trabalho
Inteligência Emocional	-0.341	—	—
Desempenho de trabalho	-0.087	0.633	—
	Efeitos Indirectos		
Inteligência Emocional	—	—	—
Desempenho de trabalho	-0.215	—	—
	Efeitos totais		
Inteligência Emocional	-0.341	—	—
Desempenho de trabalho	-0.302	0.633	—

(Fonte: computorizada)

Efeitos directos - Estimativas

Os coeficientes associados às setas de uma cabeça num diagrama de percurso são chamados de efeitos directos. No modelo não normalizado, por exemplo, a Inteligência Emocional tem um efeito positivo directo no Desempenho do Trabalho (0,633). Indica que, o factor Inteligência Emocional aumenta em 1, o Desempenho do Trabalho também aumenta em 0,633. Do mesmo modo, o stress ocupacional tem um efeito negativo directo na Inteligência Emocional (0,341) o que indica que, o factor de stress ocupacional aumenta em 1, a Inteligência Emocional diminui em -0,341. O efeito directo do factor de stress ocupacional no desempenho do trabalho foi de -0,087, o que indica que, o factor de stress ocupacional aumenta em 1, o desempenho do trabalho diminui em -0,087. Verifica-se que, o efeito directo dos factores de Inteligência Emocional no Desempenho no Trabalho (0,633) é considerado positivo. Verificou-se também que, a existência do efeito de mediação da Inteligência Emocional entre o stress ocupacional e o desempenho no trabalho.

Efeitos Indirectos - Estimativas

O quadro também descreve o efeito indirecto de cada uma das variáveis da coluna em cada variável da linha. A tabela mostra que, o factor Inteligência Emocional não tem efeito indirecto sobre o Stress Ocupacional. Verifica-se que, o factor de Stress Ocupacional tem um efeito indirecto negativo no Desempenho do Trabalho (-0,215). Da mesma forma, o factor de Inteligência Emocional não tem efeito indirecto sobre o Desempenho no Trabalho.

No modelo anterior, onde o efeito de mediação da Inteligência Emocional não foi introduzido

159

e apenas foi estudada a relação directa entre o stress ocupacional e o desempenho do trabalho. O resultado mostrou que o stress ocupacional mostrou um efeito negativo e directo significativo (-0,382) sobre o desempenho no trabalho. Contudo, neste último modelo quando a mediação da Inteligência Emocional foi introduzida entre o stress ocupacional e o desempenho no trabalho, o efeito directo do stress ocupacional sobre o desempenho no trabalho reduziu-se a (-0,087) e não se verificou ser significativo.

Assim, o efeito indirecto do stress ocupacional no desempenho do trabalho mostrou um efeito negativo na relação quando mediado pela Inteligência Emocional. O resultado sugeriu que, houve um efeito de mediação significativo da Inteligência Emocional entre o stress ocupacional e o desempenho no trabalho. Assim, foi aceite a hipótese H04 ("Tem havido um efeito de mediação entre o stress ocupacional e o desempenho no trabalho").

Efeitos totais - Estimativas

O efeito total tem sido o efeito combinado directo e indirecto de cada variável de coluna em cada variável de linha. O efeito total do factor de stress ocupacional no desempenho do trabalho foi de -0,302, que foi a soma do efeito directo e indirecto que teve no desempenho do trabalho. É devido tanto aos efeitos directos (não mediados) como indirectos (mediados) do factor de Stress Ocupacional sobre o Desempenho no Trabalho. Revela que, se o factor de stress ocupacional aumenta em 1, o desempenho no trabalho diminui em -0,302. Da mesma forma, o efeito total do factor de Inteligência Emocional no Desempenho no Trabalho foi de 0,633, que foi a soma do efeito directo e indirecto que tem sobre o Desempenho no Trabalho. Isto deve-se tanto a efeitos directos (não mediados) como indirectos (mediados) de

Factor de Inteligência Emocional no Desempenho do Trabalho e revela, que se o factor de Inteligência Emocional aumenta em 1, o Desempenho do Trabalho aumenta em 0,633.

O modelo também observou que a relação directa entre Stress Ocupacional, Inteligência Emocional e Desempenho no Trabalho. O efeito total indica que, as variáveis independentes nomeadamente, o Stress Ocupacional, a Inteligência Emocional têm efeitos tanto positivos como negativos sobre o Desempenho no Trabalho e implica que, os factores de Inteligência Emocional facilitam o Desempenho no Trabalho onde os factores de Stress Ocupacional impedem o Desempenho no Trabalho .

Quadro 7.18: Efeitos directos, indirectos e totais - Normalizado

	Efeitos directos		
	Stress Ocupacional	Inteligência Emocional	Desempenho de trabalho
Inteligência Emocional	-0.270	—	—
Desempenho de trabalho	-0.052	0.513	—
	Efeitos Indirectos		
Inteligência Emocional	—	—	—
Desempenho de trabalho	-0.134	—	—

160

		Efeitos totais		
Inteligência Emocional	-0.270	—	—
Desempenho de trabalho	-0.186	0.513	—

(Fonte: Calculado)

Semelhante aos pesos de regressão não padronizados, a contribuição relativa dos efeitos directos, indirectos e totais padronizados de cada variável de coluna em cada variável de linha foi dada na tabela. O efeito directo do stress ocupacional na Inteligência Emocional -0,270 foi comparativamente mais elevado do que o efeito directo do stress ocupacional no Desempenho do Trabalho -0,052. O efeito indirecto do stress ocupacional sobre o desempenho no trabalho foi de -0,134, o que é um pouco mais elevado do que o respectivo efeito directo.

Finalmente, o estudo revelou que, professores que adoptam um pensamento positivo na cultura da organização, que acolhem sempre bem as sugestões/recomendações dos outros e que mantêm uma relação interpessoal saudável com as suas subordinadas, melhoram o seu desempenho no trabalho. Por outro lado, o stress devido à pressão excessiva do trabalho, enfrentando obstáculos no desenvolvimento da sua carreira e professores que estão expostos a oportunidades de melhorar a sua eficiência, resultou em impedimentos ao desempenho no trabalho.

CAPÍTULO VIII
CONCLUSÕES, SUGESTÕES E CONCLUSÕES
CONCLUSÕES

O presente estudo trouxe algumas contribuições inovadoras para a inteligência emocional, o stress ocupacional e o seu impacto no desempenho profissional dos professores universitários. Juntamente com a melhoria da inteligência emocional, o presente estudo visa lançar luz sobre o stress ocupacional e a sua eficácia no desempenho do trabalho em diferentes perspectivas.

OBJECTIVO I

Estudar a Inteligência Emocional dos Professores que Trabalham nas Faculdades de Artes e Ciências.

PERFIL DEMOGRÁFICO E ACADÉMICO DOS PROFESSORES

Análise Percentual

- O resultado mostra que, dos 429 inquiridos que participaram no estudo, 49% estão na faixa etária dos 25-35 anos. O estudo mostra que muitos jovens trabalham em escolas de artes e ciências

- Constatou-se que 64,8% dos professores são do sexo feminino e 79,7% dos professores são casados

- A análise mostra que, 37,1% dos professores têm mais de quatro membros na sua família e 54,1% dos professores vivem numa família Nuclear criada.

- Verificou-se que, 63,6% dos professores têm dois membros remunerados e 32,9% dos professores têm um rendimento familiar até Rs.40, 000.

- Dos 429 professores, 52,2 por cento dos professores residem em zona urbana.

- Com respeito à qualificação educacional, 48,3% dos professores concluíram o seu M.Phil, 55,9% dos professores têm outras qualificações adicionais e 35% dos professores têm entre 6 a 10 anos de experiência.

- A maioria (74,8%) dos professores estão empregados em Faculdades AUTOFINANCIADAS e a maioria dos professores são (83%) Professores Assistentes.

- Com respeito ao trabalho académico, 64,6 por cento dos professores lidam com aulas entre 17-20 horas por semana e 34,4 por cento dos professores passam menos de 5 horas por semana para outros trabalhos académicos relacionados.

- Observa-se a partir dos resultados que, 57,3 por cento dos professores pertencem a Commerce & Management e 39 por cento dos professores disseram que a sua equipa é constituída por 6 a 10 membros no departamento.

- Dos 429 respondentes, a maioria (78,6 por cento) dos professores trabalha em colégios autónomos. 86,5 por cento dos professores declararam que a sua Instituição obteve o estatuto de Acreditação e 86,2 por cento dos professores que trabalham sob a Instituição Certificada

162

ISO.

INTELIGÊNCIA EMOCIONAL

Estatística descritiva

A estatística descritiva tem sido aplicada para encontrar a classificação média da inteligência emocional. Quatro factores diferentes foram identificados sob inteligência emocional. Os factores incluem auto-conhecimento, auto-gestão, consciência social e gestão de relações

■ **Auto-conhecimento** - A elevada classificação foi atribuída à declaração "Estou consciente das minhas emoções à medida que as experimentei" (4,39) e a pontuação mínima foi encontrada para a declaração "Tenho tendência a reagir demasiado aos problemas" (3,49). O resultado mostra que, os inquiridos concordaram estar conscientes das suas emoções, imaginação da sua tarefa e resultados, auto-confiança, reacções aos problemas, julgamento sobre o carácter e confiança nas suas próprias capacidades e talentos.

■ **Autogestão** - A classificação mais alta foi encontrada para a declaração "Eu adopto o pensamento positivo" (4,35) e a classificação mais baixa foi encontrada para a declaração "Sou capaz de me acalmar rapidamente" (4,00). O resultado revela que os professores são capazes de gerir eficazmente as suas emoções, compreendendo as técnicas de auto-educação; tomando medidas para atingir os objectivos, pensamento positivo e capazes de superar os seus desafios

■ **Consciência Social** - A pontuação mais alta foi encontrada para a declaração 'Posso sempre acolher as sugestões/recomendações de outros' (4,22) e a pontuação mínima foi encontrada para a declaração, 'Posso compreender e entrar no mundo de alguém'(3,84). O resultado revela que os professores são capazes de compreender os sentimentos dos outros professores, reconhecer o valor dos outros e ter empatia.

> **Gestão de Relacionamento** - A classificação mais alta foi encontrada para a declaração "Posso colaborar e trabalhar em equipa" (4.20) e a pontuação mínima foi encontrada para a declaração, 'Posso agir como um catalisador de mudança' (4.03). As conclusões revelam que, as pontuações são encontradas entre concordar fortemente. O que descreve que os professores têm uma boa relação com os seus co-professores e são capazes de gerir um bom relacionamento dentro do departamento.

ANOVA

Factores Pessoais Vs Auto-Consciencialização

> Os factores pessoais, nomeadamente, estado civil, tamanho da família, rendimento mensal, rendimento familiar total e área de residência, diferiram significativamente na pontuação de Autoconhecimento em Inteligência Emocional e desempenharam um papel vital na Autoconhecimento da inteligência emocional. Os inquiridos não casados, os inquiridos que

163

têm mais rendimentos familiares e mensais, e os membros na área rural têm mais pontos de auto-conhecimento do que os outros inquiridos.

Factores de Trabalho Vs Auto-Consciencialização

> Observa-se pela análise que, os factores de trabalho, nomeadamente, designação, anos de experiência e número de membros do departamento, desempenharam um papel essencial na pontuação de auto-conhecimento da inteligência emocional. Estes factores têm diferido significativamente na pontuação de auto-conhecimento dos professores. Os professores que são professores associados e que têm mais de 20 anos de experiência revelaram ser diferentes dos outros professores.

Factores Pessoais Vs Auto-Gestão

> A pontuação de autogestão indica que, os factores pessoais, nomeadamente, Tipo de família, Tamanho da família, Rendimento Mensal e Número de Membros Ganhadores, diferiram significativamente no factor Autogestão. Os professores com mais rendimentos mensais e familiares são significativamente diferentes quando comparados com outros professores.

Factores de trabalho Vs Autogestão

As pontuações de Autogestão são significativamente diferentes no que diz respeito à Designação e aos anos de experiência. Os professores na designação de professores e os professores com mais experiência são capazes de gerir as coisas eficazmente quando comparados com outros. Os professores que são professores associados e que têm uma experiência entre 16 -20 anos são comparativamente bons em competências de autogestão quando comparados com outros professores.

Factores Pessoais Vs Sensibilização Social

> Os factores pessoais, nomeadamente, Grupo etário, Tamanho da família, Número de Membros Ganhadores e Área de Residência desempenharam um papel vital na Consciência Social da inteligência emocional. Assim, estes factores diferiram significativamente na Consciência Social dos professores em Inteligência Emocional. Os professores do grupo etário dos 35-45 anos têm mais pontuação na consciência social e compreendem as emoções e sentimentos de outros professores.

Factores de Trabalho Vs Sensibilização Social

> Anos de experiência desempenharam um papel importante no Social Awareness Score. Os professores com 16-20 anos são capazes de compreender os sentimentos dos outros quando comparados com outros professores. Mais experiência pode ajudar a compreender os sentimentos dos outros professores. Para os outros factores não há diferença significativa no que diz respeito à consciência social.

Factores Pessoais Vs Gestão de Relacionamento

> Tamanho da família, Rendimento Mensal, Número de Membros Ganhadores, Rendimento Familiar Total e Área de Residência têm desempenhado um papel essencial na Gestão das Relações de Inteligência Emocional e diferiram significativamente. Os professores nas áreas urbanas e semi-urbanas estão a ter uma boa pontuação na relação quando comparados com outros professores.

Factores de Trabalho Vs Gestão de Relacionamento

> A pontuação de Gestão de Relacionamento tem diferido significativamente em relação à Natureza do emprego, anos de experiência, departamento e número de membros no departamento. Os professores das escolas de autofinanciamento, com experiência entre 1115 anos, os professores do departamento de comércio e gestão e um maior número de membros do departamento são comparativamente capazes de manter uma boa relação no departamento.

Análise de Rank - Razão para seleccionar a profissão de docente

> Infere-se da análise de classificação para a selecção da profissão docente que a maioria dos professores deu prioridade máxima à 'Ambição' (2,50) O W de Kendall encontrado para os 6 itens é 0,229. Isto mostra que existe uma semelhança muito baixa entre os respondentes na atribuição das classificações.

Análise de Rank - Inteligência Emocional

> Observa-se, pela análise da classificação, que a classificação média mais baixa é de 3,32 para o factor "Pensamento Positivo". A classificação média mais alta é de 7,30 para o factor "Controlo de rendição". O W de Kendall encontrado para os 10 itens é de 0,146. Isto mostra que existe uma semelhança muito baixa entre os inquiridos na atribuição das classificações.

Análise de Regressão - Inteligência Emocional

> A tabela de regressão mostra que entre as 14 variáveis independentes consideradas para a análise de regressão. As variáveis tais como, estado civil, área residencial, natureza do emprego e anos de experiência têm efeito positivo na pontuação global da inteligência emocional, o que significa que o aumento destas variáveis aumentará a pontuação da inteligência emocional proporcionalmente e a idade terá um efeito negativo na pontuação global da inteligência emocional.

> Do co-eficiente Beta mostra que o ano de experiência é mais influente na pontuação global da inteligência emocional em comparação com outros factores/variáveis. A natureza do emprego é a variável que menos contribui para a pontuação global da inteligência emocional.

teste t

> Os factores pessoais, nomeadamente o género e o tipo de família, não têm uma diferença significativa na pontuação média de auto-conhecimento. Mas em caso de estado civil, a hipótese é rejeitada.

> Os factores pessoais, nomeadamente, o sexo e o estado civil não têm diferença significativa na pontuação média da autogestão. Mas no caso do tipo de família, a hipótese é rejeitada.

> Os factores pessoais, nomeadamente, género, estado civil e tipo de família, não têm diferença significativa na pontuação média da consciência social.

> Os factores pessoais, nomeadamente, género, estado civil e tipo de família, não têm diferença significativa na pontuação média da gestão da relação.

OBJECTIVO II - Conhecer o Nível de Stress Ocupacional dos Professores

STRESS OCUPACIONAL DOS PROFESSORES

Os resultados da estatística descritiva dos factores de stress ocupacional, tais como, stress intrínseco ao trabalho, desenvolvimento de carreira, relações interpessoais, stress no trabalho, stress do papel e stress do clima organizacional.

Estatística descritiva

> **Intrínseco do trabalho** - Os resultados das estatísticas descritivas revelam que, foi dada a classificação mais alta para a declaração "Stress devido a pressão excessiva do trabalho" (3,69) e foi encontrada a classificação mais baixa para a declaração e "O estatuto social do trabalho aumenta o stress" (3,38). A constatação revela que os inquiridos concordam que se sentem em stress no local de trabalho.

> **Desenvolvimento de Carreira** - A classificação mais alta foi encontrada para a declaração "Estou a enfrentar os meus obstáculos no desenvolvimento da carreira" (3,44) e a classificação mais baixa foi encontrada para a declaração "Sinto que não estou totalmente qualificado para lidar com o trabalho" (2,93). O resultado revela que, os professores concordaram que enfrentam stress no desenvolvimento da carreira no seu trabalho.

> **Relação Interpessoal** - A pontuação mais alta foi atribuída à declaração "Os meus subordinados sentem-se livres para discutir comigo os seus problemas pessoais" (3,86) e a última pontuação foi encontrada para a declaração, "O comportamento afectuoso dos meus colegas é inimaginável para mim" (3,48). Deduz-se que os professores têm uma boa relação interpessoal com os seus superiores, colégios e subordinados.

> **Stress laboral** - A classificação mais elevada foi encontrada para a afirmação "A natureza complexa do meu trabalho não me confunde" (3,67). A pontuação mínima foi encontrada para a afirmação, 'As normas e expectativas limitam o meu entusiasmo' (3,49). O resultado foi que, os professores sentiram stress devido à natureza complexa do trabalho, esperando pelo relaxamento, mantendo-se sempre ocupados para cumprir prazos, força para começar a trabalhar, normas e expectativas, que põem um freio ao entusiasmo.

> **Stress de Papel** - A classificação mais elevada foi atribuída à declaração "Estou exposto

a oportunidades para melhorar a minha eficiência" (3,52) e a classificação mais baixa foi atribuída à declaração "Estou limitado no cumprimento do meu papel, devido à falta de conhecimentos e competências" (3,04). Os professores sentiram o stress do papel com respeito ao sacrifício dos valores para cumprir as obrigações de papel, constrangidos no cumprimento do papel devido à falta de conhecimentos & habilidades, instrução contraditória dada por diferentes membros da organização relativamente ao trabalho e expostos a oportunidades para melhorar a eficiência.

> **Clima Organizacional** - A classificação mais alta foi encontrada para a declaração do sistema organizacional monárquico a que pertence; sufocando a sua função & A subordenação sujeita ao papel na organização dá uma sensação desagradável (3,35). A pontuação mínima foi encontrada para a declaração, "O meu ponto de vista é ignorado na organização" (3.22). O resultado é que, falta de envolvimento na tomada de decisões na organização, o ponto de vista é ignorado na organização, sistema organizacional monárquico, sentimento desagradável na organização e tolerância ambiental considerável que persiste na organização irrita são as razões do seu stress organizacional

ANOVA

A ANOVA foi aplicada para encontrar a diferença significativa entre os factores de Stress Ocupacional, tais como, intrínseco ao trabalho, desenvolvimento de carreira, relações interpessoais, stress no trabalho, stress do papel e stress do clima organizacional. Os resultados são apresentados nos parágrafos seguintes.

Factores Pessoais Vs Intrínsecos do Trabalho

> Os factores pessoais, nomeadamente, idade, tamanho da família, rendimento mensal, e rendimento familiar total, diferiram significativamente no factor intrínseco do trabalho dos professores. Os inquiridos que se encontram no grupo etário dos 45-50 anos, os membros que auferem rendimentos mensais entre Rs.30001- Rs.40000 e os membros que auferem até Rs.40000 como rendimento familiar total variam comparativamente quando comparados com outros inquiridos.

Factores de Trabalho e Intrínsecos do Trabalho

> A qualificação educacional, anos de experiência e número de membros do departamento desempenharam um papel vital no Intrínseco do Job Score do stress ocupacional. Assim, estes factores diferiram significativamente na pontuação Intrínseca do Emprego de professores em stress ocupacional. Os professores que trabalham em faculdades ajudadas sentiram mais Intrínseco do stress no trabalho quando comparados com outros professores

Factores Pessoais Vs Desenvolvimento de Carreira

> A pontuação de desenvolvimento de carreira dos professores diferiu significativamente nos factores pessoais, nomeadamente, idade, estado civil, tamanho da família, e área de

residência. Os professores do grupo etário dos 25 anos, os professores solteiros e os respondentes residentes em cidades enfrentam mais stress ocupacional quando comparados com outros professores.

Factores de Trabalho e Desenvolvimento de Carreira

> Os factores relacionados com o trabalho, nomeadamente, a natureza do emprego, o departamento e o número de membros do departamento, desempenharam um papel vital no Índice de Desenvolvimento de Carreira de stress ocupacional. Assim, estes factores diferiram significativamente no Índice de Desenvolvimento de Carreira dos professores. Os professores que são professores assistentes e com mais experiência enfrentam mais stress de desenvolvimento de carreira quando comparados com outros professores.

Factores Pessoais Vs Relação Interpessoal

> Grupo etário, estado civil, Tamanho da família, Rendimento Familiar Total e Área de Residência tem diferido significativamente na Pontuação de Relacionamento Interpessoal dos professores. Os professores na faixa etária dos 45-55 anos, os professores que auferem um rendimento familiar total até Rs.40000 estão a enfrentar stress no que diz respeito à relação interpessoal

Factores de trabalho e relação interpessoal

> Os factores a saber, qualificação educacional, natureza do departamento de emprego, anos de experiência e número de membros diferiram significativamente na Relação Interpessoal. Os professores que têm apenas qualificações de pós-graduação, professores que trabalham em faculdades assistidas, professores com mais de 20 anos de experiência e departamentos com menos de 5 membros estão a enfrentar stress na relação interpessoal.

Factores Pessoais Vs Stress de Trabalho

> O grupo etário, Tipo de família, Tamanho da família e Rendimento Mensal desempenharam um papel vital na Pontuação de Stress no Trabalho de Stress Ocupacional. Daí que estes factores tenham diferido significativamente na pontuação de Stress no Trabalho. Os professores do grupo etário dos 45-55 anos e os professores que auferem mais rendimentos enfrentam mais stress no trabalho quando comparados com outros professores.

Factores de trabalho e stress laboral

> Os factores relacionados com o trabalho, nomeadamente, natureza do emprego, departamento, designação, anos de experiência e número de membros do departamento desempenharam um papel vital na Pontuação de Stress no Trabalho do stress ocupacional. Os professores que trabalham em faculdades assistidas, os professores que são professores, professores com mais de 20 anos de experiência e o departamento com menos de 5 membros sentiram stress no trabalho quando comparados com outros professores.

168

Factores Pessoais Vs Estresse de Papel

> O grupo etário, estado civil, Rendimento Mensal, Número de Membros Ganhadores, Total da Família e Área de Residência tem diferido significativamente na Pontuação do Papel de Stress dos Professores em Stress Ocupacional. Os professores na faixa etária inferior a 25 anos, os professores que auferem menos salário enfrentam stress de papel quando comparados com outros professores.

Factores de Trabalho e Stress de Papel

> O número de membros do departamento desempenhou um papel vital no Role Stress Score do stress ocupacional. A pontuação média não varia significativamente em caso de qualificação educacional, natureza do emprego, designação, anos de experiência e departamento.

Factores Pessoais e Stress Climático Organizacional

> Os factores pessoais, nomeadamente, grupo etário, estado civil, rendimento mensal, número de membros remunerados e área de residência, desempenharam um papel vital e estes factores diferiram significativamente na Pontuação do Clima Organizacional dos professores em Stress Ocupacional. Os professores que estão no grupo etário dos 25 anos, os professores solteiros, os professores que auferem rendimentos inferiores a Rs.30,000-Rs.40,000 e os professores oriundos da zona rural são sentidas como factores de tensão do clima organizacional quando comparados com outros professores.

Factores de Trabalho e Stress Climático Organizacional

> Designação, anos de experiência número de membros do departamento desempenharam um papel vital na Pontuação de Stress do Clima Organizacional de stress ocupacional. Assim, estes factores têm diferido significativamente na Pontuação de Stress Climático Organizacional dos professores. Os professores que são professores assistentes e que têm mais experiência sofrem de stress organizacional quando comparados com outros professores.

Análise de Classificação - Stress Ocupacional

> A classificação média mais baixa é de 4,57 foi encontrada para "stress ocupacional". A classificação média mais alta é de 6,87 foi encontrada para "Incerteza na vida". Os Kendall's W verificou que existe uma semelhança muito baixa entre os inquiridos na atribuição das fileiras.

teste t

> Os factores pessoais, nomeadamente, género, estado civil e tipo de família, não têm diferença significativa na pontuação média do Intrinsic On Job.

> Os factores pessoais, nomeadamente, o género e o tipo de família não têm uma diferença significativa na pontuação média de desenvolvimento de carreira. Mas em caso de estado civil, a hipótese é rejeitada.

> Os factores pessoais, nomeadamente o sexo e o tipo de família, não têm diferença significativa na pontuação média da relação interpessoal. Mas em caso de estado civil, a hipótese é rejeitada.

> Os factores pessoais, nomeadamente o género e o estado civil, não têm diferença significativa na pontuação média de stress no trabalho. Mas no caso do tipo de família, a hipótese é rejeitada.

> Os factores pessoais, nomeadamente, o género e o tipo de família não têm uma diferença significativa na pontuação média do stress de papel. Mas em caso de estado civil, a hipótese é rejeitada.

> O factor pessoal do género não tem uma diferença significativa na pontuação média do stress climático organizacional. Mas em caso de estado civil e tipo de família, as hipóteses são rejeitadas.

OBJECTIVO III - Encontrar o desempenho profissional dos professores que trabalham nas Faculdades de Artes e Ciências.

DESEMPENHO NO TRABALHO

Os resultados da estatística descritiva dos factores de desempenho do trabalho, tais como, Pontualidade, Metodologia de Ensino, Consciência do Trabalho e Perseverança, são apresentados da seguinte forma:

Estatística descritiva

> **Pontualidade** - Os resultados da estatística descritiva revelam que, foi dada a classificação mais alta para a declaração 'Normalmente entro na sala de aula com bastante antecedência' (4,53) e foi encontrada a pontuação mínima para a declaração e 'Avalio regularmente o desempenho dos alunos em campos diversificados'(4,29).

> **Metodologia de Ensino** - Os resultados da estatística descritiva revelam que, foi atribuída a classificação mais elevada à declaração "Motivo os meus alunos para o desenvolvimento da sua carreira" (4,48) e foi encontrada a pontuação mínima para a declaração e "Dedico um tempo adequado às tarefas de trabalho e atribuição de recursos" (4,27).

> **Consciência do Trabalho** - Os resultados das estatísticas descritivas revelam que, a classificação mais alta foi dada para a declaração "Sempre demonstro um forte sentido de responsabilidade quando me é atribuída uma tarefa" (4.43) e que a pontuação mínima foi encontrada para a declaração e "Sirvo como pessoa de recurso, prestando consultoria aos necessitados em que sou especializado" (4.16).

> **Perseverança** - Os resultados das estatísticas descritivas revelam que, foi atribuída a classificação mais alta à declaração "Continuo a fazer um esforço especial aos alunos lentos" (4,33) e foi encontrada a pontuação mínima para a declaração e "Faço face a muitas

170

dificuldades para cuidar da minha própria carreira de palavras"(4,09).

ANOVA

Os resultados da ANOVA para factores de desempenho do trabalho, tais como, Pontualidade, Metodologia de Ensino, Consciência do Trabalho e Perseverança são comparados com factores pessoais e relacionados com o trabalho dos professores. Os resultados são apresentados da seguinte forma:

Factores Pessoais e Pontualidade

> Os grupos etários, Tamanho da família, Número de Membros Ganhadores e Rendimento Familiar Total têm desempenhado um papel vital na Pontuação de Pontualidade do Desempenho Profissional. Daí que estes factores tenham diferido significativamente. Os professores do grupo etário dos 45-55 anos são mais pontuais do que os outros professores.

Factores de Trabalho e Pontualidade

> Os factores, nomeadamente, a natureza do emprego e do departamento, anos de experiência, departamento e número de membros do departamento diferiram significativamente na Pontuação de Pontualidade dos professores. Os professores que trabalham em escolas de autofinanciamento, os professores com mais experiência e os professores do departamento de comércio e gestão são significativamente diferentes quando comparados com outros professores.

Factores Pessoais Vs Metodologia de Ensino

> A dimensão da família, o rendimento mensal, o número de membros remunerados e o rendimento familiar total desempenhou um papel vital na Pontuação da Metodologia de Ensino do Desempenho Profissional. Daí que estes factores tenham diferido significativamente.

Factores de Trabalho e Metodologia de Ensino

> Os factores, nomeadamente, natureza do emprego, departamento e número de membros do departamento, diferiram significativamente na Pontuação da Metodologia de Ensino dos professores. Os professores que trabalham em escolas de autofinanciamento, os professores do departamento de comércio e gestão e o departamento que tem mais membros são significativamente diferentes quando comparados com outros professores.

Factores Pessoais Vs Consciência de Trabalho

> O estado civil e o Rendimento Familiar Total desempenharam um papel vital na Pontuação da Consciência do Trabalho no Desempenho do Trabalho. Assim, estes factores têm diferido significativamente na Pontuação da Consciência do Trabalho dos professores em Desempenho no Trabalho.

Factores do Trabalho e Consciência do Trabalho

> Os factores, nomeadamente a designação e o número de membros do departamento,

diferiram significativamente na Pontuação da Consciência do Trabalho dos professores. Os professores que são professores associados e o departamento com 16-20 professores são significativamente diferidos quando comparados com outros professores.

Factores Pessoais Vs Perseverança
> Os factores pessoais, nomeadamente, Tamanho da família e Rendimento Familiar Total, diferiram significativamente na Pontuação de Perseverança.

Factores de Trabalho e Perseverança
> A designação e o número de membros do departamento desempenharam um papel vital na pontuação de Perseverança do stress ocupacional. Por conseguinte, estes factores diferiram significativamente na Pontuação Perseverança dos professores.

Análise de classificação - Desempenho do trabalho
> A classificação média mais baixa é de 3,80 foi encontrada para "Profissionalismo". A classificação média mais alta é de 7,60 foi encontrada para a Avaliação da Criatividade dos Estudantes. O W de Kendall descobriu que existe uma semelhança muito baixa entre os inquiridos na atribuição das classificações.

Análise de Regressão do Desempenho Geral do Trabalho
> A tabela de regressão mostra que entre as 14 variáveis independentes consideradas para a análise de regressão foram incluídas 2 variáveis entre as várias variáveis independentes.
> A natureza do emprego e os anos de experiência têm um efeito positivo na pontuação do Desempenho Global do Trabalho, o que significa que o aumento destas variáveis aumentará proporcionalmente a pontuação do Desempenho Global do Trabalho. A idade e o rendimento familiar total têm um efeito negativo no desempenho global do trabalho.

Teste de Qui-Quadrado
> O teste Qui-quadrado foi aplicado para descobrir a associação, se houver, com respeito pelos factores de trabalho e o desempenho profissional dos professores.
> Natureza do emprego, anos de experiência, departamento e número de membros do departamento têm uma associação significativa com o desempenho profissional dos professores.

teste t
> Os factores pessoais, nomeadamente, o sexo, o estado civil e o tipo de família, não têm diferença significativa na pontuação média de pontualidade.
> Os factores pessoais, nomeadamente, género, estado civil e tipo de família, não têm diferença significativa na pontuação média da metodologia de ensino.
> Os factores pessoais, nomeadamente o género e o tipo de família, não têm diferença significativa na pontuação média da consciência do trabalho. Mas em caso de estado civil, a hipótese é rejeitada.
> Os factores pessoais, nomeadamente, o sexo, o estado civil e o tipo de família, não têm

uma diferença significativa na pontuação média de perseverança.

OBJECTIVO IV - Analisar a Relação entre Inteligência Emocional, Stress Ocupacional e Desempenho Profissional dos Professores.

RELAÇÃO ENTRE INTELIGÊNCIA EMOCIONAL, STRESS OCUPACIONAL E DESEMPENHO PROFISSIONAL

Correlação - Factores de Inteligência Emocional

> A análise de correlação entre Autoconhecimento, Autogestão, Sensibilização Social e Gestão de Relacionamento revela que existe menos correlação entre Autoconhecimento e Gestão de Relacionamento

Correlação - Factores de Stress Ocupacional

> Existe a mais alta correlação entre o stress do trabalho e o stress do clima organizacional e uma correlação moderada entre o stress do trabalho e o stress do papel

Correlação - Factores de desempenho do trabalho

> A correlação mais elevada existe entre Consciência do Trabalho e Perseverança seguida de Pontualidade e Metodologia de Ensino.

Correlação - Desempenho no trabalho, Inteligência Emocional e Stress Ocupacional

> Todas as três variáveis têm uma relação significativa com outras variáveis. Entre as três variáveis, a correlação positiva mais elevada existe entre Inteligência Emocional e Desempenho de Trabalho.

> Existe uma correlação negativa moderada entre o desempenho no trabalho e o stress ocupacional e existe uma correlação menos negativa entre a Inteligência Emocional e o Stress Ocupacional

Análise de regressão -Rendimento do trabalho

> Os factores, tais como, 'Consciência Social', 'Relações Interpessoais' e 'Autogestão' têm uma influência positiva significativa no 'Desempenho do Trabalho'. Os valores mais elevados sobre este conjunto de variáveis também tiveram uma maior influência no desempenho no trabalho.

> As outras 3 variáveis de stress da organização preditor incluídas na equação, nomeadamente, 'Intrínseco ao trabalho', 'Stress de papel', e 'Desenvolvimento de carreira' têm um efeito negativo no desempenho profissional

> As variáveis tais como 'Desenvolvimento de Carreira', 'stress de papel' e 'Intrínseco ao trabalho' contribuíram menos para o desempenho do trabalho dos professores. Isto implica que a inteligência emocional pode ajudar a reduzir o stress ocupacional e a melhorar o desempenho profissional dos professores.

> Uma boa cultura organizacional com programas adequados de melhoria das faculdades, uma boa escala salarial e uma relação saudável entre colegas ajuda na redução do stress. Além

173

disso, as instituições académicas podem criar diferentes motivos com diferentes métodos nos funcionários para reconhecer a sua inteligência emocional.

MODELO DE EQUAÇÃO ESTRUTURAL

A Modelação de Equações Estruturais (SEM) foi proposta para estudar a relação entre a Inteligência Emocional, o stress ocupacional e o Desempenho Profissional dos professores que trabalham nas faculdades de Artes e Ciências. Foi desenvolvido um modelo de investigação baseado nos itens incluídos no questionário que teoricamente explica a relação entre a Inteligência Emocional, o stress ocupacional e o Desempenho no Trabalho. Os resultados da SEM são apresentados nos parágrafos seguintes.

CFA para Factores de Inteligência Emocional

> A hipótese foi aceite com as quatro construções latentes, nomeadamente, 'Autoconhecimento', 'Autogestão', 'Consciência social' e 'Gestão de relações' mostra uma representação significativa da Inteligência Emocional.

CFA para Factores de Stress Ocupacional

> A hipótese foi aceite com as quatro construções latentes, nomeadamente, Intrínseco ao Trabalho, Desenvolvimento de Carreira, Relações Interpessoais, Stress de Trabalho, Stress de Papel e Stress de Clima Organizacional mostraram uma representação significativa dos factores de stress Ocupacional.

CFA para Factores de Desempenho do Trabalho

> A hipótese foi aceite com as quatro construções latentes a saber, 'Pontualidade', 'Metodologia de Ensino', 'Consciência do Trabalho' e 'Perseverança' mostra uma representação significativa do Desempenho do Trabalho.

Modelo de Equação Estrutural de Stress Ocupacional e Desempenho do Trabalho

> O resultado mostra quando o stress ocupacional no desempenho do trabalho aumenta positivamente numa unidade, o desempenho do trabalho dos professores diminui em -0,382. Assim, as hipóteses foram rejeitadas e houve uma relação positiva directa significativa entre o stress ocupacional e o desempenho no trabalho

Modelo de Equação Estrutural de Stress Ocupacional e Inteligência Emocional

> O resultado indica que, existe uma relação negativa directa entre o stress ocupacional e a inteligência emocional. Ou seja, quando o stress ocupacional sobre a inteligência emocional aumenta positivamente numa unidade, a inteligência emocional dos professores diminui em -0,210. Assim, as hipóteses foram rejeitadas e, por conseguinte, houve uma relação directa positiva significativa entre o stress ocupacional e a Inteligência emocional

Modelo de Equação Estrutural de Inteligência Emocional e Desempenho no Trabalho

> Observou que existe uma relação positiva directa entre a inteligência emocional e o desempenho no trabalho. Ou seja, quando a inteligência emocional sobre o desempenho no

trabalho aumenta positivamente numa unidade, o desempenho no trabalho dos professores aumenta em 0,730. Assim, as hipóteses foram aceites e houve uma relação directa positiva significativa entre a inteligência emocional e o desempenho no trabalho.

Modelo de Equação Estrutural do Stress Ocupacional, Inteligência Emocional e Desempenho no Trabalho

Efeitos directos - Estimativas

> A Inteligência Emocional tem um efeito positivo directo no Desempenho do Trabalho.l indica que, o factor Inteligência Emocional aumenta 1, o Desempenho do Trabalho também aumenta 0,633.

> Do mesmo modo, o stress ocupacional tem um efeito negativo directo na Inteligência Emocional (-0,341) que indica que, o factor de stress ocupacional aumenta em 1, a Inteligência Emocional diminui em -0,341.

> O efeito directo do factor de stress ocupacional no desempenho do trabalho tem sido de -0,087, o que infere que, o factor de stress ocupacional aumenta em 1, o desempenho do trabalho diminui em -0,087.

> Verifica-se que, o efeito directo dos factores de Inteligência Emocional no desempenho do trabalho (0,633) é considerado positivo. Verificou-se também que, a existência de efeito de mediação da Inteligência Emocional entre o stress ocupacional e o desempenho no trabalho

Efeitos Indirectos - Estimativas

> O efeito indirecto do stress ocupacional no desempenho do trabalho mostrou um efeito negativo na relação quando mediado pela Inteligência Emocional.

> O resultado sugeriu que, houve um efeito de mediação significativo da Inteligência Emocional entre o stress ocupacional e o desempenho no trabalho. Assim, a hipótese foi aceite e houve um efeito de mediação da Inteligência Emocional entre o stress ocupacional e o Desempenho no Trabalho.

Efeitos totais - Estimativas

> O modelo também observou que a relação directa entre Stress Ocupacional, Inteligência Emocional e Desempenho no Trabalho.

> O efeito total indica que, as variáveis independentes nomeadamente, Stress Ocupacional, Inteligência Emocional têm efeitos tanto positivos como negativos sobre o desempenho no trabalho e implica que, os factores de Inteligência Emocional facilitam o desempenho no trabalho onde os factores de Stress Ocupacional impedem o desempenho no trabalho

> O efeito directo do stress ocupacional na Inteligência Emocional -0,270 tem sido comparativamente mais elevado do que o efeito directo do stress ocupacional no desempenho do trabalho -0,052. O efeito indirecto do stress ocupacional sobre o desempenho no trabalho foi de -0,134 que é um pouco mais elevado do que o respectivo efeito directo.

> Finalmente, o estudo revelou que, os professores que adoptam um pensamento positivo na cultura da organização, que acolhem sempre bem as sugestões/recomendações dos outros e que mantêm uma relação interpessoal saudável com os seus sub-ordenados, melhoram o seu desempenho no trabalho.

> Por outro lado, o stress devido à pressão excessiva do trabalho, enfrentando obstáculos no desenvolvimento da sua carreira e professores que estão expostos a oportunidades para melhorar a sua eficiência, resultou em impedimentos ao desempenho do trabalho.

SUGESTÕES

Sugestões para os Professores

> É essencial perceber a variedade de sentimentos e emoções no trabalho para a maioria dos professores. O resultado depende dos professores e de como estes reagem às emoções. Algumas emoções inspiram naturalmente um aumento da produtividade. Inclui a felicidade, o entusiasmo e a confiança. Portanto, a aplicação da Inteligência Emocional torna-se importante para a gestão do stress ocupacional. Assim, os professores podem frequentar frequentemente formações de Inteligência Emocional para aprender e melhorar as suas emoções.

> Os trabalhadores com uma atitude positiva ou que abraçam emoções positivas são capazes de processar informação e trabalhar de forma mais eficiente. Para além de aumentar a produtividade, as emoções podem ter uma influência positiva sobre os outros e sobre a organização. Os seniores e chefes dos departamentos que retratam uma atitude positiva, agem de uma forma amigável e encorajam um ambiente de colaboração são susceptíveis de transmitir essas características aos subordinados e colegas para equilibrar as suas emoções

> A inteligência emocional pode ser construída e encorajada através de programas de formação que ajudem os professores a exercer controlo sobre as suas emoções e a agir de forma apropriada em vez de reagir de forma negativa.

> Os programas de formação podem focar a redução de qualquer ambiguidade em condições stressantes e ajudar os professores a combatê-las, facilitando a capacidade de fazer escolhas informadas sobre o que deve ser feito e como executá-lo. Os professores podem ganhar com estes programas na medida em que podem ser capazes de lidar com situações profissionais e pessoais com mais sucesso.

> No que diz respeito ao stress ocupacional, sugere-se que o corpo docente administre adequadamente o seu horário de ensino com instrumentos pedagógicos eficazes, de modo a que o nível de stress na profissão seja consideravelmente reduzido.

> O conflito entre os membros do pessoal é também uma das principais razões para as causas do stress profissional entre os professores porque, devido à falta de cooperação, podem não conseguir discutir ou obter ajuda na situação de emergência, de modo a trazer à tona o ambiente amigável . É importante que os professores mantenham uma relação cordial com os

seus colegas.

> O desempenho no ensino baseia-se inteiramente na actualização de conhecimentos/assunto de domínio. Com base nos resultados do estudo, sugere-se que o programa interno periódico seja conduzido no departamento. Esta iniciativa ajudaria a partilhar os conhecimentos entre os membros do corpo docente.

Sugestões para as Instituições

> A inteligência emocional é uma das competências comportamentais importantes para os professores para assegurar eficácia no desempenho, crescimento e desenvolvimento da carreira, bem como para obter sucesso na vida pessoal e profissional. Assim, as instituições educativas devem concentrar-se na organização de várias intervenções EI, programas de formação comportamental, sessões de formação dos professores que podem contribuir para melhorar os níveis de inteligência emocional dos professores e podem aprender a controlar e equilibrar as suas emoções, e podem comportar-se de acordo com as situações e podem contribuir através de um desempenho eficaz.

> A importância das competências sociais, da empatia e das relações interpessoais para o desempenho eficaz do trabalho e para alcançar os interesses e objectivos das organizações deve ser explicada aos empregados através de sessões e programas comportamentais para melhorar as suas competências de gestão de relações e comportamento de equipa.

> A concepção mais sistemática do trabalho deve ser preparada nas organizações de acordo com a natureza do trabalho a ser realizado, no qual as responsabilidades e especificações do trabalho devem ser claramente definidas. O sistema e procedimentos de trabalho devem ser compreensíveis e claros para os professores e deve ser criado um ambiente de trabalho saudável.

> As instituições devem definir claramente o papel e as responsabilidades dos professores, políticas, regras e regulamentos das instituições no momento da nomeação dos próprios professores. Para que os professores se possam preparar de acordo com as necessidades da instituição e isso ajudará a manter o nível de stress.

> O stress ocupacional dos professores, por sua vez, afecta o desempenho dos professores. Por isso, é importante que a direcção proporcione um bom ambiente conclusivo e apoio aos membros do pessoal para reduzir o stress no local de trabalho.

> As instituições educativas devem manter o nível de stress dos seus membros do corpo docente mais baixo e ajudá-los a permanecer mais saudáveis, realizando cursos de formação sobre inteligência emocional e gestão do stress que melhorariam as suas competências sociais e aumentariam a sua eficiência no trabalho.

> Como o salário é um dos principais factores que afectam a motivação, a satisfação no trabalho, o empenho e o nível de desempenho dos professores nas instituições de ensino. As

políticas salariais e de compensação devem ser justas, equitativas e justificáveis. Os aumentos salariais devem ser proporcionados aos funcionários que tenham um desempenho efectivo na organização, de forma justa, sem preconceitos ou parcial.

> Independentemente do tipo de colégios, os professores que trabalham em colégios urbanos demonstram um melhor desempenho. Assim, sugere-se que as instituições em locais rurais possam seguir as técnicas de marcação de bancada seguidas pelas faculdades em áreas urbanas.

> Um clube de aperfeiçoamento docente é formado em todas e cada uma das faculdades que integram as faculdades superiores como membros. Este clube conduziria programas de desenvolvimento da personalidade a intervalos regulares a todos os membros do corpo docente para aumentar a auto-confiança e o pensamento positivo. Os realizadores entre o corpo docente serão facilitados e outros serão motivados para o conseguir.

> Pode ser criado um fórum espiritual na instituição que organizaria periodicamente seminários/workshops/sempósios espirituais. Um clube de recriação com plenos direitos deve funcionar em todas e cada uma das faculdades.

CONCLUSÃO

A educação é o dispositivo mais dominante e poderoso para trazer à tona transformações essenciais tanto no indivíduo como na sociedade. Estas mudanças estão em termos de conhecimentos mais alargados, melhor crescimento da capacidade intelectual, melhoria de certas competências peculiares a cada área temática, atitude e melhor adaptação à situação e ambiente em questão. Com a difusão do rápido desenvolvimento da educação durante os últimos anos, a necessidade de salientar a qualidade da educação depende em grande medida do professor que é considerado como um único elemento mais importante no processo educativo. No presente estudo, o investigador estudou a inteligência emocional, o stress ocupacional e o desempenho dos professores, que são as pessoas responsáveis por moldar a geração futura. O estudo lançou luz sobre a inteligência emocional dos professores e a sua relação com o seu desempenho académico. O estudo descobriu que a inteligência emocional está positivamente correlacionada com o desempenho académico. Este estudo tem examinou também a influência de variáveis pessoais e relacionadas com o trabalho, tais como género, tipo de família, experiência, assunto, tipo de instituição, qualificação educacional, rendimento mensal, departamento que comiam, etc., com inteligência emocional, stress ocupacional dos professores. A inteligência emocional global e o stress organizacional dos professores estão associados uns aos outros e a relação é significativa. Além disso, as dimensões da inteligência emocional estão significativamente correlacionadas com uma ou mais componentes do compromisso organizacional. A inteligência emocional e o stress ocupacional estão individualmente a estabelecer uma relação directa significativa com o desempenho profissional quando não houve variável mediadora. O Stress Ocupacional, a Inteligência Emocional tem efeitos tanto positivos como negativos sobre o desempenho no trabalho e implica que, os factores de Inteligência Emocional facilitam o desempenho no trabalho quando os factores de Stress Ocupacional impedem o desempenho no trabalho.

Por conseguinte, pode-se concluir que a inteligência emocional desempenha um papel significativo e vital na melhoria do desempenho dos professores nas instituições educacionais e todas as instituições de sucesso precisam de trabalhar no desenvolvimento das capacidades de inteligência emocional dos professores para os fazer trabalhar eficazmente nas organizações. Não há dúvida de que as instituições pertencentes a qualquer natureza precisam de procurar a adequação das competências emocionais inteligentes dos professores e devem concentrar-se em colmatar a inadequação da Inteligência Emocional se houver, introduzindo várias intervenções e sessões comportamentais a fim de assegurar o trabalho bem sucedido da organização e para empregar e reter artistas eficazes na organização. A redução do stress ocupacional induzirá os professores a prestarem um serviço eficiente e eficaz à sociedade. Para a melhoria das instituições educacionais, o stress ocupacional entre os professores deve ser reduzido. Como resultado dos benefícios de uma abordagem sistemática e conjunta para reduzir o stress, pode haver um aumento do padrão de educação, diminuição do absentismo, aumento, melhoria do moral dos professores e diminuição dos pedidos de indemnização. O benefício mais importante na redução do stress ocupacional é que irá promover um ambiente de trabalho agradável para todos.

Os administradores devem dedicar tempo a compreender realmente as preocupações dos seus funcionários, a fim de encontrar formas de reduzir os factores de stress que os afectam. Na situação actual, os professores estão a ser solicitados a trabalhar mais, a lidar com o aumento do tamanho das turmas e com menos benefícios monetários. É ainda mais importante que os administradores atendam às necessidades dos seus professores, a fim de manter uma mão-de-obra produtiva saudável que seja capaz de satisfazer as necessidades dos seus alunos. Os resultados do estudo fornecerão alguns conhecimentos valiosos que poderão ajudar as instituições educativas a realçar o significado desta importante competência comportamental e a tomar certas medidas e estratégias para melhorar as competências dos funcionários em matéria de EI, a fim de aumentar a sua eficiência e eficácia no desempenho do trabalho. Assim, a inteligência emocional é a habilidade essencial para o sucesso profissional, enfrentando desafios de trabalho, desempenho profissional, satisfação profissional, compromisso organizacional, motivação, crescimento na carreira e eficácia global dos empregados que trabalham em qualquer organização de qualquer sector.

179

MARGEM PARA MAIS ESTUDOS

• No presente estudo, o investigador estudou apenas professores universitários. Os futuros investigadores podem seleccionar empregados em várias indústrias e podem dar melhores e mais amplos pontos de vista sobre o stress ocupacional e o seu impacto com inteligência emocional e desempenho no trabalho.

• Os futuros investigadores podem estudar componentes individuais da inteligência emocional e concentrar-se na relação entre várias componentes da inteligência emocional - auto-conhecimento, auto-motivação, empatia, habilidades sociais, e empatia - com diferentes estilos de gestão de conflitos.

• A investigação futura pode ser levada a cabo para verificar o impacto da inteligência emocional no stress ocupacional e no desempenho profissional dos professores, médicos e outros profissionais da escola.

• Pode ser feito mais um estudo explicativo para ver o efeito da Inteligência Emocional em várias variáveis dependentes tais como a satisfação no trabalho, a moral dos empregados, a produtividade dos empregados, o clima organizacional.

• A futura investigação sobre a inteligência emocional dos professores e o seu desempenho como líderes transformacionais pode ser realizada noutros departamentos das universidades e faculdades da região.

• Stress Ocupacional, Inteligência Emocional e Desempenho - Um Estudo Comparativo entre Professores de Escolas Rurais e Urbanas pode ser objecto de investigação adicional.

BIBLIOGRAFIA

1. Ahmad Fathi Alheet e Yacoub Hamdan (2021). "Exploring The Relationship Between Emotional Intelligence And Job Performance" (Explorando a Relação entre Inteligência Emocional e Desempenho Profissional): A Study Of Jordanian Retail Industry" International Journal of Entrepreneurship, Vol. 25, No. 3.

2. Aina Sabherwal, Deeya Ahuja, Mohit George e Arjun Handa (2015) fizeram um estudo intitulado *"Stress Ocupacional entre os membros do corpo docente em Instituições de Ensino Superior"* pp. 101-105.

3. Alyas Qadeer Tahir (2011), "Effectiveness of Teaching Stress on Academic Performance of College Teachers in Pakistan", International Journal of Humanities and Social Science, Vol.1. (3), pp. 123-129.

4. Annierah Maulana Usop (2013), *"Desempenho do Trabalho e Satisfação no Trabalho entre Professores"* pp- 45-50.

5. Anthony H. Winefield e Richard Jarrett (2001). "Occupational Stress in University Staff", International Journal of Stress Management, Vol. 8, No.4, pp 285-298

6. Aqsa Akbar, Waheed Akhter (2011). "Stress da Faculdade no Ensino Superior": A Study on the Business Schools of Pakistan", World Academy of Science, Engineering and Technology, Vol.73, pp 1089-1093.

7. Archibong, Ijeoma Aniedi, Bassey, Akpo Offiong e Effiom, David Otu (2010). "Occupational Stress Sources among University Academic Staff", European Journal of Educational Studies, Vol.2, No.3, ISSN 1946-6331.

8. Arnold Gertrude L., Rosevear Scott G., Trice Andrea G., e Mckinnon Stanley A., (1996). "Stress da Faculdade": The influence of Institutional Characteristics", Documento apresentado na reunião anual da Associação para o Estudo do Ensino Superior (ASHE), Memphis, TN, EUA, ED 405752.

9. Aziz, M (2003) "Organisation Role Stress among Indian Information Technology Professionals", Asian Pacific News Letter on Occupation Health and Safety, Vol. 6, Pg. 31 - 33.

10. Blackburn Robert T. e Bently Richard J. (1993). "Faculty Research Productivity": Some Moderators of Associated Stressors", Research in Higher Education, Vol.34, No.6, pp. 725-745.

11. Carolyn G. McCracken (2001). The Relationship between Stress Levels and Job Satisfaction among Community College Faculty in East Tennessee.

12. Catano, Vic; Francis, Lori; Haines, Ted, Kirpalani, Haresh; Shannon, Harry, Stringer, Bernadette, Lozanzki e Laura, stress ocupacional nas universidades canadianas: Um inquérito

nacional. International Journal of Stress Management, Vol.17 (3), pp.232-258, 2010.

13. Dalia Desouky (2017). "Stress ocupacional, ansiedade e depressão entre professores egípcios", pp. 94-100

14. Fayez Hamed Al Shdaifat e Adel Ali Yassin Al Zyoud (2021). "The Impact of Emotional Intelligence on Job performance in the Gulf Region" International Journal of Emerging Trends in Social Science, Vol 10, No 1.

15. Felicia Ofoegbu, Mon Nwadiani, (2006), "Level of Perceived Stress among Lecturers in Nigerian Universities", Journal of Instructional Psychology, Vol. 33, No.1.

16. Hafsa Ahmed (2015). "Emotional Intelligence and Job satisfaction among University teachers", International Journal of Educational Studies, Vol. 02, pp. 95-100.

17. Ishak, Nurhamizah (2021). *Inteligência emocional, auto-eficácia e desempenho profissional de professores universitários / Nurhamizah Ishak.* Social and Management Research Journal (SMRJ), 18(1), pp. 31-51. ISSN 0128-1089.

18. Ishwara, P. (2010). Determinantes do Envolvimento no Trabalho e Satisfação no Trabalho entre os Profissionais Docentes. Global journal of management and business research.Vol. 10(5).

19. Jaroslaw Grobelny; Patrycja Radke; Daria Paniotova-Maczka (2021). "Emotional intelligence and job performance: a meta-analysis" *International Journal of Work Organisation and Emotion (IJWOE),* Vol. 12, No. 1, pp. 6-12.

20. Jeryl Shawn T. Tan (2017). "*Factores que afectam o stress entre os membros da Faculdade de Universidades Públicas nas Filipinas: A Multiple Regression Analysis"* pp. 50-56.

21. Judy M. Hogan, John G. Carlson e Jagdish Dua (2002). Estressores e Reacções de Stress entre o Pessoal Universitário. International Journal of Stress Management, Vol.9 (4), pp.289-310.

22. Karabi Goswami e Monoshree Mahanta (2021). "Exploring the Role of Emotional Labor and Job Autonomy in the Relation Between Emotional Intelligence and Job Performance" International Management Review, Vol. 17,No. 1.

23. Laura L. B. Barnes, Menna O. Agago e William T. Coombs (1998). "Effects of Job-Related Stress on Faculty Intention to Leave Academia", Research in Higher Education, Vol. 39, No.4, pp. 457-469.

24. Laxmi Narayan Sharma (2014). "The role of emotional intelligence in fostering work life balance among the working and non working professionals Teacher", Global Journal of Finance and Management". ISSN 0975-6477, Vol. 6, No. 6, pp. 551556.

25. Li-fang Zhang (2007). Estilos de Ensino e Stress Ocupacional entre os Membros da

Faculdade Universitária Chinesa. Psicologia da Educação: Revista Internacional de Psicologia Experimental Educacional, Vol. 27 (6), pp. 823-841.

26. Lokanadha Reddy e Poornima (2012), fazem um estudo sobre o tema Stress Ocupacional e Queimadura Profissional de Professores Universitários no Sul da Índia, pp. 12-16.

27. Michael J. Fimian, (1987), "Teachers Stress": An Expert Appraisal", Psychology in the Schools, Vol.24, pp 5-14.

28. Min Swe Hlaing, Maria Socorro C.L. Fernando (2021) "Designing a prototype coaching model based on emotional intelligence and job performance: a case study of global technology group company, myanmar" abac odi journal vision. Acção. Outcome issn: 2351-0617, Vol 8, No. 2, pp. 1 -16.

29. Muhammad Asrar-ul-Haq (2017). "Impact of emotional intelligence on teacher's performance in higher education institutions of Pakistan" *Journal of Business & Economics* Vol. 9, No. 2, pp, 1-19.

30. Muthukumar K, A Comparative Study on the Level of Stress among Government, Government Aided and Self Financing Arts And Science College Teachers (With Special Reference to Chennai), Tese de Doutoramento, 2014, Dr. M. G. R. Educational and Research Institute University, Chennai.

31. Nomita Punia e Shanti Balda Julho (2016), tinham publicado um artigo de investigação sobre o tema "Inteligência Emocional e Stress Ocupacional entre Professores Escolares em Haryana, Índia", pp. 121-126.

32. Pandey R. e Tripathi S. (2001). "Occupational Stress and Burnout in Engineering College Teachers", Journal of the Indian Academy of Applied Psychology. Vol.27, No.1-2, pp. 67-73

33. Pestonjee DM e Azeem SM (2001). "A Study of Organisational Role Stress in relation to Job Burnout among University Teachers" citado em RePEc, IndianInstitute of Management Ahmedabad, Research and Publication Department, IIMA

34. Pijus Kanti Bhuin (2016). "*Is Teaching Stressful*", pp. 45-51.

35. Ramana (2013). "Emotional Intelligence and Teacher Effectiveness -An Analysis" Voice of Research, Vol.2, No. 2, ISSN no 2277-7733.

36. Ravichandran, R., Rajendran, R. (2007). "Perceived Sources of Stress among the Teachers", Journal of the Indian Academy of Applied Psychology, Vol.33, No.1, pp. 133-136.

37. Salovey. P. e Mayer, J. D. (1990). "Inteligência Emocional". *Imaginação, Cognição e Personalit)-*. Vol. 9, pp. 185-211.

38. Sarbjit kaur e Dinesh Kumar (2008). "Comparative Study of Government and Non Government College Teacher in Relation to Job Satisfaction and Job Stress", Online Submission -ED502218

39. Seibert, S. E. Kraimer, M. L. e Liden. R. C. (2001). "A Social Capital Theory of Career Success", *Academy of Management Journal*, Vol. 44, pp. 219-237.

40. Senthil Kumar, Mohan e Velmurugan (2013) fizeram uma investigação sobre o tema" Causas do stress do trabalho dos professores no ensino da engenharia" pp 131-136.

41. Shahu, Rashmi e Gole, S. V. (2008). "Effect of Job Stress and Job Satisfaction on Performance": An Empirical Study", *AIMS International Journal of Management*, Vol. 2 (3), pp. 237-246.

42. Sharma e Jyoti (2005), "Emotional Intelligence as a Detriment of Organizational Commitment" (Inteligência Emocional como Deterioração do Compromisso Organizacional): An Empirical Study", *International Journal of Management Sciences*, Vol. 1 (2), pp. 56-69.

43. Singh (2015). "A study of emotional intelligence of teacher educators in relation to certain demographical variables" pp. 172-178.

44. Spector P.E e Goh, A. (2001). "The Role of Emotions in the Occupational Process", Exploring Theoretical Mechanisms and Perspectives, JAI, New York.

45. Sreekala Edannur (2010) "Emotional Intelligence of Teacher Educators" Revista Internacional de Ciências da Educação - Dezembro de 2010 pp 115-121.

46. Suryanarayana, N. V. S., Goteti Himabindu, Bramaramba, N. V. S. e Sarma, G. M. S. S. (2010). "Stress and Professional Pleasure among Engineering College Teachers", The FedUni Journal of Higher Education, Vol.5, No.1, No.2, pp. 91-100.

47. Syed Mohammad Azeem, Nazir A. Nazir (2008). "A Study of Job Burnout among University Teachers", Journal of Psychology Developing Societies, Vol.20, No.1, pp. 51-64.

48. T. Tram, S. e O'Hara, L. (2006). "Relação da Inteligência Emocional do Empregado e Gestor com a Satisfação e Desempenho no Trabalho". *Journal of Poca lion al Behaviour*, Vol. 68 (3), pp. 461-473.

49. Tang, C. S. Wing-Tung, A. Ralf, S. e Gerda Marie, S. (2001). "Resultados da saúde mental do stress laboral entre professores chineses". *Journal of Organisational Behaviour* Vol. 22 (8), pp. 887-901.

50. Veena, Pushpalatha e Mallaiah (2016). Tentar um estudo sobre o tema Stress Profissional entre os Membros da Faculdade da Universidade de Mangalore: Um Estudo, pp. 2-9.

51. Vijaya Shanthi (2015). fez uma pesquisa sobre o tema, Stress Ocupacional - Estudo sobre Professores que Trabalham em Faculdades de Autofinanciamento em Chennai, pp 1-7

52. ZhongwuLi e YapengLin (2021). "Impact of Emotional Intelligence on Job Performance -Examining Mediationand Moderation Mechanisms" "Turkish Journal of Computer and Mathematics Education Vol. 12, No. 6, pp. 3511-3524.

Livros Referidos

1. Gupta, S.P, "Statistical Methods", Sultan Chand & Sons Publications, Nova Deli, Edição revista de 2001.

2. Hair J.F, Black W.C., Babin B.J., Anderson R.E. e Tatham R.L. (2006), "Multivariate Data Analysis", (6ª ed.), Upper Sadle River, New Jersey: Prentice Hall

3. Mousumi S Bhattacharya "Emotional Intelligence myth or reality", Primeira edição Nova Deli 2007.

Sítios Web

- www.ebsco.com
- www.googlebooks.com
- www.eiconsortium.org
- www.stress.org
- www.researchgate.net
- www.leadershipnow.com
- www.researchgate.net/publication
- www.inflip .com

INTELIGÊNCIA NEMOCIONAL, STRESS OCUPACIONAL E O SEU IMPACTO NO DESEMPENHO PROFISSIONAL - UM ESTUDO ENTRE PROFESSORES DE ARTES E

FACULDADE DE CIÊNCIAS

Respeitado Senhor /Madam,

Este questionário foi concebido para a minha tese de doutoramento. Peço-lhe Senhor/Madam que me ajude nos meus dados recolhidos, preenchendo o questionário com a sua verdadeira opinião. A sua opinião conduziria a um resultado realista e forneceria uma visão valiosa no campo desta investigação. Asseguro-lhe que os dados recolhidos são confidenciais e apenas para fins académicos.

Atenciosamente

C.Aishwarya

PERFIL SOCIO-ECONÓMICO

1. Nome
2. Idade :   Anos
3. Género
   Sexo masculino   b) Feminino
4. Estado civil
   a) Casado   b)Não casados
5. Tipo de família
   a) Família conjunta b)Família nuclear
6. Tamanho da família
   a) 2 b) 3   c) 4 d) 5 e) 6 e) 6 e acima
7. Rendimento mensal
   a) Até Rs.20,000   b) Rs.20,001 a Rs.30,000 c) Rs.30,001 a Rs.40,000
   d) Acima de Rs.40,000
8. Número de membros remunerados na família
a) 1 b) 2 c) 3 d) 4 e) Mais de 5
9. Rendimento familiar total
a) Até Rs.40,000 b) Rs.40,000 - Rs.60,000 c) Rs.60,001 - Rs.80,000
d) Rs.80,001
10. Área residencial
a) Rural b) Urbana c) Semi-Urbana

PERFIL RELACIONADO COM O TRABALHO
11. Qualificação educacional

a) Pós-Graduação b)M.Philc   ) Ph.Dd) Qualquer outro

12. Qualificação adicional

a) NETb   ) SLET c) Qualquer outro

13. Natureza do emprego

a) Colégio do Governob) Faculdade auxiliada c) Faculdade auto-financiada

14. Designação

a) Professor assistente b) Professor associado c) Professor

15. Anos de experiência :Anos

16. Em média, com quantas horas de aulas lida?Hrs. (Por semana)

17. Em média, quantas horas passa para outras actividades académicas?Hrs. (Por semana)

18. Departamento : a) Ciências Básicas b) Artesc   ) Informática

                     d) Comércio e Gestão   ) Humanidades

19. Número de membros no departamento :

20. Por favor assinale a opção adequada a partir da seguinte declaração

Estatuto universitário	Sim	Não
Estatuto de Autonomia		
Estatuto de Acreditação		
Instituição certificadora ISO		

21. Motivo para escolher o ensino como profissão
(Por favor, classifique o seguinte na ordem de importância, onde 1 indica o **Mais importante** e 6 indica o **Menos Importante**)

S.No	Justificação	Posição
1	Ambição	
2	Paixão	
3	Bom ambiente de trabalho	
4	Segurança no trabalho	
5	Estatuto social e económico	
6	Salário e benefícios	

Parte-2
Inteligência Emocional

22. Leia cada declaração cuidadosamente e indique os seus sentimentos numa escala de 5 pontos, como indicado abaixo: SA- Concordo fortemente, A- Concordo, N- Neutro, DA- Discordo, SDA- Discordo fortemente. Coloque uma marca (/) contra um número para cada declaração para mostrar os seus sentimentos. Por favor, responda às declarações.

S. Não	Factores	SA	A	N	DA	SDA
	I. Auto-consciencialização:-					
1	Estou consciente das minhas emoções à medida que as experimentei					
2	Motivo-me imaginando um bom resultado de tarefas que eu assumiria					
3	Quando estou chateado, normalmente consigo perceber porque estou angustiado					
4	Quando cometo erros, grito frequentemente& critico-me pelas minhas capacidades					
5	Conheço os meus valores e crenças					
6	Tenho autoconfiança em todas as situações					
7	Tenho tendência a reagir demasiado aos problemas					
8	Eu sei o que me motiva					
9	Descrever-me-ia como um bom juiz de carácter					
10	Sinto-me confiante sobre as minhas próprias capacidades, talentos e aptidões					
	II. Autogestão					
1	Compreendo a utilização das técnicas de auto-coaching					
2	Compreendo a diferença entre auto estima e auto respeito					
3	Posso tornar-me um modelo eficaz					
4	Posso gerir eficazmente as minhas mudanças pessoais					
5	Estabeleço os meus objectivos pessoais e tomo medidas para os atingir					
6	Adopto um pensamento positivo					
7	Eu quero e posso ser capaz de superar com sucesso os meus desafios					
8	Sou capaz de me acalmar rapidamente					

S. Não	Factores	SA	A	N	DA	SDA
9	Estabelecerei objectivos para mim próprio e tentarei atingi-los ao meu melhor nível					
10	Sou capaz de controlar a minha raiva/frustração					
	III. Sensibilização social					
1	Reconheço a diferença de valor e as semelhanças entre pessoas e culturas					
2	Reconheço e utilizo a empatia eficazmente					
3	Posso compreender e entrar no mundo de outra pessoa					
4	Consigo compreender os sentimentos dos outros					
5	Posso sempre acolher favoravelmente as sugestões/recomendações de outros					
6	Posso dizer o que os outros sentem pelo tom das suas vozes					
7	Para mim é fácil compreender porque é que as pessoas sentem o que sentem					
8	Felicito os outros quando fizerem algo bem					
9	No meu grupo de amigos estou geralmente consciente de					

	como cada pessoa se sente em relação à outra pessoa					
	IV. Gestão das relações					
1	Ajudo activamente os outros a serem mais assertivos					
2	Posso estabelecer e construir uma relação de longo prazo					
3	Reconheço o que impulsiona e motiva os outros					
4	Posso desenvolver e manter a abertura, confiança e honestidade					
5	Posso agir como um catalisador de mudança					
6	Posso colaborar e trabalhar em equipa					
7	Posso estabelecer e alcançar objectivos					
8	Sou sensível às emoções e estados de ânimo dos outros					
9	Procuro activamente soluções e resolvo problemas, sabendo quando lutar e quando me afastar					

23. Avaliar o nível de Inteligência Emocional.
(Por favor, classifique o seguinte na ordem de importância, onde 1 indica o **Mais Importante** e 6 indica o **Menos Importante**)

S. Não.	Factores	Posição
1	Assertividade	
2	Pensamento positivo	
3	Compreender e reagir às emoções dos outros	
4	Construir uma relação a longo prazo	
5	Auto-regulação	
6	Autodisciplina e sentido do dever	
7	Sentido de timing	
8	Controlo de rendição	
9	Sentido de motivação	
10	Auto-motivação	

Parte 3
Impacto do stress no desempenho do trabalho

S. Não	Factores	SA	A	N	DA	SDA
	XI. Intrínseco ao trabalho					
1	É o ambiente de trabalho causa stress					
2	A tabela salarial/ pacote/ remuneração conduzem ao stress					
3	O estatuto social do trabalho aumenta o stress					
4	Será que a ambiguidade na partilha do trabalho causa stress?					
5	Stress devido à pressão excessiva de trabalho					
	XII. Desenvolvimento de carreira					
1	Estou a enfrentar os meus obstáculos ao desenvolvimento da carreira					
2	Sinto que não estou totalmente qualificado para desempenhar a função					
3	O meu trabalho tende a interferir com a minha vida pessoal					
4	Programadores de melhoria da faculdade inadequados					
5	Falta de programas promocionais frequentes					
6	Felicitações discriminatórias por trabalho extra de colegas/superiores					
7	Esforço extra que preciso de fazer para me provar e o meu papel pressiona-me					

S. Não	Factores	SA	A	N	DA	SDA
	XIII. Relações interpessoais					
1	O comportamento afectuoso dos meus colegas é inimaginável para mim					
2	O conselho dos meus colegas quando estou em apuros é					

189

S. Não		SA	A	N	DA	SDA
	sanidade na minha vida					
3	A minha relação com o meu superior causa uma grande ansiedade					
4	A fé que me foi concedida pelo superior é encorajadora					
5	Os meus subdistritos sentem-se à vontade para discutir comigo os seus problemas pessoais					
6	Extrair trabalho das minhas subordenações é uma provação para mim					
XIV. Stress laboral						
1	A natureza complexa do meu trabalho não me confunde					
2	Estou à espera que chegue o dia em que possa relaxar					
3	Estou farto de me manter sempre ocupado para cumprir prazos					
4	A maior parte das vezes tenho de me forçar a começar a trabalhar					
5	As normas e as expectativas colocam um freio ao meu entusiasmo					
6	O tempo passa sem o meu aviso prévio todos os dias no meu trabalho					
XV. Stress de papel						
1	Preciso de sacrificar os meus valores para cumprir as minhas obrigações de papel					
2	Sou constrangido no cumprimento do meu papel, devido à falta de conhecimento e habilidade					
3	Sinto-me preocupado devido ao deficiente fluxo de informação que restringe a minha produção					
4	Fico perplexo com as instruções contraditórias dadas por diferentes membros da organização relativamente ao meu trabalho					
5	Estou exposto a oportunidades para melhorar a minha eficiência					
6	Incidentes repetidos em que as minhas contribuições são levadas muito levianamente me deixam de fora					
XVI. Stress climático organizacional						
1	A falta do meu envolvimento na tomada de decisões na organização reduz as responsabilidades nos meus ombros					
2	O meu ponto de vista é ignorado na organização					

S. Não	Factores	SA	A	N	DA	SDA
3	Descobri que o sistema organizacional monárquico a que pertenço; sufocando a sua função					
4	A subordenação a que estou sujeito no meu papel na organização dá-me uma sensação desagradável					
5	A tolerância ambiental considerável que persiste na minha organização irrita-me					

24. Avaliar o nível de stress.
(Por favor, classifique o seguinte na ordem de importância, onde 1 indica o **Mais Importante** e 6 indica o **Menos Importante**)

S. Não.	Factores	Posição
1	Intrínseco ao trabalho	
2	Factores de stress de desenvolvimento pessoal	
3	Factores de tensão das relações interpessoais	
4	Factores de stress ocupacional	
5	Factores de tensão da tarefa	
6	Agentes de stress climático organizacional	

190

7	Factores de trabalho específicos (carga de trabalho excessiva, significando menos tarefas, longas horas e baixos salários, etc.,)					
8	Ambiente físico					
9	Mudança de local de trabalho					
10	Incerteza na vida					

Part- 4

Para medir o desempenho do trabalho

S. Não	Factores	SA	A	N	DA	SDA
	V. Pontualidade					
1	Normalmente entro na sala de aula com bastante antecedência					
2	Completo as minhas porções em tempo estipulado					
3	Costumo insistir que os alunos sejam pontuais					
4	Avalio regularmente o desempenho dos estudantes em campos diversificados					
5	Mantenho registos atempados e precisos do desempenho dos alunos em actividades co-curriculares e extracurriculares					
	VI. Metodologia de Ensino					
1	Explico sempre os conceitos com a ajuda de materiais didácticos					
2	Normalmente preparo-me bem para uma apresentação organizada					
3	Dedico um tempo adequado para tarefas de trabalho e afectação de recursos					
4	Estou confiante no meu amplo conhecimento e domínio dos assuntos					
5	Motivo os meus alunos para o desenvolvimento das suas carreiras					
6	Encorajo sempre os estudantes a sonhar os seus pensamentos superiores					
7	Sugiro sempre aos estudantes que tenham um modelo a seguir na sua carreira/vida					
	VII. Consciência do Trabalho					
1	Sirvo como pessoa de recurso, prestando consultoria aos necessitados nos quais sou especializado					
2	Dedico a maior parte do meu tempo à comunidade estudantil					
3	Sirvo completamente entre todas as faculdades departamentais no cumprimento das responsabilidades da faculdade/universidade					
4	Estou sempre mais atento/responsável ao que sou pago					
5	Mostro sempre um forte sentido de responsabilidade quando me é atribuída uma tarefa					
6	Normalmente evito qualquer tipo de favoritismo					
	VIII. Perseverança					
1	Continuo a fazer um esforço especial para os alunos lentos					
2	Sou capaz de alcançar e cumprir os meus objectivos através da perseverança					
3	Enfrento o desafio de engendrar os novos métodos em estudos orientados para a prática					
4	Trabalho horas juntas para construir a carreira dos estudantes e para competir com os actuais avanços económicos e tecnológicos					
5	Enfrento muitas dificuldades para cuidar da minha própria					

191

	carreira de palavras					

25. Avaliar o nível de desempenho do trabalho.

(Por favor, classifique o seguinte na ordem de importância, onde 1 indica o **Mais Importante**
e 6 indica o **Menos Importante**)

S. Não.	Factores	Posição
1	Proximidade	
2	Metodologia do ensino	
3	Consciência do trabalho	
4	Persistência	
5	Profissionalismo	
6	Interacção social	
7	Criatividade e desenvoltura	
8	Capacidade de comunicação	
9	Domínio do assunto	
10	Avaliação da criatividade dos estudantes	

26. Dê a sua valiosa sugestão

O nosso património

ISSN: 0474-9030
Vol-68-Issue-30-February-2020

Um estudo empírico sobre o desempenho no trabalho entre os membros da Faculdade que trabalham em Faculdades de Artes e Ciências

C.AISHWARYADR   .G.KAVITHA
PROFESSOR ASSISTENTE-ASSISTENTE   E DIRECTOR
DEPARTAMENTO DE   COMÉRCIO
PSG COLLEGE OF ARTS AND SCIENCEPSGR   KRISHNAMMAL COLLEGE FOR WOMEN

ABSTRACT

O desempenho no trabalho é um dos temas mais geralmente falados na conduta autoritária e na Gestão de Recursos Humanos. Em exposição, examinar o cientista explorou o actual nível de desempenho no trabalho entre os professores universitários. Nesta exploração, foram analisados 150 instrutores privados. A informação obtida foi quebrada à luz das medições claras utilizando a Versão SPSS. Há uma distinção crítica entre a experiência e o nível de desempenho. Não há distinção crítica entre a recolha de idade e o nível de desempenho. Recolhe-se que os respondentes masculinos têm um estado de desempenho anormal quando comparado com os respondentes femininos. O pessoal que mostra deve receber formação adequada para actualizar a sua percepção, melhorar a sua execução e enfrentar as dificuldades e preocupações no meio do trabalho.

INTRODUÇÃO

O Ensinamento é uma das chamadas mais respeitáveis e assume uma parte crucial a ser desenvolvida das ordens sociais. Os instrutores ajudam os subestudantes a assegurar a aprendizagem, os dados para o seu aperfeiçoamento e a suportar o dever de levar o país para o progresso, pelo que os educadores são considerados como os pilares do público em geral. A necessidade de cada educador é a autonomia, o reconhecimento, a segurança e a nova experiência. As necessidades são críticas para todos, se as necessidades dos instrutores não forem satisfeitas, o tumulto e o desapontamento entre os educadores é alargado, o que é excepcionalmente indesejável para os educadores, bem como para os sub-estudantes. A actividade é uma parte fundamental da vida e, além disso, uma fonte fundamental de remuneração. A actividade de um educador requer uma parte notável do dia e é igualmente uma fonte de compromisso no público em geral; assim, a realização do emprego é importante para um instrutor e, além disso, para a prosperidade geral.

O desempenho no trabalho é a ligação emocional dos grupos de pessoas à sua parte do trabalho, e um elemento da ligação aparente entre o que precisavam da actividade, e o que viram que ela estava a produzir. Mais de tudo, o cumprimento do trabalho de instrutor é um indicador da manutenção do educador, um determinante do dever do educador, e um apoiante da adequação do educador. O cumprimento do trabalho de instrutor permite diminuir o desgaste, melhorar a execução da ocupação, e afecta os resultados dos estudos secundários.

O desempenho no trabalho é um estado de entusiasmo satisfatório pelo exame da actividade ou experiência de cada um. É visto como aquele trabalho, supervisão, colega, avanço, e vantagens como as medidas do desempenho do trabalho. A baixa acção, o absentismo, a hostilidade, a doença e a rotatividade podem ser ditos como os resultados da desilusão do emprego. Normalmente os representantes mostram o seu desapontamento com as condições de trabalho através de aquiescência, reclamação, e actividades negativas. Actualmente, os analistas enumeram vários factores como influenciando o cumprimento da actividade de

Copyright © 2019Authors

IMPACTO DA INTELIGÊNCIA EMOCIONAL NO DESEMPENHO PROFISSIONAL &
REALIZAÇÃO PROFISSIONAL ENTRE OS PROFESSORES DAS ESCOLAS COM
REFERÊNCIA ESPECIAL À CIDADE COIMBATORE

C. Aishwarya¹   Dr. G. Kavitha[1]

Abstrato

O cumprimento da ocupação é uma das questões mais geralmente faladas em matéria de conduta autorizada e Gestão de Recursos Humanos. Em exposição, o cientista examinou o actual nível de cumprimento da ocupação entre os professores privados e governamentais. Nesta exploração, foram analisados 150 instrutores privados. As informações obtidas foram quebradas à luz das medições claras utilizando a Versão SPSS. Há uma distinção crítica entre experiência e nível de cumprimento. Não há uma distinção crítica entre a idade e o nível de cumprimento. é possível concluir que os respondentes masculinos têm um estado de cumprimento anormal quando comparado com os respondentes femininos. O pessoal que mostra deve receber formação adequada para actualizar a sua percepção, melhorar a sua execução e enfrentar as dificuldades e preocupações no meio do trabalho.

Introdução

O Ensinamento é uma das chamadas mais respeitáveis e assume uma parte crucial a ser desenvolvida das ordens sociais. Os instrutores ajudam os subestudantes a assegurar a aprendizagem, os dados para o seu aperfeiçoamento e a suportar o dever de levar o país para o progresso, pelo que os educadores são considerados como os pilares do público em geral. A necessidade de cada educador é a autonomia, o reconhecimento, a segurança e a nova experiência. As necessidades são críticas para todos, se as necessidades dos instrutores não forem satisfeitas, o tumulto e o desapontamento entre os educadores é alargado, o que é excepcionalmente indesejável para os educadores, bem como para os sub-estudantes. A actividade é uma parte fundamental da vida e, além disso, uma fonte fundamental de remuneração. A actividade de um educador requer uma parte notável do dia e é igualmente uma fonte de compromisso no público em geral; assim, a realização do emprego é importante para um instrutor e, além disso, para a prosperidade geral.

A satisfação no trabalho é a plena ligação emocional dos grupos de pessoas à sua parte do trabalho, e um elemento da ligação aparente entre o que precisavam da actividade, e o que viram que ela estava a ser desenvolvida. Mais de tudo, o cumprimento do trabalho de instrutor é um indicador da manutenção do educador, um determinante do dever do educador, e um apoiante da adequação do educador. O cumprimento do trabalho de instrutor permite diminuir o desgaste, melhorar a execução da ocupação, e afecta os resultados dos estudos secundários.

A satisfação no trabalho é um estado de entusiasmo satisfatório pelo exame da actividade ou experiência de cada um. É visto como aquele trabalho, supervisão, colega, avanço, e vantagens como as medidas da satisfação no trabalho. A baixa acção, o absentismo, a hostilidade, a doença e a rotatividade podem ser ditos como os resultados da desilusão do emprego. Normalmente os representantes mostram o seu desapontamento com as condições de trabalho através de aquiescência, reclamação, e actividades negativas. Actualmente, os analistas listam vários factores como influenciando o cumprimento da actividade dos representantes, incluindo: prestação, a natureza do trabalho, avanço, iniciativa e supervisão, relações com os colaboradores, bem-estar no trabalho e estrutura hierárquica, estados físicos da actividade, factores de identidade, atributos individuais, e equidade.

A satisfação no trabalho pode muito bem ser o estado de espírito de trabalho mais frequentemente contemplado. O cumprimento da ocupação tem sido caracterizado como "reacções mentais multidimensionais à própria actividade", tendo três partes: "psicológica (avaliativa), cheia de emoção (ou entusiasta), e comportamental". A parte psicológica é moldada pelas avaliações da pessoa dos seus atributos de actividade e da sua condição de emprego, utilizando algum "padrão" ou "limite de referência". O segmento cheio de sentimentos compreende os sentimentos gerais de encanto ou repulsivos em relação à questão da actividade reunida após algum tempo. A parte comportamental incorpora as expectativas e práticas particulares que acontecem, assim cada um dos três segmentos resulta na disposição e funcionamento de uma disposição de ocupação. Ultimamente, a investigação sobre exames tem demonstrado o significado dos sentimentos no desenvolvimento dos estados de espírito. Este é provavelmente o caso devido à forma como disposições como o cumprimento de uma ocupação têm, para eles, um segmento cheio de sentimentos.

Professor assistente, Departamento de Comércio, PSG College of Arts and Science, Coimbatore.

Vol. 6   Special Issue 1   February 2018   ISSN: 2320-4168

A STUDY ON EMOTIONAL INTELLIGENCE IN RELATION TO WORK-LIFE BALANCE AMONG PROFESSIONALS IN THE INDUSTRY OF INFORMATION TECHNOLOGY WITH SPECIAL REFERENCE TO COIMBATORE CITY

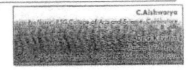

C.Aishwarya

Abstract

Emotional intelligence is a psychological character that describes how effectively an individual identifies, understands, regulates the emotions and then uses it in problem solving thereby making decisions. A joy or sorrow in a human life is like the sides of the coin. The degree of intelligence of the people differ from person to person. Some of them are masters in managing their their emotions, some may not be able to manage their emotions. usually, mastery doesn't get angry even in stressful situations, instead they have the ability to look at a problem and calmly find a solution. The present paper aims to investigate the level of emotional intelligence, stress and work performance of faculty members. Performance is defined as the outcomes and accomplishment valued by the organization or system that one works in each individual is exposed to a level of emotional intelligence and a range of stressors both at work and in their personal lives which ultimately affect his or her performance in their work place. Pressure at work can be positive leading to increase performance. However when the pressure becomes excessive it may negatively affect work attitude and behaviour of the employees in the workplaces. It is conclude that the possession of high emotional intelligence is more important when managing stress and emotions at workplace.

Introduction

Human beings are social beings and hardly ever live and work in isolation. We always plan, develop and manage our relations both consciously and unconsciously. The relations are the outcome of our actions and depend to a great extent upon our ability to manage our actions. The whole context of Human Resource Management revolves around this core matter of managing relations at work place. Emotional Intelligence is a set of qualities and competencies that captures a broad collection of individual skills and dispositions, usually referred to as soft skills or inter and intra-personal skills, that are outside the traditional areas of specific knowledge, general intelligence, and technical or professional skills. Emotions are an intrinsic part of our biological makeup, and every morning they march into the office with us and influence our behavior. They consist of five factors: Knowing one's emotions, managing emotions, motivating oneself, recognizing emotions in others, and handling relationships Goleman (1999). A form of intelligence that involves the ability to monitor one's own and others' feelings and emotions, to discriminate among them and to use this information to guide one's thinking and actions. Emotional intelligence improves individual and organizational performance. It plays a significant role in the kind of work an employee produces, and the relationship he or she enjoys in the organization.

Work – Life Balance is a challenging issue for IT leaders, managers and has also attracted the attention of researchers. Work/life balance, in its broadest sense, is defined as a satisfactory level of involvement or 'fit' between the multiple roles in a person's life. There is very little research

International Journal of Applied Research

ISSN Print: 2394-7500
ISSN Online: 2394-5869
Impact Factor: 5.2
IJAR 2016; 2(2): 483-487
www.allresearchjournal.com
Received: 20-12-2015
Accepted: 22-01-2016

C Aishwarya
Assistant professor,
Department of commerce
PSGR Krishnammal College
for Women Peelamedu,
Coimbatore-641004,
Tamil Nadu, India.

Dr. G Kavitha
Assistant professor,
Head of the department
Department of B.Com (E-Com)
PSGR Krishnammal College
for Women Peelamedu,
Coimbatore-641004,
Tamil Nadu, India.

A study on work place stress management and attitude of physically challenged people with special reference to Coimbatore city

C Aishwarya, Dr. G Kavitha

Abstract
Stress is a complex, dynamic process of interaction between a person and his or her life and the way they react physically, mentally, and emotionally to the various conditions, changes, and demands of life. Different types of people react differently to Stress. As the percentage of work undertaken by the physically challenged people is increasing day by day equal to that of normal people, it is found necessary to study how the physically challenged people manage their stress in their work place. Without stress management the level of stress increases constantly which in turn lead to low efficiency at work and also lack of attention on their family affairs. So this study on stress management of physically challenged people is felt to be necessary.

Keywords: Stress Management, physically challenged people and efficiency at work.

1. Introduction

Stress may be defined as "a state of psychological imbalance resulting from the disparity between situational demand and the individual's ability or motivation to meet those demands". Stress level in work place is an important issue which is increasing at a high level in this present scenario. Stress and depression is prevalent in all age groups and in people belonging to all walks of life. The level of stress that we take upon ourselves and the events that cause stress basically depends upon our response to the various situations in life and the manner in which we perceive them.

Stress may be defined as "a state of psychological imbalance resulting from the disparity between situational demand and the individual's ability or motivation to meet those demands". Dr. Hans selye, one of the leading authorities on the concept of stress described stress as "The rate of all wear and tear caused by life". Stress can be positive or negative. Stress can be positive when the situation offers an opportunity for a person to gain something. It acts as a motivator for peak performance. Stress can be negative when the person faces social, physical, organisational and emotional problems. Stress is mental or physical tension brought about by internal or external pressures, researchers have found it significant that bio chemical changes take place in the body during stress.

In general stress is related to both internal and external factors. External factors of stress include the physical environment, including ones job, relationship with other, home challenges, difficulties, and expectations you're confronted with on a daily basis. Internal factors determine the ability to respond to, and deal with, and the external stress inducing factors. Internal factors which influence your ability to handle stress include your nutritional status, overall health, fitness level, emotional, well-being, and the amount of sleep.

2. Objectives
- To analyse the attitude of physically challenged people in their work place.
- To examine the stress level of physically challenged people in their work place.

3. Research Methodology

The process of systematically solving a research problem is set to be research methodology. It is a science of studying how research is done scientifically and the various steps that are generally adopted by the researchers in studying the research problem.

Correspondence
C Aishwarya
Assistant professor,
Department of commerce
PSGR Krishnammal College
for Women Peelamedu,
Coimbatore-641004,
Tamil Nadu, India.

I want morebooks!

Buy your books fast and straightforward online - at one of world's fastest growing online book stores! Environmentally sound due to Print-on-Demand technologies.

Buy your books online at
www.morebooks.shop

Compre os seus livros mais rápido e diretamente na internet, em uma das livrarias on-line com o maior crescimento no mundo! Produção que protege o meio ambiente através das tecnologias de impressão sob demanda.

Compre os seus livros on-line em
www.morebooks.shop

info@omniscriptum.com
www.omniscriptum.com

CPSIA information can be obtained
at www.ICGtesting.com
Printed in the USA
LVHW042111310323
743153LV00020B/382

9 786205 820810